Reihe Rechtswissenschaft
Band 166

Eheähnliche Gemeinschaft
=
Wohn- und Wirtschaftsgemeinschaft

Thomas Müller

Centaurus Verlag & Media UG 1994

Die Deutsche Bibliothek – CIP-Einheitsaufnahme

Müller, Thomas:
Eheähnliche Gemeinschaft – Wohn- und
Wirtschaftsgemeinschaft / Thomas Müller. – Pfaffenweiler :
Centaurus-Verl.-Ges., 1994
  (Reihe Rechtswissenschaft ; 166)
  Zugl.: Marburg, Univ., Diss., 1993
    ISBN 978-3-89085-914-9   ISBN 978-3-86226-387-5 (eBook)
    DOI 10.1007/978-3-86226-387-5
NE: GT

ISSN 0177-2805

© *CENTAURUS-Verlagsgesellschaft mit beschränkter Haftung, Pfaffenweiler 1994*

Satz: Vorlage des Autors

Vorwort

Noch ein Werk zum Thema eheähnliche Gemeinschaft? Auch fünf Jahre, nachdem sich der 57. Deutsche Juristentag in Mainz 1988 des Themas angenommen hat, ist eine Klärung grundsätzlicher Fragen in Literatur und Rechtsprechung nicht in Sicht. Jüngstes Beispiel ist die Entscheidung des 1. Senats des Bundesverfassungsgerichts vom 17. November 1992, durch welche die eheähnliche Gemeinschaft im Sinne des § 137 Abs. 2 a AFG als Verantwortungs- und Einstehensgemeinschaft charakterisiert wird. Durch Urteil vom 24. März 1988 hatte das Bundessozialgericht zur gleichen gesetzlichen Bestimmung - wohl zutreffend - den Schwerpunkt auf die konsumwirtschaftlich-äußere Seite der Lebensgemeinschaft gesetzt.

Die Arbeit, die im Sommersemester 1993 vom Fachbereich Rechtswissenschaften der Universität Marburg als Dissertation angenommen wurde, versucht, einige Parallelen des Themas im Zivil- und Sozialrecht aufzuzeigen. Dabei wurden Literatur und Rechtsprechung bis Juni 1993 berücksichtigt.

Mein besonderer Dank gilt an dieser Stelle Herrn Professor Dr. Johannes Baltzer, der die Arbeit initiiert und bis zu seiner Berufung zum Richter am Bundessozialgericht betreut hat. Für die Erstellung der Gutachten danke ich den Herren Professoren Dr. Dietrich Bickel sowie Dr. Stephan Buchholz.

Für die stets aufopferungsvolle und prompte Bemühung bei der Erstellung des Manuskriptes spreche ich Hannelore und Olaf Homeier besonderen Dank und Anerkennung aus.

Schließlich seien meine Eltern erwähnt, die alles ihnen Mögliche zur Förderung dieser Arbeit geleistet haben.

Marburg, im September 1993

Thomas Müller

Gliederung

Literaturverzeichnis

Appel, Bernd	Die eheähnliche Gemeinschaft, insbesondere ihre Bedeutung und ihre Abwicklung, Diss. Tübingen 1981
Arndts, Reinhard	Die Ansprüche aus einer beendeten nichtehelichen Lebensgemeinschaft, Diss. Hamburg 1981
Ballerstedt, Kurt	Der gemeinsame Zweck als Grundbegriff des Rechts der Personengesellschaften, JuS 1963, 253
Bartsch, Herbert	Unterhaltspflichten nach Auflösung der eheähnlichen Gemeinschaft?, JR 1979, 364
Battes, Robert	Gesellschaftsrechtliche Überlegungen zur nichtehelichen Lebensgemeinschaft, ZHR 143 (1979), 385
-	Nichteheliches Zusammenleben im Zivilrecht, Köln 1983
-	Auseinandersetzung, Rückabwicklung, Entgelt, in: Festschrift für Heinz Hübner, S. 379, Berlin, New York 1984
-	Zivilrechtliche Probleme des nichtehelichen Zusammenlebens in der Bundesrepublik Deutschland, in: Eser, Albin (Hrsg.): Die nichteheliche Lebensgemeinschaft, S. 33, Paderborn, München, Wien, Zürich 1985
-	Unterhaltsansprüche aufgrund nichtehelichen Zusammenlebens?, in: Festschrift für Klemens Pleyer, S. 467, Köln, Berlin, Bonn, München 1986
-	Anmerkung zum Urteil des BGH vom 16.9.1985 - II ZR 283/84 -, JZ 1986, 239
-	Neue Rechtsprechung und Literatur zum nichtehelichen Zusammenleben, JZ 1988, 908
Baumann, Alexis	Die zivilrechtliche Bedeutung des Konkubinats in rechtsvergleichender Darstellung unter besonderer Berücksichtigung des schweizerischen, deutschen und österreichischen Privatrechts, Diss. Erlangen 1932
Becker, Hans-Jürgen	Die nichteheliche Lebensgemeinschaft im Schadensrecht, VersR 1985, 201
Behn, Michael	Schutz faktischer Familienverhältnisse im Familienrecht und Sozialrecht, ZBlJugR 1980, 1

Beitzke, Günther	Familienrecht, 25. Auflage, München 1988
Beyerle, Angelika	Die bereicherungsrechtliche Abwicklung eheähnlicher Gemeinschaften, Diss. München 1981
Bickel, Dietrich	Die Methoden der Auslegung rechtsgeschäftlicher Erklärungen, Marburg 1976
Bley, Helmar	Sozialrecht, 6. Auflage, Frankfurt/Main 1988
Boehmer, Gustav	Einführung in das Bürgerliche Recht, 2. Auflage, Tübingen 1965
Bonner Kommentar	Kommentar zum Bonner Grundgesetz, Band 1: Einl. bis Art. 12 a, Heidelberg, Stand: 1990
Bosch, Friedrich Wilhelm	Anmerkung zum Urteil des OLG Düsseldorf vom 14.12.1982, - 21 U 120/82 -, FamRZ 1983, 275
-	Anmerkung zum Urteil des BGH vom 1.12.1987 - VI ZR 50/87 -, FamRZ 1988, 394
Brackmann, Kurt	Handbuch der Sozialversicherung einschließlich des Sozialgesetzbuchs und angrenzender Gebiete, Band IV, St. Augustin 1988
Brocke, Erwin	Die eheähnliche Gemeinschaft - definitorische Schwierigkeiten, SGb 1988, 433
Brühl, G.	Unterhaltspflichten analog §§ 1569 ff. BGB nach wilder Ehe?, FamRZ 1978, 859
-	Buchbesprechung: Götz, Landwehr (Hrsg.): Die nichteheliche Lebensgemeinschaft, FamRZ 1979, 451
Bruns, Manfred / Beck, Volker	Das Eheverbot bei Gleichgeschlechtlichkeit, MDR 1991, 832
Buchholz, Stephan	Recht, Religion und Ehe, Frankfurt/Main 1988
Buchsbaum, Richard	Wohngeldrecht, Kommentar, Köln 1988
Bundesminister für Jugend, Familie und Gesundheit	Nichteheliche Lebensgemeinschaften in der Bundesrepublik Deutschland, Schriftenreihe Band 170, Stuttgart 1985
Canaris, Claus-Wilhelm	Das Verlöbnis als "gesetzliches" Rechtsverhältnis - Ein Beitrag zur Lehre von der "Vertrauenshaftung", AcP 165, 1
Carl, Hans Herbert	Das Recht der "freien Ehe", Diss. Jena 1920
Coester-Waltjen, Dagmar	Die Lebensgemeinschaft - Strapazierung des Parteiwillens oder staatliche Bevormundung?, NJW 1988, 2085
Derleder, Peter	Vermögenskonflikte zwischen Lebensgefährten, NJW 1980, 545

Deuerler, Johann	Vermögenszuwendungen in eheähnlichen Verhältnissen in Urteilen der Oberlandesgerichte seit 1900, Diss. Konstanz 1979
Deutsch, Erwin	Versicherungsvertragsrecht, Karlsruhe 1984
Diederichsen, Uwe	Die nichteheliche Lebensgemeinschaft im Zivilrecht, NJW 1983, 1017
-	Rechtsprobleme der nichtehelichen Lebensgemeinschaft, FamRZ 1988, 889
Dölle, Hans	Familienrecht, Band I, Karlsruhe 1964
Enneccerus, Ludwig / Leh-mann, Heinrich	Lehrbuch des Bürgerlichen Rechts, Zweiter Band: Recht der Schuldverhältnisse, 15. Auflage, Tübingen 1958
Enneccerus, Ludwig / Nipper-dey, Hans Carl	Lehrbuch des Bürgerlichen Rechts, Erster Band: Allgemeiner Teil des Bürgerlichen Rechts, Erster Halbband, 15. Auflage, Tübingen 1959
-	Lehrbuch des Bürgerlichen Rechts, Erster Band: Allgemeiner Teil des Bürgerlichen Rechts, Zweiter Halbband, 15. Auflage, Tübingen 1960
Erman, Walter	Handkommentar zum Bürgerlichen Gesetzbuch, 1. Band (§§ 1 - 853), 9. Auflage Münster 1993
Evans v. Krbek, Franziska So-phie	Das "Zusammenleben" und sein Verhältnis zu Verlobung und Ehe, JA 1979, 236
Faßbender, Hermann J.	Anmerkung zum Beschluß des OLG Köln vom 10.3.1967, - 2 Wx 65/66 -, DNotZ 1967, 503
Fikentscher, Wolfgang	Schuldrecht, 8. Auflage, Berlin, New York 1992
Finger, Peter	Wohngemeinschaft, Partnerschaft, Lebensgemeinschaft - "Alternative Formen" des Zusammenlebens, JZ 1981, 497
-	Anmerkung zum Urteil des OLG Hamm vom 24.3.1987, - 29 U 196/86 -, JZ 1988, 250
Frank, Rainer	Gesellschaften zwischen Ehegatten und Nichtehegatten - kritische Überlegungen zur Rechtsprechung des Bundesgerichtshofs, FamRZ 1983, 541
-	Vermögensrechtliche Ansprüche beim Scheitern nichtehelicher Lebensgemeinschaften, in: Festschrift für Wolfram Müller-Freienfels, S. 131, Baden-Baden 1986
Geigel, Reinhart	Der Haftpflichtprozeß, 20. Auflage, München 1990

Gemeinschaftskommentar	Gemeinschaftskommentar zum Arbeitsförderungsgesetz, (GK-AFG), Band 3, Neuwied 1982
Gernhuber, Joachim	Lehrbuch des Familienrechts, 2. Auflage, München 1971, 3. Auflage, München 1980
-	Ehe und Familie als Begriffe des Rechts, FamRZ 1981, 721
Giesen, Dieter	Ehe und Familie in der Ordnung des Grundgesetzes, JZ 1982, 817
Göppinger, Horst	Unterhaltsrecht, 4. Auflage, Bielefeld 1981
Görgens, B.	Anmerkung zum Urteil des BGH vom 24.3.1980, - II ZR 191/79 -, JR 1980, 457
Goetz, Stephan	Erbrechtliche Ansprüche außerhalb des Familienerbrechts, FamRZ 1985, 987
Gotthardt, Peter	"Lebensgefährten" mit beschränkter Haftung?, FamRZ 1980, 17
Gottschick, Hermann / Giese, Dieter	Das Bundessozialhilfegesetz, Kommentar, 9. Auflage, Köln, Berlin, Bonn, München 1985
Halstrick, Rudolf	Das nichteheliche Zusammenleben und seine Beendigung - Eine rechtsvergleichende Untersuchung zum Unterhalts- und Vermögensrecht in der Bundesrepublik Deutschland und in den Rechtsordnungen der USA, Diss. Münster 1983
Hamann, Andreas	Das Grundgesetz, 2. Auflage, Neuwied, Berlin 1961
Hauck, Karl / Haines, Hartmut	Sozialgesetzbuch SGB V, Gesetzliche Krankenversicherung, Kommentar, Berlin 1989
Hausmann, Rainer	Nichteheliche Lebensgemeinschaften und Vermögensausgleich, München 1989
Heck, Philipp	Grundriß des Sachenrechts, Tübingen 1930
Henrich, Dieter	Kollisionsrechtliche Probleme bei Auflösung eheähnlicher Gemeinschaften, in: Festschrift für Günter Beitzke, S. 507, Berlin 1979
-	Familienrecht, 4. Auflage, Berlin, New York 1991
Heyde, Wolfgang	Verfassungsrechtliche Aspekte der nichtehelichen Lebensgemeinschaft, in: Limbach/Schwenzer (Hrsg.): Familie ohne Ehe, S. 19, Frankfurt/Main, München 1988
Hueck, Alfred / Nipperdey, Hans Carl	Lehrbuch des Arbeitsrechts, 7. Auflage, Berlin und Frankfurt/Main 1963

Igl, Gerhard	Kindergeld und Erziehungsgeld, 3. Auflage, München 1993
Jäger, Renate	Die nichteheliche Lebensgemeinschaft im Sozialrecht, in: Limbach/Schwenzer (Hrsg.): Familie ohne Ehe, S. 62, Frankfurt/Main, München 1984
Jeder, Klaus	Eheähnliche Verhältnisse und die Stellung der "Geliebten" im Spiegel der deutschen Rechtsprechung, Diss. München 1971
Jehle, Otto	Sozialhilfe bei eheähnlicher Gemeinschaft nach § 122 BSHG, ZfS 1964, 137
Johannsen, Kurt Herbert	Vermögensrechtliche Auseinandersetzung unter Ehegatten nach Auflösung der Ehe beim Güterstand der Zugewinngemeinschaft, WM 1978, 654
Jost, Fritz	Die nichteheliche Lebensgemeinschaft. Juristische Reaktionen auf private "Entregelung", in: Voigt (Hrsg.): Gegentendenzen zur Verrechtlichung, Jahrbuch für Rechtssoziologie und Rechtstheorie, Band 9, S. 124, Opladen 1983
Knoche, Joachim	Die Partner einer nichtehelichen Lebensgemeinschaft als "Familienangehörige", München 1987
-	Sind nichteheliche Lebensgemeinschaften im Privatrecht wie "Familien" zu behandeln?, MDR 1988, 743
Knopp, Anton / Fichtner, Otto	Bundessozialhilfegesetz, Kommentar, 7. Auflage, München 1992
Koch, Elisabeth	Schuldentilgung nach Auflösung einer nichtehelichen Lebensgemeinschaft, FamRZ 1987, 240
Koch, Traugott	Ehe und "Nicht-eheliche Lebensgemeinschaft" als Thema der Ethik, in: Landwehr, Götz (Hrsg.): Die nichteheliche Lebensgemeinschaft, S. 39, Göttingen 1978
Köhler, Wolfgang	Das neue Unterhaltsvorschußgesetz, NJW 1979, 1812
Koenigs, Folkmar	Die stille Gesellschaft, Berlin 1961
Konrad, Heinrich	Probleme der eheähnlichen Gemeinschaft im Strafrecht, Diss. Frankfurt/Main 1986
Kossendey, Wolfgang	Eheähnliche Verhältnisse im Arbeitsrecht, Diss. Köln 1973
Krause, Rüdiger	Auseinandersetzungsprobleme bei der nichtehelichen Lebensgemeinschaft, JuS 1989, 455
Künnell, Erich	Welche Änderung bringt § 116 SGB X bezogen auf § 67 Abs. 2 VVG?, VersR 1983, 223

Kunigk, Fritz	Rechtliche Probleme der alternativen Lebensgemeinschaft, Jura 1980, 512
Kurr, Jochen	Vereinbarungen zwischen Partnern eheähnlicher Lebensgemeinschaften und Ehegatten, Diss. Bielefeld 1978
-	Besprechung von: Fritz Kunigk, Die Lebensgemeinschaft und Götz Landwehr (Hrsg.): Die nichteheliche Lebensgemeinschaft, AcP 180, 427
Langenfeld, Gerrit	Anmerkung zum Urteil des BGH vom 4.11.1991 - II ZR 26/91, LM Nr. 57 zu § 705 BGB
Larenz, Karl	Allgemeiner Teil des deutschen bürgerlichen Rechts, 7. Auflage, München 1989
-	Lehrbuch des Schuldrechts, Zweiter Band: Besonderer Teil, 13. Auflage, München 1986
-	Methodenlehre der Rechtswissenschaft, 6. Auflage, Berlin, Heidelberg, New York, Tokio 1991
Lehmann, Heinrich / Hübner, Heinz	Allgemeiner Teil des Bürgerlichen Gesetzbuches, 16. Auflage, Berlin 1966
Leipold	Wandlungen in den Grundlagen des Erbrechts, AcP 180, 160
Lenhard, Rolf	Das neue Wohngeldgesetz, 2. Auflage, München 1986
Lieb, Manfred	Die Ehegattenmitarbeit im Spannungsfeld zwischen Rechtsgeschäft, Bereicherungsausgleich und gesetzlichem Güterstand, Tübingen 1970
-	Empfiehlt es sich, die rechtlichen Fragen der nichtehelichen Lebensgemeinschaft gesetzlich zu regeln?, Gutachten zum 57. DJT, Mainz 1988, S. A 7, München 1988
Lipp, Martin	Die nichteheliche Lebensgemeinschaft und das bürgerliche Recht - eine dogmatisch-methodische Studie, AcP 180, 537
-	Ausgleichsansprüche zwischen den ehemaligen Partnern einer nichtehelichen Lebensgemeinschaft, JuS 1982, 17
LPK-BSHG	Bundessozialhilfegesetz, Lehr- und Praxiskommentar, Weinheim und Basel 1985
Maunz, Theodor	Die verfassungsrechtliche Gewähr von Ehe und Familie (Art. 6 GG), FamRZ 1956, 1
Maunz, Theodor / Dürig, Günter	Kommentar zum Grundgesetz, Band 1: Präambel - Art. 12, München, Stand: 1990

Maus, Wolfgang	Scheidung ohne Trauschein - Die vermögensrechtliche Auseinandersetzung bei Beendigung einer nichtehelichen Lebensgemeinschaft, Frankfurt/Main, Bern, New York, Nancy 1984
Maydell, Bernd von	Haushaltsgemeinschaften und ihre Bedeutung für die Prüfung der Hilfsbedürftigkeit nach dem Bundessozialhilfegesetz, ZfS 1963, 430
-	Empfiehlt es sich, die rechtlichen Fragen der nichtehelichen Lebensgemeinschaft gesetzlich zu regeln?, Referat zum 57. DJT, Mainz 1988, Sitzungsbericht I, S. 69, München 1988
Maydell, Bernd von / Schellhorn, Walter	Gemeinschaftskommentar zum Sozialgesetzbuch - Zusammenarbeit der Leistungsträger und ihre Beziehung zu Dritten, Neuwied und Darmstadt 1984
Mayer, Hans-Walter / Rang, Ulrike	Der Lebensgefährte - untauglicher Empfänger einer Ersatzzustellung?, NJW 1988, 811
Mayer, Matthias	Der Konkubinat, Diss. Erlangen 1931
Medicus, Dieter	Bürgerliches Recht, 15. Auflage, Köln, Berlin, Bonn, München 1991
Meier-Hayoz, Arthur	Die eheähnliche Gemeinschaft als einfache Gesellschaft, in: Festschrift für Frank Vischer, S. 577, Zürich 1983
Meier-Scherling, Anne G.	Die eheähnliche Lebensgemeinschaft, DRiZ 1979, 296
Müller, Klaus	Anmerkung zum Urteil des BGH vom 15.1.1980 - VI ZR 270/78 -, SGb 1981, 191
Müller-Freienfels, Wolfram	Tendenzen zur Verrechtlichung nichtehlicher Lebensgemeinschaften, ZEE 1980, 55
Müller-Manger, Petra	Artikel 6 Grundgesetz, Wandel familiärer Lebensmuster, dargestellt an Beispielen aus dem Sozialrecht, Diss. Würzburg 1987
Münch, Eva Maria von	Für eine gesetzliche Regelung rechtlicher Fragen nichtehelicher Lebensgemeinschaften, ZRP 1988, 327
Münch, Ingo von	Verfassungsrecht und nichteheliche Lebensgemeinschaft, in: Landwehr, Götz (Hrsg.): Die nichteheliche Lebensgemeinschaft, S. 137, Göttingen 1978
Münch, Ingo von (Hrsg.)	Grundgesetz-Kommentar, Band 1 (Präambel - Art. 20), 4. Auflage, München 1992
Münder, Johannes	Die eheähnliche Gemeinschaft in der Sozialhilfe, ZfSH/SGB 1986, 193

Mugdan, Benno	Die gesamten Materialien zum Bürgerlichen Gesetzbuch für das Deutsche Reich, Band 2, Recht der Schuldverhältnisse, Berlin 1899, Neudruck Aalen 1979
Namgalies, Friedemann	Die eheähnliche Gemeinschaft im deutschen, französischen, österreichischen, schweizerischen, englischen, dänischen und tansanischen Recht, Diss. Kiel 1978
Nikisch, Arthur	Arbeitsrecht, I. Band: Allgemeine Lehren und Arbeitsvertragsrecht, 3. Auflage, Tübingen 1961
Ohlenburger-Bauer, Karin	Die eheähnliche Gemeinschaft., Eine rechtsvergleichende Betrachtung ihrer Rechtslage und Rechtswirkung in Frankreich und Deutschland, Diss. Köln 1977
Palandt, Otto	Bürgerliches Gesetzbuch, 52. Auflage, München 1993
Plagemann, Jochen	Die nichteheliche Lebensgemeinschaft in der Sozialversicherung, ZVersWiss 1988, 187
Prahl, Albert	Zur nichtehelichen Lebensgemeinschaft im Wohngeldrecht, BlGBW 1985, 73
Priester, Hans-Joachim	Testamentsvollstreckung am GmbH-Anteil, in: Festschrift für Walter Stimpel, S. 463, Berlin, New York 1985
Probst, M.	Anmerkung zum Urteil des BGH vom 28.9.1990 - V ZR 109/89, JR 1991, 283
Raddatz, Manfred	Die zivilrechtliche Stellung des überlebenden nichtehelichen Partners, Diss. Bremen 1985
Rebmann, Kurt / Säcker, Franz-Jürgen (Hrsg.)	Münchener Kommentar zum Bürgerlichen Gesetzbuch, Band 1: Allgemeiner Teil, (§§ 1 - 240), 2. Auflage, München 1984, Band 3: Schuldrecht, Besonderer Teil, 1. Halbband (§§ 433 - 651 k), 2. Auflage, München 1988, Band 5: Familienrecht, 1. Halbband (§§ 1297 - 1588), 2. Auflage, München 1989
Reichsgerichtsräte	Das Bürgerliche Gesetzbuch, Kommentar, Band II, 4. Teil (§§ 631 - 811), 12. Auflage, Berlin, New York 1978, Band IV, 1. Teil (§§ 1297 - 1563), 12. Auflage, Berlin, New York 1984, Band V, 1. Teil (§§ 1922 - 2146), 12. Auflage, Berlin, New York 1974
Roemer, Heiner	Gesellschaftsrechtliche Ausgleichsansprüche nach Beendigung des nichtehelichen Zusammenlebens, BB 1986, 1522
Rogalski, Regina	Rechtsfragen der nichtehelichen Lebensgemeinschaft, AnwBl 1983, 358

Ronke, Maximilian	Neue Entscheidungen zur nichtehelichen Lebensgemeinschaft, in: Gedächtnisschrift für Günther Küchenhoff, S. 333, Berlin 1987
Rothe, Friedrich / Blanke, Ernst August	Bundesausbildungsförderungsgesetz, 5. Auflage, Köln, Stuttgart, Berlin, Mainz 1990
Roth-Stielow, Klaus	Rechtsfragen des ehelosen Zusammenlebens von Mann und Frau, JR 1978, 233
Rüfner, Wolfgang	Sozialrecht und nichteheliche Lebensgemeinschaft, in: Landwehr, Götz (Hrsg.): Die nichteheliche Lebensgemeinschaft, S. 84, Göttingen 1978
Rüthers, Bernd	Die Verbindlichkeit des Unverbindlichen, NJW 1992, 879
Scheepers, Werner Cäsar	Ächtung des Konkubinats mit rechtlichen Folgerungen?, ZRP 1978, 13
Schellhorn, Walter / Jirasek, Hans / Seipp, Paul	Das Bundessozialhilfegesetz, 13. Auflage, Neuwied 1988
Schieckel, Horst / Brandmüller, Gerhard	Kommentar zum Bundeskindergeldgesetz, Percha 1989
Schieckel, Horst / Grüner, H. / Dalichau, Gerhard	Arbeitsförderungsgesetz, Kommentar, Band II, Percha 1990
Schirmer, Helmut	Die nichteheliche Lebensgemeinschaft in der Privatversicherung, ZVersWiss 1988, 139
Schlüter, Wilfried	Die nichteheliche Lebensgemeinschaft, Berlin, New York 1981
Schlüter, Wilfried / Belling, Detlef	Die nichteheliche Lebensgemeinschaft und ihre vermögensrechtliche Abwicklung, FamRZ 1986, 405
Schmidt, Karsten	Anmerkung zum Urteil des BGH vom 12.7.1982 - II ZR 263/81 -, JuS 1983, 145
-	Gesellschaftsrecht, 2. Auflage, Köln, Berlin, Bonn, München 1991
Schmidt-Aßmann, Ulrike	Empfiehlt es sich, die rechtlichen Fragen der nichtehelichen Lebensgemeinschaft gesetzlich zu regeln?, Referat zum 57. DJT, Mainz 1988, Sitzungsbericht I, S. 9, München 1988
Scholz, Rainer	Die nichteheliche Lebensgemeinschaft - ein Problem für den Gesetzgeber?, ZRP 1981, 225
-	Die nichteheliche Lebensgemeinschaft im Sozialrecht, ZfSH/SGB 1983, 202

Schreiber, Christiane	Vertragsgestaltungen in der nichtehelichen Lebensgemeinschaft, NJW 1993, 624
Schroeder-Printzen, Günther (Hrsg.)	Sozialgesetzbuch, Verwaltungsverfahren - SGB X, 2. Auflage, München 1990
Schulin, Bertram	Das Familienprivileg des § 116 Abs. 6 SGB X und die eheähnliche Lebensgemeinschaft, SGb 1989, 1
Schulte, Bernd / Trenck-Hinterberger, Peter	Bundessozialhilfegesetz, 2. Auflage, München 1988
Schulte, Hans	Vermögensausgleich nach Beendigung einer eheähnlichen Lebensgemeinschaft und einer Gütertrennungsehe, ZGR 1983, 437
Schwab, Dieter	Handbuch des Scheidungsrechts, München 1977
-	Zivilrecht und nichteheliche Lebensgemeinschaft, in: Landwehr, Götz (Hrsg.): Die nichteheliche Lebensgemeinschaft, S. 61, Göttingen 1978
Schwabe, Bernd-Günther	Sozialhilfe und nichteheliche Lebensgemeinschaften, ZfS 1988, 33
Schwenzer, Ingeborg	Vom Status zur Realbeziehung. Familienrecht im Wandel, Baden-Baden 1987
-	Gesetzliche Regelung der Rechtsprobleme nichtehelicher Lebensgemeinschaften, JZ 1988, 781
Simon, Dietrich	Forum: Rechtsprobleme der nichtehelichen Lebensgemeinschaft, JuS 1980, 252
Soergel, Hans Theodor	Bürgerliches Gesetzbuch, Band 4: Schuldrecht III, (§§ 705 - 853), 11. Auflage, Stuttgart, Berlin, Köln, Mainz 1985, Band 7: Familienrecht I (§§ 1297 - 1588), 12. Auflage, Stuttgart, Berlin, Köln, Mainz 1988,
Soergel, Hans Theodor	Bürgerliches Gesetzbuch, Band 9: Erbrecht, (§§ 1922 - 2385), 12. Auflage, Stuttgart, Berlin, Köln, Mainz 1992
Stadler, Otto / Gutekunst, Dieter / Forster, Gerhard	Wohngeldgesetz, Kommentar, Stuttgart, München, Hannover 1990

Staudinger, Julius von	Kommentar zum Bürgerlichen Gesetzbuch mit Einführungsgesetz und Nebengesetzen, Zweites Buch: Recht der Schuldverhältnisse, (§§ 433 - 580 a), 12. Auflage, Berlin 1978, Zweites Buch: Recht der Schuldverhältnisse, (§§ 652 - 740), 12. Auflage, Berlin 1980, Zweites Buch: Recht der Schuldverhältnisse, (§§ 812 - 822), 12. Auflage, Berlin 1979
Steinert, Karl-Friedrich	Vermögensrechtliche Fragen während des Zusammenlebens und nach Trennung Nichtverheirateter, NJW 1986, 683
Strätz, Hans-Wolfgang	Rechtsfragen des Konkubinats im Überblick, FamRZ 1980, 301 und 434
Striewe, Peter	Ausländisches und internationales Privatrecht der nichtehelichen Lebensgemeinschaften, Köln, Berlin, Bonn, München 1986
-	Anmerkung zum Urteil des BGH vom 1.12.1987 - VI ZR 50/87 -, NJW 1988, 1093
Struck, Gerhard	Rechtspolitische Grundfragen zu Ehe und eheähnlicher Partnerschaft - am Beispiel des Vermögensrechts, ZRP 1983, 215
Stückradt, Volker	Rechtswirkungen eheähnlicher Verhältnisse, Diss. Frankfurt 1964
Tegge, Axel	Die nichteheliche Lebensgemeinschaft im Mietrecht, Diss. Göttingen 1983
Thomas, Hans-Friedrich C.	Formlose Ehen, Eine rechtsgeschichtliche und rechtsvergleichende Untersuchung, Bielefeld 1973
Ullmann, Christian	Zur Drittwirkung von Unterhaltsregelungen für nichteheliche Lebensgemeinschaften, FamRZ 1989, 240
Ulmer, Peter	Testamentsvollstreckung an Kommanditanteilen?, ZHR 146 (1982), 555
Wannagat, Georg (Hrsg.)	Sozialgesetzbuch, Gemeinsame Vorschriften für die Sozialversicherung, Köln, Berlin, Bonn, München 1988
Wassermann, Rudolf (Hrsg.)	Kommentar zum Bürgerlichen Gesetzbuch, Reihe Alternativkommentare, Band 5: Familienrecht, §§ 1297 - 1921, Neuwied und Darmstadt 1981
Weber, Martin	Die vermögensrechtliche Auseinandersetzung nichtehelicher Lebensgemeinschaften, JR 1988, 309
Weber, Reinhold	Genießt auch eine eheähnliche Lebensgemeinschaft das Familienprivileg des § 67 Abs. 2 VVG bzw. des § 116 Abs. 6 SGB X?, DAR 1985, 1

Weimar, Peter	Ehe als Rechtsinstitut, in: Eser, Albin (Hrsg.): Die nichteheliche Lebensgemeinschaft, S. 81, Paderborn, München, Wien, Zürich 1985
Welker, Gerhard	Bereicherungsausgleich wegen Zweckverfehlung?, Berlin 1974
de Witt, Siegfried / Huffmann, Johann-Friedrich	Nichteheliche Lebensgemeinschaft, 2. Auflage, München 1986
Wolf, Ernst	Der Begriff Familienrecht, FamRZ 1968, 493
-	Ehe, Zerrüttung und Verschulden, NJW 1968, 1497
-	Das Arbeitsverhältnis. Personenrechtliches Gemeinschaftsverhältnis oder Schuldverhältnis?, Marburg 1970
-	Lehrbuch des Schuldrechts, Erster Band: Allgemeiner Teil, Köln, Berlin, Bonn, München 1978
-	Lehrbuch des Schuldrechts, Zweiter Band: Besonderer Teil, Köln, Berlin, Bonn, München 1978
-	Allgemeiner Teil des bürgerlichen Rechts, 3. Auflage, Köln, Berlin, Bonn, München 1982
Zeidler, Wolfgang	Ehe und Familie, in: Benda, Ernst/Maihofer, Werner/Vogel, Hans-Jochen (Hrsg.): Handbuch des Verfassungsrechts der Bundesrepublik Deutschland, Berlin, New York 1983
Zippelius, Reinhold	Verfassungsgarantie und sozialer Wandel - Das Beispiel von Ehe und Familie, DÖV 1986, 805

Einleitung

Auf dem 57. Deutschen Juristentag in Mainz 1988 wurde folgender Beschluß gefaßt: "Da das sozialrechtliche Subsidiaritätsprinzip eine Prüfung der Bedürftigkeit erfordert (vgl. § 122 BSHG, § 137 Abs. 2a AFG), ist die Einbeziehung der "eheähnlichen Gemeinschaft" in diese Prüfung berechtigt. Jedoch sollte generell auf das Bestehen einer Wohn- und Wirtschaftsgemeinschaft abgestellt werden. Dabei ist berechtigten Belangen der Sozialarbeit Rechnung zu tragen."[1]

In diesem mit großer Mehrheit angenommenen Beschluß kommt zum Ausdruck, daß es ungerechtfertigt erscheint, "eheähnliche Gemeinschaften" im Sinne von gemischt-geschlechtlichen Verbindungen von Partnern, die nach außen hin wie Ehepaare leben, anders zu behandeln als sonstige Wohn- und Wirtschaftsgemeinschaften, wie etwa solche zwischen Geschwistern oder gleichgeschlechtlichen Partnern. Es ist in der Tat fraglich, ob § 18 WoGG, der sich auf Wohn- und Wirtschaftsgemeinschaften bezieht, einen anderen Regelungsgegenstand betrifft, als die genannten §§ 122 BSHG und 137 Abs. 2a AFG.

Handelt es sich bei eheähnlichen Gemeinschaften und sonstigen Wohn- und Wirtschaftsgemeinschaften um rechtlich verschiedenartige Phänomene? Gewiß liegen die soziologischen Unterschiede offen. Allgemein gefaßte juristische Tatbestände können aber für unterschiedlichste soziologische Phänomene einheitliche Regelungen vorsehen, soweit dies innerhalb der Grenzen des Art. 3 GG sachlich gerechtfertigt ist.

Mit dieser Arbeit soll aufgezeigt werden, daß es rechtliche Unterschiede zwischen eheähnlichen Lebensgemeinschaften und sonstigen Wohn- und Wirtschaftsgemeinschaften de lege lata nicht gibt und auch de lege ferenda nicht zu rechtfertigen wären. Ausgangspunkt dieser Untersuchung muß daher das zivilrechtliche Innenverhältnis zwischen den nichtehelich zusammenlebenden Personen sein. Stellt sich heraus, daß zwischen zusammenlebenden Gemeinschaften unterschiedlichster Erscheinungsformen gleichartige zivilrechtliche Innenbeziehungen bestehen, ist es auch nicht gerechtfertigt, bei der Bedürftigkeitsprüfung im Sozialrecht zwischen einzelnen dieser Gemeinschaften zu differenzieren. Daher soll die Arbeit auch die Frage zu beantworten versuchen, ob es eine Wechselwirkung zwischen dem zivilrechtlichen Innenverhältnis zusammenlebender Ge-

---

1 Sitzungsbericht I zum 57. DJT, Mainz 1988, Beschl. III 16 (S. 237).

1

meinschaften und den sozialrechtlichen Tatbeständen "eheähnliche Gemeinschaft" und "Wohn- und Wirtschaftsgemeinschaft" gibt.

Bei der Klärung dieser Frage soll deutlich hervorgehoben werden, daß die eheähnliche Gemeinschaft zwischen gemischt-geschlechtlichen Paaren ein vollständiges aliud zur Ehe darstellt. Aus diesem Grunde erscheint es mir nicht gerechtfertigt, daß beim Versuch, derartige Gemeinschaften rechtlich zu erfassen, oftmals nur einseitig die eben beschriebene eheähnliche Gemeinschaft im Vergleich zum Eherecht begutachtet wird, andere Formen nichtehelicher Lebensgemeinschaften aber nicht in die Untersuchung einbezogen werden.

Die vielfältigen Fragen der Außenbeziehungen nichtehelich zusammenlebender Personen, etwa im Miet- oder Schadensersatzrecht oder insbesondere im Sorgerecht gegenüber Kindern können bei der Beantwortung der aufgeworfenen Fragen außer acht gelassen werden. Die Untersuchung beschränkt sich daher auf die zivilrechtlichen Innenbeziehungen und auf die sozialrechtlichen Verhältnisse.

1. Kapitel:
Das zivilrechtliche Innenverhältnis zwischen den Partnern

Ein soziologischer Tatbestand allein vermag keine Rechtswirkungen auszulösen; es bedarf daher eines rechtlichen Tatbestands als Ausgangspunkt von Rechtswirkungen. Die Untersuchungen des 1. Kapitels gelten daher der Frage, ob es überhaupt rechtliche Tatbestände gibt, mit welchen nichteheliche Lebensgemeinschaften erfaßt werden können.

Da es ein - wie auch immer ausgestaltetes - gesetzliches Rechtsverhältnis der nichtehelichen Lebensgemeinschaft nicht gibt, können Anknüpfungspunkte für die folgende Untersuchung nur rechtsgeschäftliche Erklärungen der Partner sein. Liegen sie vor, ist durch Auslegung festzustellen, welche Rechtsfolgen (u.U. durch analoge Anwendung vorhandener Regeln) bewirkt werden.

I. Ausschlußgründe für Rechtsbeziehungen zwischen den Partnern

Keine rechtlichen Verhältnisse bestehen zwischen den Partnern einer nichtehelichen Lebensgemeinschaft, wenn durch einen gesetzlichen Ausschlußgrund eine rechtliche Vereinbarung jeden denkbaren - also personen- und vermögensrechtlichen - Inhalts unwirksam ist. Dies ist der Fall, wenn aus Art. 6 Abs. 1 GG abzuleiten ist, daß die Ehe die einzige rechtmäßige Form der Lebensgemeinschaft darstellt und folglich jedes Rechtsgeschäft, das ein nichteheliches Zusammenleben regelt, unwirksam ist. Dann liegen die Anzahl und der rechtliche Inhalt der familienrechtlichen Verhältnisse durch eine zwingende gesetzliche Normierung fest. Eine Erweiterung oder Änderung durch vertragliche Vereinbarung ist nicht möglich, wenn es einen numerus clausus der familienrechtlichen Rechtstypen und ein ius cogens deren Inhalts gibt.[2]

Lipp[3] ist der Auffassung, daß die nichteheliche Lebensgemeinschaft, wenn man sie erfassen wolle, ins Personenrecht gehöre. Hinter § 1353 BGB stehe rechtssystematisch nichts anderes, als die Formulierung des Typenzwanges auch im Bereich des persönlichen Ehe- und Familienrechts. Für das persönliche Ehe-

---

2   Böhmer, S. 91.

3   Lipp, AcP 180, 537, 569.

recht sei in Vergessenheit geraten, was für das Ehegüterrecht und für das Ehesachenrecht selbstverständlich sei, nämlich der numerus clausus der Rechtsverhältnisse. Für die persönliche Gemeinschaft von Mann und Frau habe der Gesetzgeber im Rechtsinstitut der Ehe und damit in § 1353 BGB eine abschließende Regelung getroffen. Ähnliches klingt bei Strückradt an, der vertritt, daß die Unverbindlichkeit im Bereich der persönlichen Beziehungen zum Wesen des extra legem eingegangenen, von der Rechtsordnung nicht geschützten Konkubinats gehöre.[4]

Daraus, daß ein rechtliches Verhältnis nicht besonders geschützt ist, etwa in Form eines Grundrechts, kann aber nicht gefolgert werden, daß ein vereinbartes rechtliches Verhältnis, durch welches das nichteheliche Zusammenleben geregelt wird, unwirksam ist.[5] Ansonsten müßten alle denkbaren zulässigen rechtlichen Verhältnisse gleichzeitig auch von der Rechtsordnung geschützt sein. Dies ist jedoch nicht der Fall.

Zudem wird deutlich, daß Lipp sich am Ehebild der Väter des BGB orientiert hat, als vertragliche Vereinbarungen zwischen Ehegatten noch weitgehend für unzulässig gehalten wurden. Spätestens seit dem 1. EheRG ist der Inhalt der Ehe an die Betroffenen selbst überantwortet. Als Beispiel mag dienen, daß der Staat sich aus dem Recht der Ehewirkungen immer mehr zurückgezogen hat und Regelungen wie das Ehenamensrecht oder die Haushaltsführung in der Ehe und deren Verhältnis zum Unterhalt den Gatten überläßt.[6]

Zutreffend ist, daß die Ehe die einzige Form der Lebensgemeinschaft ist, die durch den staatlichen Gesetzgeber in ihren Rechtswirkungen eine umfassende Regelung erfahren hat.[7] Der besondere verfassungsrechtliche Schutz kommt ihr zu, weil die rechtliche Sonderstellung der Ehe ein entscheidender Faktor in der

---

4   Stückradt, S. 40.

5   Gernhuber, § 5 I 1 (36); auch Diederichsen, NJW 83, 1017, 1022 weist darauf hin, daß für die Ehe kein Rechtsmonopol besteht. Die Partner können sich im Rahmen des Gesellschaftsrechts ohne weiteres vertraglich verpflichten, wozu Ehegatten bereits nach dem Gesetz verpflichtet sind; Meier-Scherling, DRiZ 79, 296, 297; Schlüter/Belling, FamRZ 86, 405, 409; Arndts, S. 95 f.; Beyerle, S. 11; Maus, S. 106 f.; Namgalies, S. 22; Ronke, Gedächtnisschrift für Küchenhoff, S. 334; Deuerler, S. 253; Konrad, S. 30; Heyde, in: Limbach/Schwenzer, S. 24.

6   Hausmann, S. 74 f.

7   Weimar in: Eser (Hrsg.): Die nichteheliche Lebensgemeinschaft, S. 86 ff. spricht von "verrechtlichter Ehe"; Jeder, S. 17: "von der Rechtsordnung anerkannte Ehe".

rechtlichen Ordnung der familiären Beziehungen ist.[8] Nach dem Bundesverfassungsgericht umschließt der in Art. 6 Abs. 1 GG statuierte besondere Schutz der staatlichen Ordnung für Ehe und Familie positiv die Aufgabe für den Staat, Ehe und Familie durch geeignete Maßnahmen zu fördern, negativ das Verbot für den Staat, die Ehe zu schädigen oder selbst zu beeinträchtigen.[9] Daraus folgt aber nicht, daß andere denkbare und praktizierte Formen menschlichen Zusammenlebens wegen eines Verstoßes gegen Art. 6 GG rechtswidrig sind.[10] Nur steht die nichteheliche Lebensgemeinschaft eben als solche nicht unter dem Schutz des Art. 6 Abs. 1 GG, da nur die eheliche Lebensgemeinschaft, nicht auch Lebensgemeinschaften anderer Art durch diese Bestimmung erfaßt ist. Dieses Ergebnis folgt aus der Entstehungsgeschichte des Art. 6 GG, nach dessen zunächst vorgesehener Fassung die Ehe als "*die* rechtmäßige Form der dauernden Lebensgemeinschaft von Mann und Frau" gekennzeichnet werden sollte. Diese Formulierung wurde nicht übernommen, weil bei den Beratungen im Hauptausschuß des Parlamentarischen Rates darauf hingewiesen wurde, daß sich außerhalb der Ehe neue Lebensformen etabliert hätten, die keineswegs als unmoralisch und nicht zu billigen anzusehen seien.[11] Daraus ist ersichtlich, daß durch die Fassung des Art. 6 Abs. 1 GG kein Unwerturteil über nichteheliche Verbindungen ausgesprochen werden sollte, sondern daß vielmehr der Umkehrschluß über die Rechtmäßigkeit außerehelicher Lebensgemeinschaften zulässig ist.[12]

Die Grundrechte geben auch Hinweise zur Auslegung einfacher Gesetze, weshalb die Generalklauseln des bürgerlichen Rechts als "Einbruchstellen" der Grundrechte ("mittelbare Drittwirkung" der Grundrechte) bezeichnet werden.[13] Daher ist eine nichteheliche Lebensgemeinschaft - unabhängig von ihrer Rechts-

---

8   Pirson in Bonner Kommentar zum GG, Art. 6 Rn. 17.

9   BVerfGE 6, 55, 76.

10   so aber: Giesen, JZ 82, 817, 820; anders noch: Maunz, FamRZ 56, 1, 2; wie hier: Maunz in M-D-H-S, Art. 6, Rn. 15 a, was belegt, daß Maunz seine früher vertretene Auffassung mittlerweile aufgegeben hat; Hamann-Lenz, Art. 6 A 2, S. 205.

11   Abgeordneter Selbert (SPD), 43. Sitzung, sten. Prot., S. 31 ff.; Stückradt, S. 28 f. weist allerdings darauf hin, daß die Abgeordneten im Jahre 1949 noch die außergewöhnlichen Verhältnisse der ersten Nachkriegsjahre vor Augen hatten (z.B. Unmöglichkeit der Auflösung einer Ehe wegen der Kriegsgefangenschaft des Mannes).

12   Kossendey, S. 11 f.; v. Münch in: Landwehr, S. 149.

13   BVerfGE 7, 198, 206.

natur - in Form eines rechtlichen Verhältnisses nur rechtmäßig, wenn durch sie nicht in eine bestehende Ehe eingegriffen wird. Nichteheliche Lebensgemeinschaften zwischen Partnern, von denen mindestens einer (noch) verheiratet ist, stellen aber einen Eingriff in die bestehende Ehe dar. Eine Individualabrede zwischen solchen Partnern, die eine Regelung über personenrechtliche Verhältnisse treffen wollte, wäre schon aus diesem Grunde unwirksam, da ein solches Rechtsgeschäft wegen Art. 6 Abs. 1 GG gemäß § 138 Abs. 1 BGB nichtig ist.[14]

Da Art. 6 Abs. 1 GG somit die Ehe nicht als einzig denkbare rechtliche Form der Lebensgemeinschaft regelt, ist es dem Bundesgesetzgeber, der gemäß Art. 74 Nr. 1 GG in Angelegenheiten des bürgerlichen Rechts zuständig ist, unbenommen, gestaltend in die rechtlichen Verhältnisse nichtehelicher Lebensgemeinschaften einzugreifen. Er könnte umfassende rechtliche Regelungen auf personen- oder vermögensrechtlicher Ebene treffen.[15]

An Art. 6 Abs. 1 GG scheitert eine Individualabrede zwischen Partnern nichtehelicher Lebensgemeinschaften jedenfalls regelmäßig nicht. Damit sei zunächst festgestellt, daß mögliche rechtsgeschäftliche Erklärungen im Zusammenhang mit der nichtehelichen Lebensgemeinschaft auch nicht gegen Art. 6 Abs. 1 GG verstoßen. Es kann daher noch nicht gesagt werden, daß eine Individualabrede jeden denkbaren Inhalts von vornherein unwirksam ist.[16]

Vom Standpunkt des Grundgesetzes aus kann festgehalten werden, daß es die nichteheliche Lebensgemeinschaft nicht nur toleriert, sondern daß sie als Ausdruck der allgemeinen Handlungsfreiheit gem. Art. 2 Abs. 1 GG sogar verfassungsrechtlichen Schutz genießt.[17] Ein Gesetz, durch welches Vereinbarungen bezüglich nichtehelicher Lebensgemeinschaften für unwirksam erklärt würden, wäre verfassungswidrig.

---

14   Ebenso Appel, S. 118; Jeder, S. 124 f.; offenbar auch Schreiber, NJW 93, 624, 625; daß eine solche Lebensgemeinschaft personenrechtlichen Inhalts noch aus ganz anderen Gründen unwirksam ist, wird noch darzustellen sein.

15   Ebenso Halstrick, S. 88; Zippelius, DöV 86, 805, 809; v. Münch, ZRP 88, 327, 328; Hausmann, S. 11; Striewe, S. 401.

16   Auf § 138 Abs. 1 BGB ist hier noch nicht einzugehen, da es zur Beurteilung eines solchen Rechtsgeschäfts auf dessen Inhalt ankommt.

17   Heyde in: Limbach/Schwenzer, S. 24; Hausmann, S. 12; wohl auch Giesen, JZ 82, 817, 819.

II. Rechtsgeschäftliche Erklärungen oder rechtsfreier Raum?

Somit steht es den nichtehelich zusammenlebenden Partnern offen, durch rechtsgeschäftliche Erklärungen Rechtsverhältnisse zu begründen. Eine rechtsgeschäftliche Erklärung ist die Erklärung eines Entschlusses, mit dieser Erklärung eine Rechtswirkung zu bewirken.[18] Liegen ausdrückliche rechtsgeschäftliche Erklärungen der Partner vor, stellt sich nur die Frage nach ihrer Wirksamkeit. Liegen keine ausdrücklichen Erklärungen vor, ist durch Auslegung gemäß §§ 133, 157 BGB zu ermitteln, ob konkludente Willenserklärungen abgegeben wurden.

Es kommt dann darauf an, ob einer der Partner nach den Umständen des Einzelfalles ein Verhalten des anderen Partners als rechtlich bindende Erklärung verstehen durfte. Fehlt ein erkennbarer Rechtsbindungswille, handelt es sich nicht um eine rechtsgeschäftliche Erklärung, sondern um eine Erklärung, die keine Rechtswirkungen bewirkt und somit im gesellschaftlichen Bereich anzusiedeln ist ("Gefälligkeitsverhältnis"). Nach dem BGH[19] kommt es für die Beurteilung dieser Frage auf die Art der Gefälligkeit, ihren Grund und Zweck, ihre wirtschaftliche und rechtliche Bedeutung, insbesondere für den Empfänger, die Umstände, unter denen sie erwiesen wird, und die dabei bestehende Interessenlage der Parteien an. Zusagen freundschaftlicher oder gesellschaftlicher Art, insbesondere uneigennützige, die nicht gerade die Wahrnehmung von erheblichen Vermögensinteressen zum Gegenstand haben, weisen daher keinen Rechtsbindungswillen auf.[20] Das bedeutet freilich nicht, daß Erklärungen in freundschaftlicher Atmosphäre und bei intensiven gesellschaftlichen Verhältnissen, wie sie unter Partnern nichtehelicher Lebensgemeinschaften häufig vorkommen werden, schon deshalb keine rechtsgeschäftlichen Erklärungen seien.[21]

---

18 E. Wolf, AT § 7 B I (298).

19 BGHZ 21, 102, 106 f.; ebenso Hausmann, S. 376.

20 Larenz SchR II § 56 I (412); Strätz, FamRZ 80, 301, 306 ist der Auffassung, daß man einen Rechtsbindungswillen bis zum Nachweis des Gegenteils angesichts der typischen Motivlage der Parteien jedenfalls nicht vermuten dürfe. Diesen positiven Nachweis verlangt die Rechtsprechung gerade nicht.

21 Arndts, S. 45 und Beyerle, S. 31 weisen darauf hin, daß der Partner einer nichtehelichen Lebensgemeinschaft seine Leistungen als materiellen Beitrag für die Lebensgemeinschaft versteht. Schon deshalb kann bei ihnen nicht mehr von Uneigennützigkeit und damit von bloßen Gefälligkeitshandlungen gesprochen werden. Für die Annahme eines Rechtsbindungswillens zur Regelung organisatorisch-technischer Angelegenheiten: Kurr, S. 61 f.; Maus, S. 112 f. und 116.

In Rechtsprechung und Schrifttum wird vielfach darauf hingewiesen, daß Partner, die zu erkennen geben, daß sie eine Ehe nicht eingehen wollen, auch nicht rechtlich gebunden sein wollen. In einem Fall, in welchem die Partner bereits zehn Jahre (!) zusammengelebt hatten, führte das OLG Düsseldorf[22] aus, die Parteien hätten keine konkreten Ziele gehabt, die in der Regel nur aufgrund rechtlicher Bindungen verfolgt werden; ihre Beziehungen hätten sich in der Führung eines gemeinschaftlichen Haushaltes und eines eheähnlichen Verhältnisses erschöpft. Für ein solches Zusammenleben zwischen Mann und Frau stelle die Rechtsordnung die besondere Rechtsform der Ehe zur Verfügung. Die Parteien hätten dadurch, daß sie eine Ehe nicht schließen wollten, zu erkennen gegeben, daß sie nicht in rechtliche Bindungen eintreten wollten. Anderweitige Rechtsbeziehungen hätten sie offenkundig nicht vor Augen gehabt, nicht angestrebt und nicht vereinbart.

Im Zusammenhang mit der Frage nach dem Schutzbereich eines Mietverhältnisses mit eheähnlich zusammenlebenden Partnern führt das OLG Hamm[23] aus, die Partner seien eine Beziehung eingegangen, die von der Rechtsordnung nicht besonders vorgesehen und geschützt, sondern allenfalls in gewissem Umfang toleriert werde.

Im Schrifttum wird vertreten, das formlose Zusammenleben stelle sich regelmäßig als bewußte Flucht vor den Bindungen des Rechts dar; die staatliche Ordnung unterwerfe das Zusammenleben in der Ehe.[24] Die freiwillige Ablehnung oder auch nur der Verzicht zweier Personen darauf, ihrer "Ehe" (!) eine Rechtsform zu geben und die öffentlich-staatliche Rechtsgestaltung für ihre "Ehe" zu akzeptieren, bedeute, daß ihre "Ehe" nicht als eine rechtliche Gemeinschaft gelte. Indem sich die Partner so der Rechtsform für ihre Lebensgemeinschaft begäben, entbehre sie auch des Rechtsschutzes. Der Staat habe einen solchen Entschluß als Rechtsverzicht zu respektieren.[25]

Ebenso wird vertreten, daß vom Willen der Partner nur der faktische status quo umfaßt sei, ohne daß dieser ihnen Rechte oder Pflichten vermitteln sollte, deren Erfüllung als Leistung auch auf dem Klageweg durchsetzbar sein sollten.

---

22   OLG Düsseldorf NJW 79, 1509 = FamRZ 79, 581; ebenso Palandt-Diederichsen Einf. vor § 1353, 8; ähnlich de Witt/Huffmann, S. 21.

23   OLG Hamm, FamRZ 77, 318, 320.

24   Thomas, S. 15.

25   Koch, S. 51.

Nicht einmal eine allgemeine schuldrechtliche Vertragsabrede würden die Parteien treffen.[26]

Einen extremen Standpunkt in der Literatur nimmt auch Diederichsen ein, der der nichtehelichen Lebensgemeinschaft keinerlei rechtliche Relevanz beimißt. Nach ihm habe die Rechtsordnung mit der Regelung der Ehe ihr Soll erfüllt. Er spricht sich sogar gegen eine Regelung der nichtehelichen Lebensgemeinschaft aus, weil die damit verbundene Beschränkung der Freiheit gegen Art. 2 Abs. 1 GG verstoße. Es sei ein ganz unzeitgemäßer antiliberaler Zug, wollte man Menschen, die mit ihrer Partnerschaft gerade außerhalb der Rechtsordnung bleiben möchten, doch in diese hineinzwängen. Ehelos zusammenlebende Paare würden erkennbar einen Status wünschen, der bewußt als juristisches Kontrastprogramm zur gesetzlichen Ehe gewünscht würde.[27]

Als Konsequenz dieser Auffassungen wäre dann festzustellen, daß zwischen den Parteien lediglich ein Gefälligkeitsverhältnis besteht. Spätestens im Zeitpunkt des Zusammenziehens, welches in der Kenntnis erfolgt, daß die Beziehung auf Dauer angelegt ist, dürften die Partner aber erkennen, daß sie Entscheidungen treffen, die ihr künftiges Leben (eventuell über Jahre) beeinflussen werden. Allein schon das gemeinsame Wohnen und die permanente Befriedigung materieller Bedürfnisse fordern ständig Entscheidungen wirtschaftlicher Art, Planung, Organisation und den Einsatz erheblicher Vermögenswerte. Aufgrund dieser Tatsache liegt schon keine der Fallgruppen typischer rechtlicher Bindungslosigkeit vor,

---

26 Evans v. Krbek, JA 1979, 236, 241 f.; deshalb kann es nicht verwundern, wenn von "Verrechtlichung" der Beziehungen gesprochen wird: Jost in: Voigt (Hrsg.): Gegentendenzen zur Verrechtlichung, S. 124; Schwab in: Landwehr, S. 68; Hausmann, S. 7. Darunter werde der Zugriff rechtsetzender oder rechtsanwendender Instanzen auf staatsseitig bisher ungeregelte Bereiche bzw. die Verfeinerung der vorhandenen rechtlichen Instrumente verstanden. Nach der hier vertretenen Auffassung wird, wie noch darzulegen sein wird, Verrechtlichung mit Auslegung verwechselt.

27 Diederichsen, NJW 83, 1017, 1025; ders., FamRZ 88, 889, 894; diese Auffassung beherrscht auch die Rechtsprechung, z.B.: OLG Saarbrücken, NJW 79, 2050, 2051; LG Aachen, FamRZ 88, 717, 718; vgl. auch Schlüter, S. 40; daß die Betroffenen im Zweifel die Bindungslosigkeit gewählt haben: Bartsch, JR 79, 364; Brühl, FamRZ 78, 859; Finger, JZ 81, 497, 507; Görgens, JR 80, 457, 458; Schlüter/Belling, FamRZ 86, 405, 406; Steinert, NJW 86, 683, 686; Strätz, FamRZ 80, 301, 305; Weber, DAR 85, 1, 4; Maus, S. 123; Raddatz, S. 215; Schreiber, NJW 93, 624.

nach welcher eine der Parteien uneigennützig und ohne Einsatz von Vermögenswerten handelt.[28]

Der Ansicht von Diederichsen kann nicht gefolgt werden, weil es dem Gesetzgeber freisteht, zwischenmenschliche Beziehungen rechtlich zu regeln. Die persönliche Freiheit des Einzelnen würde mißachtet, wenn der Zusammenschluß zu einer nichtehelichen Lebensgemeinschaft vom Gesetzgeber - vielleicht sogar bei Anordnung von Strafe - verboten würde, nicht aber wenn Abwicklungsmodalitäten positivrechtlich erfaßt würden. Kein Mensch kann sich selbst ohne weiteres außerhalb der Rechtsordnung stellen. Mit dem vorgebrachten Argument wäre *jede* zwingende gesetzliche Regelung eine Beschränkung der Freiheit und als solche unliberal. Dies mag im Ergebnis zutreffen; hieraus können aber keine Folgerungen abgeleitet werden, daß solche Regelungen nicht wünschenswert oder gar verfassungswidrig wären.

Zuzustimmen ist dieser Auffassung allerdings darin, daß die Lebenspartner bewußt ein juristisches Kontrastprogramm zur Ehe wünschen. Daraus wird aber ein verfehlter juristischer Schluß gezogen: Mit ihrem Entschluß, keine Ehe einzugehen, lehnen die Partner die Anwendbarkeit des *Eherechts* auf ihr Verhältnis zueinander ab, nicht aber die Anwendbarkeit jeden Rechts.[29] Würde man die These, daß die Rechtsbeziehungen während der Dauer der Partnerschaft von den persönlichen Beziehungen "überlagert" und damit also ausgeschlossen werden, wirklich ernst nehmen, so stellt sich schon die Frage, welche Rechtsbeziehungen damit im einzelnen gemeint sein sollen: Niemand wird behaupten wollen, daß bei Vermögensverschiebungen nicht auch dingliche Rechtsfolgen eintreten. Dieses Problem würde noch deutlicher, wenn von Dritten für die Gemeinschaft Gegenstände erworben werden. Abwegig scheint auch der Gedanke, daß bei gewollten Vermögensverschiebungen zwischen den Partnern keine wirksamen Kausalgeschäfte - wie z.B. eine Schenkung - vorliegen sollen. Wenn solche Abreden im außerrechtlichen Bereich liegen sollen, wäre jede Veränderung der dinglichen Rechtszuständigkeit der Rückforderbarkeit nach den §§ 812 ff. BGB ausgesetzt. Da eine derartige Vorenthaltung einer Teilnahme am Rechtsverkehr zu Lasten einer Personengruppe nicht möglich ist, müßte schon genauer bezeichnet werden,

---

28   Daß die Ansicht, die nichteheliche Lebensgemeinschaft bewege sich im rechtsfreien Raum, nicht nur wenig lebensnah, sondern auch dogmatisch nicht haltbar ist, weist Hausmann, S. 412 ff. und S. 522 ff. nach.

29   Ausführlich hierzu Arndts, S. 51 ff.

10

in welchen konkreten Beziehungen die Partner sich rechtlich irrelevant verhalten.[30]

So ist es nach dieser Auffassung nur konsequent, daß nach der Trennung der Partner kein vermögensrechtlicher Ausgleich erfolgen soll. Der prinzipielle Ausschluß eines jeden Ausgleichs ergebe sich nicht zuletzt aus der praktischen Unmöglichkeit, die im einzelnen von jedem Teil erbrachten Leistungen nachträglich, also oft Jahre später, mit dem Ziel der gegenseitigen Abrechnung zu rekonstruieren.[31] Der gegenseitige Rückforderungsausschluß enthalte somit auch ein Gerechtigkeitsmoment, weil es ganz und gar zufällig, willkürlich und damit ungerecht wäre, einzelne spektakuläre und nur deshalb nachweisbare Leistungen zum Ausgleich zu bringen, jedoch die zahllosen unbenannten, aber u.U. in ihrer Masse viel gewichtigeren Betreuungs- und gegenständlichen Leistungen unberücksichtigt zu lassen. Wenn aber eine Abrechnung nicht gerecht durchführbar sei, empfehle es sich in der Tat, beim Auseinandergehen der Partner einen Schlußstrich unter das Verhältnis zu setzen, weil dieses eben kein Rechtsverhältnis gewesen sei.

Das Argument der praktischen Unmöglichkeit eines Ausgleichs verwundert insofern, als es nach der Prämisse, es lägen keine Rechtsbeziehungen vor, ganz überflüssig ist. In seiner Konsequenz ist es jedoch unhaltbar, weil damit im Ergebnis der Rechtsschutz mit der Begründung versagt wird, die Rekonstruktion der Leistungen sei (angeblich) unmöglich. Dieses Problem tritt überall auf, wo eine Gesamtauseinandersetzung vorzunehmen ist und ist somit kein Folgeproblem nur der nichtehelichen Lebensgemeinschaft. Solche praktischen Schwierigkeiten hat die Rechtsprechung teilweise in anderen Rechtsgebieten einzuschränken versucht.[32] Sie sind aber dem Eherecht ebenso immanent wie vermögensrechtlichen Gemeinschaftsverhältnissen. Es muß auch bedacht werden, daß bei Lebensgemeinschaften von kurzer Dauer eine Bilanzierung durchaus möglich erscheint und die Partner oftmals nur hinsichtlich herausragender Vermögenswerte

---

30 Lieb, Gutachten A 43; daß die Partner nicht im rechtsfreien Raum leben: Soergel-Lange, Anh. § 1588, Rdnr. 8; Schwenzer, S. 170 begründet, daß die Gegenansicht der sozialen Realität kaum gerecht wird. Ebenso Arndts, S. 38 f.; Jost in: Voigt (Hrsg.): Gegentendenzen zur Verrechtlichung, S. 134.

31 Diederichsen, NJW 83, 1017, 1023; ähnlich auch Simon, JuS 80, 252, 253; Schlüter/Belling, FamRZ 86, 405; so gegen das Gesellschaftsrecht: Kurr, S. 69.

32 Erinnert sei nur an die ex-nunc-Wirkung der Anfechtung im Arbeits- und Gesellschaftsrecht, an faktische bzw. fehlerhafte Arbeits- und Gesellschaftsverhältnisse.

wie Haus, Wohnung oder Auto Ansprüche stellen werden. Mit dem Argument praktischer Schwierigkeiten kann ein rechtliches Verhältnis nicht verneint werden. Den gleichen Schwierigkeiten würde im übrigen wieder begegnet, wenn die Anwendbarkeit des § 817 Satz 2 BGB auf die Lebensgemeinschaft diskutiert werden müßte.

Der Grund für die Behauptung, daß bei einer nichtehelichen Lebensgemeinschaft die rechtlichen (auch die vermögensrechtlichen) Bindungen fehlen, ist in der Tatsache zu sehen, daß das BGB keinen "Typus" "nichteheliche Lebensgemeinschaft" vorsieht. Fehlt eine gesetzliche Spezialregelung für einen zu beurteilenden Lebenssachverhalt, ist jedoch die nächst allgemeinere Regelung anzuwenden. Da hierfür offensichtlich Scheu von Seiten der Rechtsprechung besteht, wird der Schluß gezogen, daß die Parteien "keinerlei Rechtsfolgen herbeizuführen beabsichtigen".[33]

Dies verwundert insofern, als die vertragliche Gestaltungsfreiheit im Schuldrecht anerkannt ist.[34] Es wäre von den Vertretern der dargestellten Auffassung zu begründen, warum diese Freiheit gerade den Partnern einer nichtehelichen Lebensgemeinschaft verwehrt werden soll.

III. Methode der Ermittlung des Inhalts der rechtsgeschäftlichen Erklärungen der Partner

Entscheidend für die Beantwortung der Frage, auf welche gesetzlichen Regelungen zur Lösung der Probleme zurückzugreifen ist, ist der Inhalt der abgegebenen Willenserklärungen. Dieser wird durch Auslegung ermittelt. Ein Rückgriff auf allgemeine Gerechtigkeitsgedanken erübrigt sich. Verfehlt ist es, wenn - namentlich von Schlüter[35] - lediglich aus den Rechts- und Sozialstaatsprinzipien

---

33 So wörtlich OLG Celle, FamRZ 82, 63.

34 Ansonsten müßte Leasingvertragsparteien, die keine weiteren rechtlichen Regelungen getroffen haben, jeder Rechtsschutz verweigert werden, weil sie sich dadurch, daß sie keinen Mietvertrag (und evtl. Kaufvertrag unter aufschiebender Bedingung) geschlossen haben, keinen Rechtsbindungswillen gehabt hätten. Niemand käme auf die Idee, so etwas zu behaupten - der Gedanke erscheint geradezu absurd.
Bezeichnend ist die Formulierung in AK-Münder, Anh. § 1308, Rdnr. 8: "Bei der nichtehelichen Lebensgemeinschaft fehlt die rechtliche Form, damit rechtliche Regelungen und Folgerungen."

35 Schlüter, S. 16.

abgeleitet wird, daß dieser Form des Zusammenlebens nicht der Rechtsschutz verweigert werden könne. Einen Verzicht auf Rechtsschutz in existenziellen Fragen, auf den auch aus der Entscheidung zum nichtehelichen Zusammenleben nicht geschlossen werden könne, könne es in einem Rechtsstaat nicht geben. Wer die Rechtsform der Ehe, aus welchen Gründen auch immer, ablehne, verzichte zwar auf den spezifischen Schutz und die daran geknüpften Rechtswirkungen der Ehe, nicht aber generell auf die Austragung von Konflikten mit den Mitteln des Rechts. Schließlich treffe auch den Staat unter dem Gesichtspunkt des Sozialstaatsprinzips die Pflicht, den jeweils Schwächeren in einer nichtehelichen Lebensgemeinschaft zu schützen.

Wenn Schlüter des weiteren einräumt, daß für die Rechtsprobleme, die nichteheliche Lebensgemeinschaften aufwerfen, eine pauschale Anwendung von Regeln nicht in Betracht komme, sondern Rechtsnormen gefunden werden müßten, die in ihrem eigentlichen Anwendungsbereich auf ganz andere Sachverhalte zugeschnitten seien, wird wiederum deutlich, daß beim nichtehelichen Zusammenleben offenbar eine gewisse Scheu besteht, neue Lebenssachverhalte unter allgemeine Rechtsbegriffe zu subsumieren.

Gleiches gilt, wenn behauptet wird, beim Versuch, den Problemen der nichtehelichen Lebensgemeinschaft gerecht zu werden, verbiete sich eine abstrakt-doktrinäre Deduktion, vielmehr sei ein detailliertes Eingehen auf die konkrete Interessenlage der Beteiligten gefordert.[36] Der Hauptfehler in diesen Ausführungen liegt darin begründet, daß an den angeblich nur sozialen Tatbestand aus dem Gerechtigkeitsgedanken heraus Rechtswirkungen durch Normen bewirkt werden sollen, die nach den eigenen Aussagen des Autors andere Anwendungsbereiche haben. Diese Vorgehensweise ist auch überflüssig, wenn sich andere Möglichkeiten der Rechtsfindung ergeben, nämlich durch Auslegung vorhandener rechtsgeschäftlicher Erklärungen, die durch die Anwendung bestehender Rechtsvorschriften ergänzt werden können.

IV. Kein Eintritt von Rechtswirkungen des Eherechts

Derartige Überlegungen, die im wesentlichen auf die Erreichung von Einzelfallgerechtigkeit ausgerichtet sind, haben in Literatur und Rechtsprechung

---

36   AK-Münder, Anh. § 1302, Rdnr. 10. Es ist zwar richtig, daß es *die* nichteheliche Lebensgemeinschaft mit vorgegebenem Inhalt nicht gibt. Um dem gerecht zu werden, bietet aber auch deduktives Vorgehen befriedigende Lösungen, wie noch zu zeigen sein wird.

noch kaum zu einer Befürwortung der analogen Anwendung von Vorschriften des Eherechts, sei es in Einzelfällen oder insgesamt geführt.[37]

Neben einer Regelungslücke kommt es bei einer Analogie auf die Vergleichbarkeit der Fälle[38], hier also von Ehe und nichtehelicher Lebensgemeinschaft an. Sollte diese Ähnlichkeit festgestellt werden können, ist anschließend zu fragen, ob die Unterschiede nicht von einer derartigen Qualität sind, daß eine analoge Anwendung eherechtlicher Bestimmungen nicht begründet werden kann.

Aufgrund vielfacher Unterschiede muß eine Analogie zum Eherecht von vornherein ausscheiden: So ist die Entstehung einer nichtehelichen Lebensgemeinschaft an keine rechtliche Form gebunden, der Ehevertrag jedoch an die Einhaltung der strengen Formen der §§ 11, 13 EheG. Auf die güterrechtlichen Verhältnisse können die §§ 1408 ff. BGB keine Anwendung finden: Eine Eintragung des "Ehevertrags" (hier: des Vertrages zwischen den Lebenspartnern) ins Güterrechtsregister ist nicht möglich. Die Ehe wird auf Lebenszeit geschlossen, während nichteheliches Zusammenleben nur auf Dauer angelegt ist, ihr Ende also zwar unbestimmt, aber grundsätzlich jederzeit möglich ist. Gerade Teile des Scheidungsfolgenrechts sind aber in der lebenslangen Bindung der Partner begründet. Selbst die innere Einstellung der Partner geht dahin, keine Ehe zu führen; die nichteheliche Lebensgemeinschaft ist schon nach der Intention der Partner ein völliges aliud.[39]

---

37 Anders Roth-Stielow, JR 78, 233; Derleder, NJW 80, 545, 547; vereinzelt wird vertreten, daß die nichteheliche Lebensgemeinschaft im Sozialrecht der Ehe gleichgestellt sei (Evans v. Krbek, JA 1979, 236, 241; Scheepers, ZRP 78, 13; Ohlenburger-Bauer, S. 112); dies trifft nicht zu, weshalb eine derartige Formulierung vermieden werden sollte, um Mißverständnisse nicht aufkommen zu lassen. Unhaltbar ist es, wenn Scheepers vertritt, daß der Gesetzgeber, wo er dem Fiskus Sozialausgaben ersparen könne, das Konkubinat der Ehe gleichgestellt habe und demzufolge derartige Wertungen auf das Mietrecht übertragen will. Zum Verstoß dieses Schlusses gegen die traditionelle Logik vgl. Lipp, AcP 180, 537, 550 f.

38 Larenz, Methodenlehre, S. 365 f.

39 Halstrick, S. 132; Evans v. Krbek, JA 1979, 236, 242 läßt aber offen, ob Eherecht nicht eventuell im Fall der "Onkelehen" anzuwenden ist.
    Darauf, daß ansonsten eine formlose Ehe geschlossen werden könnte, weist Kunigk, Jura 80, 512, 519 hin; ebenso Soergel-Lange, Anh. § 1588, Rdnr. 10; Kossendey, S. 7; exakter, als daß die Lebensgemeinschaft in der Erwartung eingegangen wird, "hiermit keine rechtlichen Verpflichtungen zur Führung einer Lebensgemeinschaft zu übernehmen", kann die Intention der Partner nicht formuliert werden.

Es ist auch zu bedenken, daß eine auch nur teilweise Anwendung eherechtlicher Vorschriften einem Zwang zur Ehe gleichkommen würde, der nach Art. 23 Abs. 3 des Pakts über bürgerliche und politische Rechte vom 19.12.1966, den die Bundesrepublik Deutschland unterzeichnet hat, nicht möglich ist. Diese Bestimmung lautet: "Eine Ehe darf nur im freien und vollen Einverständnis der künftigen Ehegatten geschlossen werden."[40]

Auch de lege ferenda wäre es bedenklich, sich bei der Lösung von Rechtsfragen des nichtehelichen Zusammenlebens - ähnlich wie in Schweden - an der Ausgleichsregelung der Zugewinngemeinschaft zu orientieren. Zu Recht wird hiergegen eingewendet, daß dieses Modell außer der Abwahl zu wenig Raum für den Parteiwillen ließe. Auch ist zu bedenken, daß das gemeinsame Wirtschaften unter Lebensgefährten in aller Regel nicht so umfassend ist, wie unter Ehegatten.[41]

V. Begründung eines verlöbnisähnlichen Verhältnisses

Nur vereinzelt wird zur dogmatischen Einordnung der nichtehelichen Lebensgemeinschaft auf das Verlöbnisrecht der §§ 1298 ff. BGB zurückgegriffen. Auf Verlobte, die in nichtehelicher Lebensgemeinschaft zusammenleben, findet das Verlöbnisrecht freilich Anwendung. Insbesondere Evans v. Krbek[42] hat sich für eine umfassende analoge Anwendung des Verlöbnisrechts auf die Partner nichtehelicher Lebensgemeinschaften eingesetzt. Sie geht zunächst davon aus, daß das Verlöbnis ein Vertrag ist.[43] Verlöbnis sei aber nicht nur der aus den übereinstimmenden Willenserklärungen bestehende Vertrag mit dem Heiratsversprechen als Inhalt, sondern auch der Kontakt der Verlobten, der gleichzeitig mit dem Verlöbnis einhergeht, nämlich der Brautstand. Dieser sei ein "rechtsgeschäftsanaloges Schuldverhältnis".[44]

---

40   Abgedr. in BT-Drucks. 7/660, S. 15; auf diesen Zwang weist auch Schwenzer, S. 172 hin; Hausmann, S. 17; Schwab in: Landwehr, S. 63; Maus, S. 90 f.; Arndts, S. 68; Appel, S. 152.

41   Coester-Waltjen, NJW 88, 2085, 2089 f.

42   Evans v. Krbek, JA 1979, 236, 241 f.

43   Anders Canaris, AcP 165, 1 ff.; Henrich, FamR § 2 I 4 (3. Aufl.: S. 8): Gesetzliches Rechtsverhältnis.

44   Evans v. Krbek, JA 79, 236, 238.

Die Autorin begründet des weiteren den Analogieschluß zu §§ 1298, 1299 BGB damit, daß die "soziale Beziehung" der Verlobten (der Brautstand) vom rechtlichen Begründungsakt (dem Verlöbnis als Vertrag) unterschieden werden müsse. Sie schließt daraus, daß insofern die Kohabitation mit der Lage beim Verlöbnis übereinstimme, als zwar zum einen die Erfüllbarkeit der "Leistungspflicht" auf Eingehung einer Ehe nicht einklagbar sei, aber zum anderen die Folgen der Nichterfüllung der aufgrund der sozialen Beziehung der Verlobten anzunehmenden rechtsgeschäftsähnlichen weiteren Verhaltenspflichten gesetzlich geregelt seien. Zwar bestehe bei der Kohabitation gegenüber dem Verlöbnis ein "minus", die weitere typische Interessenlage erscheine demgegenüber jedoch als eine der Verlobung überwiegend ähnliche.[45]

Dieser Argumentation kann nicht zugestimmt werden. Das Verlöbnis ist ein familienrechtlicher Vertrag, weshalb mit seinem Abschluß zwischen den Verlobten ein familienrechtliches Verhältnis, der "Brautstand" entsteht. Dies bedeutet, daß der Brautstand ein Rechtsverhältnis, aber nicht lediglich ein sozialer Tatbestand ist. Freilich besteht neben dem Rechtsverhältnis auch ein sozialer Tatbestand. Da die Autorin jedoch beim nichtehelichen Zusammenleben außerhalb des Verlöbnisses grundsätzlich nicht von einem Rechtsverhältnis ausgeht, besteht hierin schon einmal ein wesentlicher Unterschied, der einen tragfähigen Analogieschluß bedenklich erscheinen läßt.

Zudem kann nicht begründet werden, warum dem Faktum sozialer Beziehungen rechtsgeschäftsähnliche Verpflichtungen entnommen werden können. Aus nur sozialem Sein kann ohne ein Rechtsgesetz kein normatives Sollen deduziert werden.[46] Wie unterschiedlich jedoch auch die sozialen Tatbestände gelagert sind, zeigt sich daran, daß ein Verlöbnis gem. § 1297 BGB in einem Eheversprechen besteht und die Aufwendungen gem. § 1298 BGB, die als Schaden zu ersetzen sind, in Erwartung der Ehe erfolgt sein müssen. Hieran fehlt es regelmäßig bei der nichtehelichen Lebensgemeisnchaft, weshalb es für eine entsprechende Anwendung des § 1298 BGB schon an der Ähnlichkeit der sozialen Tatbestände fehlt. Erst recht gilt dies für die rechtlichen Tatbestände (an denen es der Autorin zufolge beim bloßen nichtehelichen Zusammenleben fehlen soll).

---

45   Evans v. Krbek, JA 79, 236, 242; eine entsprechende Anwendung des § 1298 BGB befürwortet auch Schwab in: Landwehr, S. 74 f.

46   Lipp, AcP 180, 537, 564.

VI. Abschluß eines "Zusammenlebensvertrages"

Vereinzelt geblieben ist auch die Auffassung, die nichteheliche Lebensgemeinschaft zwischen Mann und Frau könne als Zusammenlebensvertrag mit dem Charakter eines Rahmenvertrages und Dauerschuldverhältnisses mit der Möglichkeit einer jederzeit zulässigen Aufkündigung erfaßt werden. Die nichteheliche Lebensgemeinschaft entwickele als Faktum derart "dichtige" gegenseitige Beziehungen, daß eine Bewertung als ein rechtliches nullum nicht mehr möglich sei. Nach einem Hinweis auf faktische Gesellschafts- und Arbeitsverhältnisse folgt die Feststellung, daß vor dem Zusammenziehen in eine Wohnung die verbindliche Verabredung zur Aufnahme der Gemeinsamkeit liege.[47]

Zum Inhalt wird ausgeführt:

- Zusammenziehen und Zusammenleben in einer Wohnung;
- gemeinsames Wirtschaften mit Einschluß aller oder nur einzelner Mahlzeiten;
- gemeinsame Gestaltung der Freizeit auf der Grundlage gegenseitiger Anregungen und Ausnutzung der besonderen Befähigungen des einzelnen Partners;
- Gewährung des Geschlechtsverkehrs mit oder ohne Beachtung einer Empfängnisverhütung und
- die sich aus allen vorbezeichneten Pflichten ergebenden Schutz-, Hilfs- und sonstigen Beistandspflichten tatsächlicher und geistiger Art füreinander. Dazu gehören auch Unterhaltspflichten in gesunden und kranken Tagen.

Zur zeitlichen Dimension dieses Vertrages wird behauptet, daß ein Zusammenleben auf Zeit, d.h. so lange Liebesfähigkeit oder innere Kräfte für den Zusammenhalt reichen, vereinbart werde. Die Gemeinsamkeit erhalte von Anfang an eheglieche Züge; die Partner wollten ein Zusammenleben auf Lebenszeit, wenn auch mit dem Vorbehalt der Trennung, wenn es nicht mehr gehe[48].

Schließlich versucht der Autor, einen Unterhaltsanspruch in Anlehnung an den Inhalt der §§ 1569 ff. BGB aus dem Zusammenlebensvertrag als eine über seinen Bestand hinauswirkende Folge des Zusammenlebens und als nachvertraglichen

---

47 Roth-Stielow, JR 78, 233, 234.

48 Roth-Stielow, JR 78, 233.

Abwicklungsanspruch zu begründen. Er könne auch als Haftung für vorausgegangenes Verhalten eingeordnet werden. Auch hier gelte die Verpflichtung aus Partnersachaft im "Rechtsgefüge" in dem Sinne, daß der Stärkere in diesem "Gefüge" im Verhältnis zu dem Schwächeren bei Berührung lebenswichtiger Belange die Mitverantwortung trage, ihn also zu unterstützen habe. Diese Argumentation wird durch Hinweise auf Art. 1 Abs. 1 GG und auf das Sozialstaatsprinzip sowie auf Art. 20 Abs. 3 GG und das Rechtsstaatsprinzip gestützt.[49]

Einem derartigen "Zusammenlebensvertrag" stehen grundsätzliche Bedenken entgegen, weil sowohl sein Entstehungstatbestand, als auch sein Inhalt unklar bleiben. Methodisch ist der Hinweis auf eine rechtlich bedeutsame Faktizität der nichtehelichen Lebensgemeinschaft überflüssig, weil der Autor selbst von Willenserklärungen als Entstehungstatbestand für den Zusammenlebensvertrag ausgeht.

Zum Inhalt mag offenbleiben, ob und inwieweit es möglich ist, personenrechtliche Rechte und Pflichten auf die Ebene des Schuldrechts zu übertragen, weil die von Roth-Stielow herausgearbeiteten Pflichten nicht einklagbar wären.

Wenn zur Dauer ausgeführt wird, die Partner wollten ein Zusammenleben auf Lebenszeit mit dem Vorbehalt jederzeitiger Trennung, ist dies ein Widerspruch in sich, da "auf Zeit" nicht gleichbedeutend mit "auf Lebenszeit" ist. Durch die Wendung "auf Zeit" wird außerdem der Eindruck erweckt, als könne ein solcher Vertrag befristet, also mit einem Endtermin versehen werden. Die Behauptung, die Partner wollten ein Zusammenleben auf Lebenszeit, ist unhaltbar, da soziologische Untersuchungen ergeben haben, daß gerade die Angst vor einer Bindung auf Lebenszeit viele Menschen vom Eingehen einer Ehe abhält.[50] Hier wird den Partnern ein Bindungswille unterstellt, der in aller Regel fern von ihren Vorstellungen liegt.

So vage wie der Entstehungstatbestand für den Zusammenlebensvertrag selbst sind auch die der einzelnen Rechte und Pflichten der Lebenspartner. Aus der Erwähnung der eheähnlichen Gemeinschaft im Sozialrecht kann nicht gefolgert werden, daß die Rechtsprechung ein solches eheloses Zusammenleben in anderen Bereichen nicht mehr ignorieren könne. Wenn dabei auf das Rechtsstaatsprinzip

---

49   Roth-Stielow, JR 78, 233, 236.

50   Vgl. die Untersuchung "nichteheliche Lebensgemeinschaften in der Bundesrepublik Deutschland": Schriftenreihe des Bundesministers für Jugend, Familie und Gesundheit, Band 170 (1985), S. 39.

(Art. 20 Abs. 3 GG) verwiesen wird[51], steht diese Argumentation gar im Widerspruch zu den eigenen Ausführungen, da hiermit der Sache nach Rechtswirkungen an das Faktum des Zusammenlebens geknüpft werden, nicht jedoch an den Inhalt des Zusammenlebensvertrages.

Eine Vermengung von "nachvertraglichem Abwicklungsanspruch" und verfassungsrechtlichen Prinzipien stellt die Begründung zum Unterhaltsanspruch nach Beendigung der nichtehelichen Lebensgemeinschaft dar. Für die Mitverantwortung des "stärkeren" Partners in diesem "Gefüge" im Verhältnis zum "Schwächeren" bei Berührung lebenswichtiger Belange erfolgt sodann ein Hinweis auf Art. 1 Abs. 1 GG und das Sozialstaatsprinzip[52], dafür,daß die Folgen des Zusammenlebens für einen Partner nicht zu handfestem Unrecht werden dürfen, auf das Rechtsstaatsprinzip.[53]

Schließlich trifft die Behauptung nicht zu, der Unterhaltsanspruch nach einer Trennung könne als Haftung für vorausgegangenes Verhalten eingeordnet werden. Ein und derselbe Anspruch kann nicht gleichzeitig "nachvertraglicher Abwicklungsanspruch" (der Sache nach also ein vertraglicher Anspruch) und "Haftung für vorausgegangenes Verhalten" (der Sache nach also Vertrauenshaftung) sein. Beide schließen einander aus. Die Berufung auf verfassungsrechtliche Prinzipien ist im Schuldrecht grundsätz-lich verfehlt[54]; dies gilt erst recht in einem Fall, in dem die Partner die Möglichkeit haben, der Schutzlosigkeit durch eine vertragliche Regelung oder durch das Eingehen einer Ehe zu entgehen. Seine zutreffende Feststellung: "Entscheidend ist die Grundbewertung der Gemeinsamkeit ohne Trauschein als Vertrag und die Frage danach, was von beiden Partnern im einzelnen vereinbart worden ist"[55], hat Roth-Stielow damit verlassen.

Es empfiehlt sich auch nicht, Pflichten zum geordneten Auseinandergehen, die es nicht einmal unter Ehegatten gibt, auf § 242 BGB zu stützen.[56] Gleiches gilt für die Abwicklung des "Zusammenlebensverhältnisses", die ebenfalls auf § 242

---

51   aaO, S. 233.

52   aaO, S. 236, BVerfGE 6, 55, 76.

53   Ebd., BVerfGE 6, 55, 76.

54   So auch Brühl, FamRZ 78, 859.

55   aaO, S. 233 f.

56   aaO, S. 234.

BGB gestützt wird, wobei daneben aber auch eine analoge Heranziehung von Bestimmungen des Ehe- und Gesellschaftsrechts nicht ausgeschlossen sein soll.[57]

Roth-Stielows - im Ansatz sicher begrüßenswerte - Bemühungen mußten scheitern, weil er seinen eigenen Ausgangspunkt, nämlich die Untersuchung der Vereinbarungen der Partner, nicht konsequent durchgeführt hat. Hiervon ausgehend hätte geprüft werden müssen, was überhaupt durch die Partner geregelt werden kann, sodann hätte das Regelbare auf einen oder mehrere allgemeine rechtliche Tatbestände abstrahiert werden müssen und schließlich hätte eine Prüfung erfolgen müssen, ob und ggf. wodurch bestimmte Verabredungen durch die Partner getroffen werden.

Der Vorwurf, um differenzierte Maßstäbe, die den Abstufungen auf der Tatsachenebene rechtlich folgen könnten, bemühe sich Roth-Stielow gar nicht erst,[58] ist jedoch nicht begründet, da der Versuch, allgemeine rechtliche Inhalte für nichteheliches Zusammenleben herauszuarbeiten, nicht von vornherein ausgeschlossen ist. Es ist selbstverständlich, daß die Erscheinungsformen nichtehelicher Lebensgemeinschaften vielfältig und heterogen sind. Gleiches gilt aber auch - und zwar in noch viel stärkerem Maße - für die äußeren Erscheinungsformen der Ehen. Niemand käme auf die Idee zu behaupten, das Eherecht würde dieser Vielfalt nicht genügen. Daher muß es Aufgabe des Juristen sein, die rechtlichen Inhalte der nichtehelichen Lebensgemeinschaft herauszuarbeiten und im Einzelfall ausdrückliche und konkludente Erklärungen der Partner genau auf ihre Wirksamkeit hin zu überprüfen.

VII. Die nichteheliche Lebensgemeinschaft als Gesellschaft bürgerlichen Rechts (§§ 705 ff. BGB)

Die Diskussion um die Frage der Einordnung der nichtehelichen Lebensgemeinschaft als Gesellschaft wird hauptsächlich dann geführt, wenn ausdrückliche Willenserklärungen der Partner, die Merkmale eines Gesellschaftsvertrages aufweisen, nicht vorliegen. Im folgenden soll zunächst geklärt werden, ob zwischen den Lebenspartnern überhaupt ein Gesellschaftsvertrag geschlossen werden kann und wie weit die Gestaltungsfreiräume dabei gehen. Erst danach ist zu untersu-

---

57   aaO, S. 235 und 233; die Unmöglichkeit der analogen Anwendung des Eherechts wurde bereits oben unter IV. dargelegt.

58   Finger, JZ 81, 497, 505.

chen, ob auch bei Nichtvorliegen von Willenserklärungen auf Gesellschaftsrecht zurückzugreifen ist.

1.   Der mögliche Inhalt eines von den Partnern geschlossenen Gesellschaftsvertrags

a)   Regelung personenrechtlicher Verhältnisse?

Im Bürgerlichen Gesetzbuch sind keine allgemeinen Vorschriften über Gemeinschaftsverhältnisse enthalten. Ein Gemeinschaftsverhältnis ist ein rechtliches Verhältnis mit dem Inhalt, bestimmte Entscheidungen nur in Gemeinschaft mit anderen Personen treffen zu können.[59] Es finden sich nur Spezialregelungen über Vereine (§§ 21 ff.), Körperschaften des öffentlichen Rechts (§ 89), Gesellschaften (§§ 705 ff.), Gemeinschaften (§§ 741 ff.), Ehen (§§ 1353 ff.), Gütergemeinschaften (§§ 1415 ff.) und Erbengemeinschaften (§§ 2032 ff.). Der Einteilung der rechtlichen Verhältnisse in personenrechtliche und vermögensrechtliche Verhältnisse entsprechend gibt es personenrechtliche und vermögensrechtliche Gemeinschaftsverhältnisse.[60]

Da die nichteheliche Lebensgemeinschaft soziologisch eine Gemeinschaft ist und daher die Anwendbarkeit rechtlicher Regelungen gemeinschaftlicher Verhältnisse naheliegt, ist zunächst einmal die Vorfrage zu klären, ob sie eine personen- oder vermögensrechtliche Gemeinschaft ist oder gar Elemente beider Arten von Gemeinschaftsverhältnissen aufweist. Von der Klärung dieser Frage hängt ab, ob Vorschriften personen- oder vermögensrechtlicher Gemeinschaftsverhältnisse - oder gar beider Arten - auf die Beziehung der Partner Anwendung finden können.

aa)   Der Begriff Personenrecht

Trotz der für das Familienrecht bedeutsamen Unterscheidung zwischen Personen- und Vermögensrecht (vgl. nur die §§ 1626, 1631 ff., 1638) wird der Begriff Personenrecht im familienrechtlichen Schrifttum nicht definiert. Im Schrifttum zum Allgemeinen Teil werden Personenrechte als Rechte verstanden, die sich nur auf die Person beziehen; sie seien Rechte an der Person und dem, was zum Per-

---

59   E. Wolf, AT § 16 A II a (633).

60   E. Wolf, AT § 16 B I (638 f.).

sönlichkeitskreis gehöre.[61] Der Unterschied zwischen Familienrecht und Vermögensrecht beruhe auf dem Verhältnis der Rechte zu den sittlichen Pflichten. Obwohl der Zweck aller Rechte ein sittlicher sei, liege den Familienrechten noch ein besonderer sittlicher Zweck zugrunde. Sie sollen besondere sittliche Pflichten fördern und sichern, die dem Berechtigten gegenüber dem Verpflichteten obliegen. Familienrechte seien also Rechte auf eine dauernde Lebensbeziehung zu einer anderen Person, die dem Berechtigten um der ihm gegenüber dieser anderen Person obliegenden sittlichen Pflichten verliehen seien.[62]

Dem ist nicht zu folgen. Eine Unterscheidung zwischen Vermögensrecht und Familienrecht nach der Besonderheit des sittlichen Zwecks ist schlechthin ausgeschlossen, weil das vom Gesetzgeber verfolgte sittliche Handlungsmotiv nichts mit dem Inhalt eines rechtlichen Verhältnisses zu tun hat. Ein "besonderer sittlicher Zweck" ist empirisch nicht feststellbar. Die sittlichen Zwecke sind nicht mit dem Inhalt der familienrechtlichen Verhältnisse zu verwechseln, die keine sittlichen Pflichten und Rechte,[63] sondern nur rechtliche begründen können. Die klare Unterscheidung von Rechtspflichten und sittlichen Pflichten im Bürgerlichen Recht belegt z.B. § 814 BGB. Daran kann nichts ändern, daß es z.B. in den Tatbeständen der §§ 138 und 826 BGB auf Sittenwidrigkeit ankommt. Die Folge der sittenwidrigen Handlung ist jedoch eine rechtliche, keine sittliche.

Die Begriffe Personenrecht und Vermögensrecht sind ein kontradiktorisches Begriffspaar. Personenrechtliche Verhältnisse sind rechtliche Verhältnisse, die mit dem Existieren eines Menschen als Person oder dessen Geschlechtlichkeit zusammenhängen und solchen rechtlichen Verhältnissen inhaltlich entsprechende Rechtsverhältnisse auf Lebenszeit.[64] Personenrechte haben ausschließlich persönliche Inhalte und daher auch nur persönliche Wirkungen. An personenrechtlichen Verhältnissen können daher nur natürliche Personen, keine juristischen Personen oder Gemeinschaften beteiligt sein. Daraus, daß sie jeweils an eine bestimmte Person gebunden sind und damit grundsätzlich auf Lebenszeit bestehen, folgt, daß personenrechtliche Verhältnisse nicht übertragbar sind. Familienrechtliche Verhältnisse können sowohl personen- als auch vermögensrechtliche sein.

---

61 Lehmann-Hübner, § 12 II 3 b (92).

62 Enneccerus/Nipperdey, § 78 (454); der Sache nach ebenso Lehmann-Hübner, § 12 II 3 c (92).

63 E. Wolf, AT, § 5 B I b 14 (254 f.).

64 In Erweiterung der Definition von E. Wolf, FamRZ 68, 493, 496; ders., AT § 5 B I (249 ff.).

Familienrechtliche vermögensrechtliche Verhältnisse sind z.B. das eheliche Güterrecht oder das Unterhaltsrecht. Diese sind jedoch in ihrem Existieren jeweils durch ein (u.U. auch beendetes[65]) personenrechtliches Verhältnis bedingt.

bb)   Abgrenzung von Personen- und Vermögensrecht

Relative personenrechtliche Verhältnisse haben den Inhalt, für das Wohl eines anderen Menschen zu sorgen.[66] Das geschieht dadurch, daß der Sorgeberechtigte nach eigenem pflichtgemäßem Ermessen Bedingungen herbeiführen und/oder erhalten muß, in denen es dem anderen möglich ist, der individuellen Natur seiner Persönlichkeit entsprechend zu existieren. Diese Sorge bezieht sich auf die körperliche, geistige und seelische Ebene[67] und bedeutet aber zugleich, daß jeder Mensch Freiraum für eigene Entscheidungen behält, also frei und nicht vom Sorgeberechtigten abhängig ist. Dem steht nicht entgegen, daß eine personenrechtliche Pflicht eines Kindes durch Weisungen seiner Sorgeberechtigten auf ein bestimmtes Verhalten individualisiert werden kann. Hierbei ist jedoch der Grundsatz der partnerschaftlichen Erziehung gemäß § 1626 Abs. 2 BGB zu berücksichtigen. Mit welchen Handlungen ein Sorgeberechtigter sich bemüht, einen bestimmten Erfolg zu bewirken oder herbeizuführen, kann allgemein nicht beantwortet werden, da jeder Mensch individuell verschieden ist. Hierin liegt ein grundlegender Unterschied zu vermögensrechtlichen Verhältnissen: Niemals kann ein personenrechtliches Verhältnis den Inhalt haben, einen bestimmten Erfolg oder bestimmte Arten von Erfolgen durch individuell oder gattungsmäßig bestimmte Tätigkeiten herbeizuführen oder solche zu unterlassen. Entscheidungen für das Wohl eines anderen Menschen können sich immer nur individuell nach den jeweiligen Umständen richten.[68]

Zur Identität eines vermögensrechtlichen Verhältnisses gehört nicht die Identität der daran beteiligten Personen. Daher kann ein vermögensrechtliches Ver-

---

65   z.B. die Unterhaltspflicht eines geschiedenen Ehegatten.

66   Vgl. E. Wolf, AT, § 5 B I a (249).

67   Vgl. die Formulierung in § 1666 Abs. 1 BGB.

68   Dies regelt z.B. für die Ehe § 1353 Abs. 1 BGB; eine Kasuistik für Pflichten der Ehegatten ist im Rahmen dieser Bestimmung nicht möglich. So bestehen z.B. keine Pflichten zum geschlechtlichen Verkehr (anders BGH, NJW 67, 1079), erst recht nicht grundsätzlich (?) zur Erzeugung und zum Empfang von gemeinsamen Kindern und deren Erziehung (so aber Palandt/Diederichsen, § 1353, 2 b aa).

hältnis übertragen werden und dinglicher Rechtsgegenstand sein, ein personenrechtliches jedoch nicht.[69] Daraus folgt zwingend, daß ein rechtliches Verhältnis
nicht gleichzeitig ein vermögensrechtliches und ein personenrechtliches sein
kann. Damit entfallen auch die "personenrechtlichen Elemente" im Arbeits-, Ge-
meinschafts- und Gesellschaftsrecht, da die genannten rechtlichen Verhältnisse
vermögensrechtliche sind.[70] Die Fürsorge- und Treuepflichten von Arbeitgebern,
Arbeitnehmern und Gesellschaftern sind keine personenrechtlichen, da sie nicht
den Inhalt haben, jede mögliche Bedingung des Existierens der betreffenden Person mit zu beeinflussen. Derartige Fürsorge- und Treuepflichten können nicht die
Lebensführung einer Person und somit deren gesamtes Leben beeinflussen. Solche Entscheidungen zu treffen ist weder der Arbeitgeber gegenüber dem Arbeitnehmer, noch ein Gesellschafter gegenüber den anderen berechtigt oder verpflichtet. Ein solches Recht wäre ein elementarer Eingriff in die persönliche Freiheit der an diesen Schuldverhältnissen Beteiligten.[71]

cc)   Personen- und vermögensrechtliche Gemeinschaftsverhältnisse

Das einzige im BGB geregelte personenrechtliche Gemeinschaftsverhältnis ist
nach der hier vertretenen Auffassung die Ehe, eine andere juristisch stichhaltige
Begründung ist in Literatur und Schrifttum nicht ersichtlich; alle übrigen Gemeinschaftsverhältnisse sind vermögensrechtlicher Art, auch wenn sie noch so
intensive persönliche Beziehungen der Beteiligten voraussetzen. Es muß daher geklärt werden, ob neben der Ehe ein weiteres personenrechtliches Gemeinschaftsverhältnis durch Vertrag begründet werden kann. Der Auffassung, daß ein
solches "Institut" zwischen Personenrecht und Vermögensrecht angesiedelt werden könnte,[72] kann nicht gefolgt werden, da es hier nur ein Entweder-Oder, keine
Zwischenräume gibt. Ein Dauerschuldverhältnis mit personenrechtlichem Ein-
schlag ist nicht denkbar.

    Relative personenrechtliche Verhältnisse finden sich nur im Familienrecht.
Diese bestehen grundsätzlich auf Lebenszeit, wenn sie ihrem Inhalt nach nicht
von vornherein darauf angelegt sind, ein anderes personenrechtliches Verhältnis

---

69   E. Wolf, AT, § 5 B I 8 und 11 (252 ff.).

70   A.A.: Nikisch, § 5 I 3 (32); Hueck-Nipperdey, § 22 II 1 (129); das BAG hat diese Auffas-
      sung in BAGE 3, 185, 188 übernommen.

71   E. Wolf, Das Arbeitsverhältnis, S. 17.

72   So de Witt/Huffmann, Rdnr. 47.

zu begründen (Verlöbnis als Vorstufe zur Ehe) oder nur auf bestimmte Dauer ausgerichtet sind (Vormundschaft, Sorgerecht). Personenrechtliche Verhältnisse, die auf Abstammung beruhen (Verwandtschaft), enden nur durch den Tod. Ehe und Adoption sind Dauerrechtsverhältnisse, die auf Lebenszeit begründet werden. Daran ändert nichts, daß beide auch aufgehoben werden können, nämlich die Ehe durch Scheidung (§§ 1564 ff. BGB), die Adoption aus einem schwerwiegenden Grund von Amts wegen (§ 1763 BGB) bzw. bei einem Volljährigen auch aus einem wichtigen Grund (§ 1771 BGB) auf Antrag des Annehmenden oder Angenommenen durch das Vormundschaftsgericht. Mit Ausnahme des Verlöbnisses ist allen relativen personenrechtlichen Verhältnissen, die nicht auf Abstammung beruhen, gemeinsam, daß bei ihrer Begründung und Beendigung eine staatliche Stelle mitzuwirken hat. Ihre Begründung und Beendigung ist daher an strenge Formen gebunden.

Das Verlöbnis enthält als einzige personenrechtliche Verpflichtung die Eingehung der Ehe, was jedoch gemäß § 1297 Abs. 1 BGB nicht einklagbar ist. Weitere personenrechtliche Pflichten entstehen für die Verlobten nicht, insbesondere ist das Verlöbnis im Gegensatz zur Ehe kein personenrechtliches *Gemeinschafts*verhältnis. Da das Verlöbnis insoweit nur die Vorstufe für ein weiteres personenrechtliches Verhältnis ist, es also nicht auf Dauer angelegt, sondern nur von vorübergehender Natur ist und nur eine unklagbare Pflicht begründet wird, ist eine Bindung an Formen bei der Begründung nicht notwendig.[73]

Hieraus kann der Schluß gezogen werden, daß ein auf Dauer oder auf Lebenszeit angelegtes personenrechtliches Gemeinschaftsverhältnis nach der dem BGB offensichtlich zugrundeliegenden Dogmatik nicht formfrei begründet werden kann, da es sich um ein Dauerrechtsverhältnis handelt, welches das weitere persönliche Leben jedes Beteiligten in erheblichem Umfang beeinflußt. Für die nichteheliche Lebensgemeinschaft bedeutet dies, daß eine Einordnung als personenrechtliches Gemeinschaftsverhältnis von vornherein aus den genannten Gründen ausscheidet. Dies besagt nicht, daß der Gesetzgeber nicht die Freiheit hätte, die nichteheliche Lebensgemeinschaft als personenrechtliches Verhältnis zu regeln; es würde jedoch einen Bruch mit dem bestehenden Personen- und Familienrecht darstellen, wenn Ausgangspunkt für personenrechtliche Regeln nur das Faktum oder die formlose Begründung der nichtehelichen Lebensgemeinschaft wäre und nicht ein Mindestmaß an Form und somit Publizität vorausgesetzt wäre,

---

73 Die Rechtsnatur des Verlöbnisses mag hier dahingestellt bleiben. Sie ist für diese Untersuchung ohne Belang.

etwa durch An- und Abmeldung in einem öffentlichen Register. Nur in letzterem Fall scheint es möglich, bei der Auseinandersetzung vermögensrechtliche und persönliche Zuwendungen gegenüberzustellen.[74]

Dies ist aber bei der gegenwärtigen Rechtslage nicht möglich, wenn auch die Schaffung eines solchen Instrumentariums wünschenswert sein mag.[75] Folglich kann der rechtlich erfaßbare Bereich der nichtehelichen Lebensgemeinschaft nur auf die vermögensrechtliche Seite beschränkt werden.[76] Wird ein Vertrag über die Modalitäten des nichtehelichen Zusammenlebens geschlossen, kann es sich deshalb nur um ein vermögensrechtliches Gemeinschaftsverhältnis handeln. Ein Gesellschaftsverhältnis wäre ein solches in Betracht zu ziehendes schuldrechtliches Gemeinschaftsverhältnis.

b) Keine personenrechtlichen Vereinbarungen innerhalb eines Gesellschaftsverhältnisses

Diese Vorüberlegungen sollen dazu dienen, nunmehr zu prüfen, welchen Inhalt etwa ein Gesellschaftsvertrag haben kann, der von den nichtehelichen Lebenspartnern abgeschlossen wird. Ein Ergebnis kann bereits formuliert werden: Es ist unmöglich, personenrechtliche Rechte und Pflichten, die zwischen Ehegatten bestehen, durch ein Gesellschaftsverhältnis zu regeln. Träfen allerdings die Behauptungen zu, nach denen ein Gesellschaftsverhältnis sowohl schuldrechtliche als auch personenrechtliche Elemente umfassen sollen,[77] stünden keine Bedenken

---

74 Vgl. z.B. bei Finger, JZ 81, 494, 505: Einheit materieller und immaterieller Zuwendungen; Bezug der Leistungen aufeinander und ihre gegenseitige Abhängigkeit.

75 Hausmann, S. 422 ist der Auffassung, die Partner könnten eine personenrechtliche Rahmenvereinbarung - u.U. stillschweigend - abschließen. Regelungsgegenstand sei insbesondere die Aufteilung der Funktionen innerhalb der Gemeinschaft sowie die Frage, ob sie ihr Zusammenleben am Modell der Haushaltsführungs-, Doppelverdiener- oder Zuverdienstgemeinschaft ausrichten wollen. Dies ist jedoch in Wahrheit keine personenrechtliche, sondern eine typisch vermögens- bzw. gesellschaftsrechtliche Regelung. Der Sache nach vereinbaren die Partner hier nur, welcher Art ihre Beiträge zur Erreichung des gemeinsamen Zwecks sein sollen.

76 Sehr weitgehend Konrad, S. 93 f., der (im Rahmen einer strafrechtlichen Garantenpflicht aus Vertrag) annimmt, die Partner hätten sich zu gegenseitigem Beistand in Leib- und Lebensgefahr vertraglich verpflichtet.

77 Vgl. oben VII 1 a cc; zu personenrechtlichen Elemente im Gesellschaftsrecht vgl. auch Ulmer, ZHR 146, 555, 565; Priester, FS Stimpel, S. 482.

im Wege, eine Regelung wie § 1353 BGB durch privatautonome Gestaltung in ein Gesellschaftsverhältnis einzubeziehen. Das persönliche Eherecht, welches die Pflichten der Ehegatten zueinander regelt, ist jedoch ius cogens; die Regelungen über die persönliche Gemeinschaft von Mann und Frau sind abschließend im Eherecht des BGB getroffen. Daraus kann zwar nicht gefolgert werden, daß dem Gesetzgeber der Weg zur personenrechtlichen Ausgestaltung nichtehelicher Lebensgemeinschaften verwehrt wäre oder solche Gemeinschaften rechtlich neben der Ehe keinen Bestand haben könnten. Als personenrechtliches Verhältnis kann die nichteheliche Lebensgemeinschaft aber mit dem geltenden Recht nicht erfaßt werden. Somit entfällt von vornherein eine Einheit materieller und immaterieller Zuwendungen, der Bezug der Leistungen aufeinander und ihre gegenseitige Abhängigkeit.[78]

c) Möglichkeit der Regelung der vermögensrechtlichen Beziehungen durch ein Gesellschaftsverhältnis

Für die privatautonome Gestaltung übrig bleibt aber die vermögensrechtliche Seite der nichtehelichen Lebensgemeinschaft.[79] Fraglich ist aber bereits, welcher Zweck durch eine Gesellschaft der Lebenspartner verfolgt wird.

aa) Die nichteheliche Lebensgemeinschaft als möglicher Gesellschaftszweck?

Hierzu wird im Schrifttum teilweise vertreten, daß Gesellschaftszweck i.S. des § 705 BGB die nichteheliche Lebensgemeinschaft als solche sei. Dazu sollen gehören: Die Verwirklichung und Förderung der außerehelichen Lebensgemeinschaft und der Haushaltsführung[80] oder das gemeinsame Leben, Wohnen und

---

78 So aber gefordert von Hausmann, S. 59 f. und Finger, JZ 81, 497, 505; wie hier: Soergel-Lange, Anh. § 1588, Rdnr. 9; Kurr, S. 17; Schreiber, NJW 93, 624, 627. Wenn Schlüter/Belling, FamRZ 86, 405, 409 feststellen, daß es unmöglich sei, über das Gesellschaftsrecht die zwingenden Rechtswirkungen einer Ehe herbeizuführen, sagen sie sachlich dasselbe; in diese Richtung auch Diederichsen, FamRZ 88, 889, 895; Kossendey, S. 7; mit anderem methodischen Ansatz, der Sache nach jedoch ebenso: Striewe, S. 225 f. Nicht klar wird jedoch, was bei Striewe auf S. 282 rechtlich mit "persönlicher Beziehung" gemeint ist.

79 Diesen Schluß zieht Lipp, AcP 180, 537, 569 f. nicht, nachdem er dargestellt hat, daß eine gesellschaftsrechtliche Lösung wegen des zwingenden Charakters des persönlichen Eherechts ausscheidet.

80 Stückradt, S. 46; Appel, S. 181; auch Brühl, FamRZ 79, 451, 452 spricht von "personalen

Haushalten.[81] Dies ergebe sich daraus, daß das Schwergewicht einer Vereinbarung nicht auf der Regelung der materiellen Rahmenbedingungen der Beziehungen liege, wenn sich zwei durch Zuneigung verbundene Menschen zusammentun. Man würde der Zielsetzung des Paares nicht gerecht, wenn man die emotionale, immaterielle Verbindung ausklammere, da sie im Mittelpunkt des Entschlusses stehe, eine nichteheliche Lebensgemeinschaft zu gründen. Bei derart personenbezogenen Verhältnissen sei es auch rechtlich nicht angebracht, die personale Beziehung außer Betracht zu lassen. Für diese umfassende Sicht spreche der Umstand, daß auch das gesetzliche Grundverhältnis in der Ehe die ideelle Verbindung zwischen den Lebensgefährten umfasse.[82]

Diese Auffassungen laufen auf ein Gesellschaftsverhältnis personenrechtlichen Inhalts hinaus. So wünschenswert und angebracht eine solche Lösung für die nichteheliche Lebensgemeinschaft auch sein mag, so wenig ist sie dennoch mit dem geltenden Recht vereinbar. Die personenrechtlichen Verhältnisse sind - wie bereits dargelegt - im Familienrecht abschließend geregelt und personenrechtliche Elemente im Gesellschaftsrecht gibt es nicht.[83] Die hier zitierten Auffassungen widersprechen vollständig dem System des BGB und sind daher abzulehnen.

Darüber hinaus fragt es sich, ob die nichteheliche Lebensgemeinschaft als solche als Gesellschaftszweck überhaupt denkbar ist. Dies kann nur dann der Fall sein, wenn die nichteheliche Lebensgemeinschaft inhaltlich genau bestimmte Zwecke aufweist, wie dies für die Ehe behauptet wird.

bb)   Die Lehre von den Ehezwecken

Im Schrifttum zum Eherecht wird die Existenz von "Ehezwecken" nach wie vor behauptet.[84] Gibt es diese Zwecke, so könnte diskutiert werden, ob sie inhaltlich entsprechend auch auf die nichteheliche Lebensgemeinschaft übertragbar sind. Aus dem Wesen der Ehe als sittliche Einrichtung sollen ganz konkrete Inhalte

---

Gesellschafterpflichten", was voraussetzt, daß die nichteheliche Lebensgemeinschaft Gesellschaftszweck ist; ebenso Schwab in Landwehr, S. 68.

81   Meier/Scherling, DRiZ 79, 296, 296.

82   Appel, S. 184 f.

83   Hausmann, S. 86 ff. nennt Beispiele, in welchen Bereichen auch personenrechtliche Individualabreden nicht möglich sind.

84   Soergel-Lange, § 1353, Rdnr. 11: "In der Volksanschauung herrschendes Ehebild"; Beitzke, § 6, 5 (33): "Zweck der Ehe"; Dölle, § 5 I (52): "Wesen der Ehe".

und Pflichten abzuleiten sein, die zumeist in den Regelungsbereich des § 1353 Abs. 1 BGB eingeordnet werden. Nach dem Reichsgericht soll die Grundpflicht der Ehegatten in der gegenseitigen Liebe und Achtung bestehen.[85] Daneben sollen sich aus dem Wesen der Ehe ergeben: Das Recht und die Pflicht zur Geschlechtsgemeinschaft mit dem anderen,[86] die Pflicht zur Treue,[87] die Verpflichtung, im Verkehr mit Dritten gemeinsam mit dem Ehegatten zu handeln,[88] ja sogar grundsätzlich (?) die Verpflichtung zur Erzeugung und zum Empfang von Kindern und deren Erziehung.[89]

Es ist geradezu erstaunlich, daß in der Literatur zum BGB die zitierten Auffassungen noch vertreten werden, die seit zwei Jahrhunderten überholt sind. Bereits gegen Ende des 18. Jahrhunderts in der Spätaufklärung hatte sich die Ehe zu einem emanzipierten Individualismus[90] gewandelt. Die Trias der Ehezwecke "propagatio prolis", "extinctio libidinis" und "mutuum adiutorium"[91] wurde zunehmend verworfen. Die Frage nach Ehezwecken sei, wie Anthes bereits 1774 feststellte, schon im Ansatz verfehlt, denn hierbei handele es sich um eine Angelegenheit ehelicher Selbstbestimmung. Wenige Jahre später wurde im Naturrecht Fichtes (1797) die Ehe nur noch als Liebe, Natur, Verbindung zum "ganzen Menschen", nicht als Rechtsform verstanden.[92] Mit der Behauptung von Ehezwecken wird ins Eherecht des BGB wieder hineininterpretiert, was bereits seit langem verworfen wurde. Es mag sittliche Ehezwecke geben, die jedoch rechtlich unverbindlich bleiben müssen. Es gibt keine juristischen Ehezwecke, auch keinen Mindestinhalt einer Ehe. Die Ehegatten sind in der Führung ihrer Ehe völlig frei,

---

85   RGZ 87, 56, 61.

86   So BGH, NJW 67, 1078: Keine Verweigerung des Verkehrs ohne hinreichenden Grund. Besondere rechtspolitische Aktualität erhält diese Frage im Zusammenhang mit der Diskussion um die Strafbarkeit der Vergewaltigung der Ehefrau.

87   MK-Wacke, § 1353, Rdnr. 32; Soergel-Lange, § 1353, Rdnr. 12: "Unabdingbarer Wesensgehalt der Ehe" (!). Jede abweichende Vereinbarung zwischen den Ehegatten wäre also per se unwirksam, da sie zu dieser Frage gar keine Übereinkunft treffen könnten.

88   Soergel-Lange, § 1353, Rdnr. 13.

89   Palandt-Diederichsen, § 1353, Rdnr. 5; ebenso noch Mayer, S. 61.

90   Der Ausdruck stammt von Buchholz, S. 417.

91   Sachlich das gleiche bedeuten generatio prolis, evidatio peccati, mutua caritas.

92   Zitiert nach Buchholz, S. 424 f.; die Auffassungen Fichtes werden heute wieder zur ethischen Rechtfertigung der nichtehelichen Lebensgemeinschaft herangezogen.

sie haben sich lediglich über ihre einzelne Belange zu einigen. Von keinem Gatten kann eine Einigung irgendeines bestimmten Inhalts erwartet werden, rechtlich kann er dazu nicht verpflichtet sein. Jede getroffene Einigung kann nach Belieben widerrufen werden. Es gibt kein Wesensbild einer Ehe, an dem sich die Gatten rechtsverbindlich zu orientieren hätten.[93] Da alle Menschen individuell verschieden sind, kann der Inhalt einer Ehe auch nur individuell sein und nicht so, wie sie nach Meinung anderer sein sollte oder wie es Üblichkeiten oder vorgegebene Ehezwecke vorsehen.[94] Kommt eine Einigung der Gatten nicht zustande, ist die Ehe insoweit gestört. Gelingt den Gatten dauerhaft keine Einigung über einen Gegenstand, der einer Einigung bedarf, ist die Ehe gescheitert. Eine Ehe zu führen ist nur möglich, wenn sich ein Gatte mit dem anderen frei einigen kann. Die sachlich besseren Motive des einen oder anderen sind dabei ohne Belang, da es eine Unterwerfung unter die Anschauungen und Motive des anderen in einer Ehe vom rechtlichen Standpunkt aus nicht gibt.

Die Verfehltheit der Annahme von Ehezwecken bedeuten für die nichteheliche Lebensgemeinschaft, daß auch hier - ebenso wie in der Ehe - die Partner in der Führung ihrer Lebensgemeinschaft frei sind. Eine nichteheliche Lebensgemeinschaft kann jeden nur denkbaren Inhalt haben, einen "Grundtypus" oder ein "Wesen" gibt es auch hier nicht; ebensowenig sind vorgegebene Zwecke einer nichtehelichen Lebensgemeinschaft denkbar.[95] Für § 705 BGB folgt aus diesen

---

93 § 43 Satz 1 EheG i.d.F. vom 20.2.1946 lautete: "Ein Ehegatte kann Scheidung begehren, wenn der andere durch eine schwere Eheverfehlung oder durch ehrloses oder unsittliches Verhalten die Ehe schuldhaft so tief zerrüttet hat, daß die Wiederherstellung einer ihrem Wesen entsprechenden Lebensgemeinschaft nicht mehr erwartet werden kann."
Diese Vorschrift entsprach noch einem überholten Eheverständnis, wie es bis ins Zeitalter der Aufklärung hinein bestand. Zu Recht wurde diese Formulierung in § 1565 BGB nicht übernommen, der seit 1.7.1977 anstelle des § 43 EheG getreten ist. Nach der neuen Regelung ist Scheidungsgrund ausschließlich das Scheitern der Ehe.

94 Vgl. zur Individualität der Ehe E. Wolf, NJW 68, 1497, 1498; der Sache nach ebenso Kunigk, Jura 80, 512, 517; AK-Münder, Anh. § 1302, Rdnr. 10.

95 Dies zeigt sich, wenn Müller-Freienfels, ZEE 24 (1980), 55, 68 und Frank, FS Müller-Freienfels, S. 131, 133 feststellen, bei Nichtehegatten sei der typische Rahmen ihrer Lebensgemeinschaft noch schwerer zu bestimmen als bei Ehegatten, weil angesichts der entgegengesetzten persönlichen Ausgangspunkte, der vielfältigen Motivationen, überhaupt des ganzen individuellen und privaten Zuschnitts solcher Verhältnisse jegliche Möglichkeit entfalle, sich an typischen Erfahrungssätzen zu orientieren. Kurr, S. 29; Scholz, ZRP 81, 225, 226; Strätz, FamRZ 80, 301, 436; ausdrücklich gegen Ehezwecke: Halstrick, S. 171.
Auf der Annahme, es sei eine Struktur des Geschäftszweckes Lebensgemeinschaft erkenn-

Überlegungen : Da sich die Lebenspartner über jeden die nichteheliche Lebensgemeinschaft betreffenden Gegenstand nach Belieben einigen können, die Einigung jeden möglichen Inhalt haben kann, der jederzeit nach Belieben änderbar ist, kann Zweck einer Gesellschaft als vertraglicher Rahmen für die nichteheliche Lebensgemeinschaft nicht die nichteheliche Lebensgemeinschaft als solche sein. Dieser Zweck wäre unbestimmt, ja nicht einmal bestimmbar. Ein solcher Gesellschaftszweck scheidet daher aus.[96]

cc) Keine Unmöglichkeit einer societas omnium bonorum

Wenn schon nicht die nichteheliche Lebensgemeinschaft als solche Gesellschaftszweck sein kann, hat sich im folgenden die Untersuchung auf die Frage zu beschränken, ob nur die vermögensrechtlichen Beziehungen zwischen den Partnern in Form eines Gesellschaftsvertrages geregelt werden können, der "wirtschaftliche", vermögensrechtliche Teil der nichtehelichen Lebensgemeinschaft also Zweck i.S. des § 705 BGB ist.

Der gemeinsame Zweck einer Gesellschaft kann nach Art und Dauer sehr verschieden sein: es ist möglich, einen körperlichen oder einen unkörperlichen Erfolg zu bezwecken, er kann auf wirtschaftlichem oder ideellem Gebiet liegen, Vermögensinteressen der Gesellschafter dienen oder altruistisch sein, er kann ein längerdauerndes Zusammenwirken erfordern oder einen einmaligen Vorgang ausreichen lassen.[97] Ihre Grenzen findet die Wahl des Gesellschaftszwecks lediglich in den allgemeinen Vorschriften wie etwa §§ 134 oder 138 BGB. Für das Vorliegen einer Zweckgemeinschaft kommt es darauf an, wodurch der verfolgte Zweck zum eigenen Zweck eines jeden Gesellschafters wird. Dies ist im Einzelfall durch Auslegung des Gesellschaftsvertrages zu ermitteln. Aus ihm muß daher erkennbar sein, daß eine vertragliche Teilhabe am gesetzten Zweck bewirkt werden soll. Dies bedeutet nicht, daß die Interessen der Gesellschafter gleich gelagert sein müssen.

---

bar, gründet die gesamte Lösung von Hausmann, S. 476 ff.

96   Stückradt, S. 45 nimmt zwar an, daß die nichteheliche Lebensgemeinschaft gesellschaftsähnliche Züge aufweist. Die nichteheliche Lebensgemeinschaft als Gesellschaftszweck lehnt er aber letztlich ab, weil diese Zweckvereinbarung nach der st.Rspr. sittenwidrig sei. Die Abwicklung nach den Grundsätzen der faktischen Gesellschaft wird allerdings für möglich gehalten.

97   Ballerstedt, JuS 63, 253, 254.

Gegen die materielle Verwirklichung der Lebensgemeinschaft als rechtsge-schäftlich vereinbarter Zweck wird von Kurr eingewendet, daß ein abgrenzbarer Vertragszweck im Sinne der gesellschaftsrechtlichen Definition nicht denkbar ist.[98] Eine nichteheliche Lebensgemeinschaft sei vom gedachten Ideal her nicht abgrenzbar, da die Gemeinsamkeiten wie in der Ehe möglichst weitgehend auf alle erdenklichen Gebiete gerichtet sein sollten; daher solle sie eher allumfassend sein. Kurr stellt fest, daß nicht einmal der Abschluß eines ungleich konkreteren Ehevertrages gesellschaftsbegründend sei und folgert daraus, daß nichts anderes im Bereich der nichtehelichen Lebensgemeinschaft gelten könne, die von der De-finition her im Prinzip denselben Ausschnitt menschlicher Beziehungen erfasse wie die Ehe selber.

Indes ist diese Argumentation nicht haltbar, weil eine Ehe als personenrechtli-ches Gemeinschaftsverhältnis niemals gleichzeitig eine Gesellschaft als vermögensrechtliches Gemeinschaftsverhältnis sein kann. Beides schließt einander zwingend aus. Ein erst-recht-Schluß in Bezug auf die nichteheliche Lebensge-meinschaft ist nicht möglich. Er wäre gleichbedeutend damit, daß auch die nicht-eheliche Lebensgemeinschaft nur ein personenrechtliches Gemeinschaftsverhältnis sein kann. Diese Konsequenz zieht Kurr jedoch nicht. Was also für die Ehe we-gen der umfassenden gesetzlichen Regelung nicht denkbar ist, nämlich die Tren-nung der personalen von den vermögensrechtlichen Beziehungen, ist bei der nichtehelichen Lebensgemeinschaft nicht von vornherein ausgeschlossen.

Einige Autoren glauben, ein Gesellschaftsverhältnis zwischen den Partnern mit dem Hinweis darauf ablehnen zu können, daß es im Gesellschaftsrecht keine so-cietas omnium bonorum gebe.[99] Der Inhalt der §§ 705 ff. BGB beziehe sich nach Vorgeschichte, Entstehungsgeschichte sowie Sinn und Zweck auf nur einen klei-nen Ausschnitt aller Lebensbedingungen des Gesellschafters. Die nichteheliche Lebensgemeinschaft bedeute dagegen ein umfassendes Miteinander der Partner

---

[98] Kurr, S. 30; Kurr ist darin zuzustimmen, daß die Vereinbarung, gemeinsam - ehegat-tenähnlich - zu leben, nicht das Merkmal der Bestimmtheit trägt. Er zieht daraus aber nicht die Konsequenz, eine Zweckvereinbarung nur im Hinblick auf die vermögensrechtliche Seite zu prüfen. Nach seiner Prämisse würde es sich bei einem Gesellschaftsvertrag zwi-schen den Partnern um eine weithin inhaltsleere Einigung handeln, die erst durch weitere Vereinbarungen über den Inhalt des Zusammenlebens näher bestimmt würde.

[99] Lipp, AcP 180, 537, 568; unter Berufung auf Ballerstedt, JuS 63, 253, 257; Krause, JuS 89, 45, 456.

auf allen wesentlichen Lebensgebieten mitsamt Einordnung auch aller Beziehungen zu dritten Personen in dieses Miteinander.[100]

Richtig ist, daß ein vermögensrechtliches Verhältnis gegenständlich beschränkt ist, weil es das Bewirken oder Herbeiführen eines bestimmten Erfolges oder von Erfolgen einer bestimmten Art oder die Vornahme oder Unterlassung einer bestimmten Tätigkeit oder von Tätigkeiten einer bestimmten Art zum Gegenstand hat.[101] Hiermit ist aber sachlich nur die inhaltliche Bestimmtheit der vermögensrechtlichen Verhältnisse gemeint. Eine andere allgemeine inhaltliche Beschränkung von Schuldverhältnissen gibt es nicht; im BGB sind z.B. in § 311 Leistungsbeziehungen weitester Art vorausgesetzt.[102] Dies scheint Roth-Stielow aber nicht zu meinen, da er sich auf die Bestimmungen der §§ 176 und 183 ff. 17 ALR für die preussischen Staaten von 1794 beruft. Diese beschrieben den Zweck als kleinen "Ausschnitt" wie z.B. Gemeinschaft des Erwerbes, besonderes Gewerbe, Geschäft oder Gegenstand. In den Materialien zum BGB heißt es:[103] "Der Gesellschaftszweck kann ein sehr verschiedenartiger sein, ein mehr oder weniger umfassender Vermögenszweck, gemeinschaftlicher Erwerb, Gewinn oder auch lediglich ein idealer Zweck ...". Aus dieser Gegenüberstellung wird gefolgert, daß die Betonung in der Singularform, "ein" Zweck liege.[104] Diese Argumentation kann nicht überzeugen, da es nicht gerade als naheliegend erscheint, daß das Wort "ein" in den Materialien zum BGB als Zahlwort verwendet wurde. Weder aus den allgemeinen Vorschriften noch aus den §§ 705 ff. BGB folgt, daß "ein Zweck" oder "kleiner Ausschnitt aller Lebensbeziehungen" Merkmale eines Gesellschaftsverhältnisses sind; für letzteres könnte ohnehin kein objektives Merkmal angegeben werden. Es trifft außerdem nicht zu, daß es keine societas omnium bonorum gibt. Dieser Auffassung liegt die Prämisse zugrunde, daß der Zweck einer Gesellschaft die Sozialsphäre von der Individualsphäre abgrenze. Diese Trennung ist aber z.B. bei einer juristischen Person nicht möglich. Es ist schlechthin nicht einzusehen, warum z.B. (einziger) Zweck einer GmbH nicht die Beteiligung an einer BGB-Gesellschaft soll sein können. Auch im Bereich der Holding-Gesellschaften besteht der einzige Zweck oft darin, an anderen Gesell-

---

100 Roth-Stielow, JR 78, 233.

101 E. Wolf, SchR I, § 1 B I b (2).

102 Dieses Beispiel nennt Arndts, S. 80.

103 Mugdan II, S. 332.

104 Roth-Stielow, JR 78, 233 Fn. 6.

schaften beteiligt zu sein und die Geschäftspolitik der Beteiligungsgesellschaften zu koordinieren.

Für die Grundbegriffe des Gesellschaftsrechts kann es aber keinen Unterschied machen, ob sie auf natürliche oder juristische Personen angewendet werden. Es empfiehlt sich daher nicht, beim Gesellschaftszweck von einer Sozialsphäre zu sprechen.[105] Eine Individualsphäre setzt diese schon gar nicht voraus, weil es sie z.B. bei einer juristischen Person gar nicht gibt. Allein die Beteiligungsmöglichkeit einer juristischen Person an einer BGB-Gesellschaft belegt daher, daß eine societas omnium bonorum kraft Gesetzes nicht ausgeschlossen ist. Darüber hinaus ist jedoch zweifelhaft, ob es sich überhaupt um eine solche handelt, wenn man den Gesellschaftszweck der Partner nur auf die vermögensrechtlichen Belange der nichtehelichen Lebensgemeinschaft beschränkt.

dd)   Sittenwidrigkeit der Vereinbarung eines vermögensrechtlichen
       Gesellschaftszwecks?

Ein weiteres rechtliches Problem der nichtehelichen Lebensgemeinschaft ist die Frage der Wirksamkeit vermögensrechtlicher Verabredungen im Hinblick auf § 138 Abs. 1 BGB. Bis 1970 wurde in der Rechtsprechung im Zusammenhang testamentarischer Zuwendungen an außereheliche Partner, aber auch bei gesellschaftsrechtlichen Vereinbarungen entschieden, daß solche Rechtsgeschäfte wegen Verstoßes gegen die guten Sitten sittenwidrig und somit nichtig seien.[106] Diese Rechtsprechung beendete der BGH mit einem Beschluß vom 31.3.1970[107], in welchem er streng zwischen der Sittenwidrigkeit eines Rechtsgeschäfts und der sittlichen Bewertung persönlicher Verhältnisse unterscheidet. Diese Tendenz kam schon in einem Urteil vom 9.2.1970 zum Ausdruck, in welchem der BGH sich mit der Frage zur Sittenwidrigkeit eines OHG-Vertrages mit der Geliebten zu befassen hatte.[108] Dort stellte der Senat fest, daß einem Gesellschaftsvertrag in seiner Gesamtheit nur dann gemäß § 138 BGB die Rechtswirksamkeit schlechthin zu versagen sei, wenn er seinem Inhalt nach auf die Verwirklichung eines sittenwidrigen Tatbestandes gerichtet, mithin der vertragsgemäß verfolgte Gesellschaftszweck sittenwidrig sei. Die Notwendigkeit, die vermögensrechtlichen

---

105   So aber Ballerstedt, JuS 63, 253, 257.

106   Vgl. aus der umfangreichen Rechtsprechung nur BGH, FamRZ 60, 129.

107   BGHZ 53, 369, 382.

108   BGH, NJW 70, 1540, 1541.

34

Beziehungen vertraglich zu regeln (worum es in dieser Untersuchung allein geht), hat der BGH bereits noch früher, nämlich im Jahre 1965 anerkannt.[109] Zu dieser Zeit wurde bereits erkannt, daß im Unterschied zu Eheleuten, bei denen sich die Verpflichtung, die gemeinschaftlichen Vermögensinteressen zu fördern, aus der Ehe ergeben, bei Lebensgefährten hierfür ein gesellschaftsrechtlicher Zusammenschluß erforderlich sei. Dies ist selbst bei sittlichen Vorbehalten gegen die nichteheliche Lebensgemeinschaft sinnvoll, weil das Versagen von Ausgleichsansprüchen nicht nur die Partner, sondern eventuell auch Unterhaltsberechtigte trifft, die durch die frühere Rechtsprechung gerade geschützt werden sollten.

In einem Fall, in welchem beide Partner anderweitig verheiratet waren und der Mann jede Woche einen Tag in seiner Ehewohnung verbrachte, wurde ein Anspruch der Lebensgefährtin gegen den Partner auf Herausgabe von Einrichtungsgegenständen abgelehnt, weil der Hausrat dazu diene, das Zusammenleben angenehmer zu gestalten und zu fördern.[110] Auch die Grundsätze der faktischen Gesellschaft seien nicht anwendbar, wenn die rechtliche Anerkennung des tatsächlich geschaffenen Zustands mit gewichtigen Interessen der Allgemeinheit in Widerspruch treten würde. Es kann wenig überzeugen, wenn in den Entscheidungsgründen bei der rechtlichen Beurteilung des Innenverhältnisses an die sittenwidrige Funktion der Anschaffung des Hausrats angeknüpft wird, durch den zweifellos auch die gemeinschaftlichen Vermögensinteressen der Partner gefördert werden. Die Sittenwidrigkeit ergab sich nach Auffassung des BGH dabei aus dem Gesamtbild, das sich aus Inhalt, Zweck, Beweggrund und Begleitumständen des Rechtsgeschäfts darstellte. Dies sollte aber nach dem Urteil von 1965 gerade nicht zur Nichtigkeit der vermögensrechtlichen Vereinbarungen der Partner führen.

Es ist davon auszugehen, daß diese Inkonsequenz in der Rechtsprechung mit dem Urteil vom 24.3.1980 ausgeräumt wurde, da hier der Senat bei der Beurteilung einer Lebensgemeinschaft, in der ein Partner verheiratet war, zu dem Schluß kam, daß Zuwendungen in der nichtehelichen Lebensgemeinschaft, die auf Dauer angelegt und von inneren Bindungen getragen ist, nicht sittenwidrig

---

109   BGH, FamRZ 65, 368.

110   BGH, FamRZ 70, 19, 20 f.; nach Schwab in: Landwehr, S. 71 schien in diesem Fall der Umstand bedeutsam gewesen zu sein, daß es am Element der gemeinschaftlichen Anstrengung zur Bildung von Vermögenswerten gefehlt hat.

sind, wenn nicht besondere Umstände hinzutreten.[111] Dem ist zuzustimmen, weil es bei der Frage der Sittenwidrigkeit eines Rechtsgeschäfts nur auf dessen Inhalt, nicht aber auf äußere Umstände ankommen kann. Ein Gesellschaftsverhältnis ist somit nur bei Vereinbarung eines sittenwidrigen Gesellschaftszwecks gemäß § 138 Abs. 1 BGB nichtig. Da das gemeinschaftliche Wohnen und Wirtschaften als solches sittlich wertneutral ist, ist die Begründung einer Gesellschaft mit dieser Zweckvereinbarung möglich. Da die Rechtsbeziehungen nur aufs Vermögensrecht beschränkt bleiben können, kann es auch keinen Unterschied machen, ob die Partner verheiratet sind, in einer weiteren nichtehelichen Lebensgemeinschaft leben oder gleichgeschlechtlich sind.[112]

ee) Unvereinbarkeit mit der sittlichen Selbstbestimmung der Person?

Gegen die Annahme eines Gesellschaftsvertrages wird im Schrifttum weiterhin eingewendet, daß die rechtliche Verpflichtung zur Aufrechterhaltung und Förderung eines nichtehelichen Zusammenlebens mit der sittlichen Selbstbestimmung der Person unvereinbar wäre. An sich würde er eine vollständige Verrechtlichung der Beziehungen zwischen den Partnern ermöglichen. Man könnte das eheähnliche Zusammenleben als den Zweck betrachten, zu dessen gemeinsamer Verfolgung die Partner sich rechtlich verbunden haben und sinngemäß eine Gesellschaft konstruieren. Ein dahingehender Gesellschaftsvertrag könnte, auch ausdrücklich geschlossen, keinen Bestand haben, da er gegen § 138 Abs. 1 BGB verstoße. Es gehe auch nicht an, die gemeinsame Haushaltsführung als die konsumwirtschaftlich-äußere Seite der Lebensgemeinschaft zum Zweck eines Gesellschaftsvertrages zu erheben, weil das gemeinsame Haushalten von der personalen Seite einer Lebensgemeinschaft nicht getrennt werden könne.[113]

Dabei ergibt sich aus den weiteren Ausführungen Schwabs eindeutig, daß er die nichteheliche Lebensgemeinschaft als solche nicht für sittenwidrig hält.[114] Daß der BGH im Falle eines Zusammenlebens von anderweitig verheirateten Partnern das Argument der Sittenwidrigkeit ins Feld führt, hält er für erstaun-

---

111   BGHZ 77, 55, 59.

112   Kunigk, Jura 80, 512, 517; evtl. kann eine solche Vereinbarung aber wegen Verstoßes gegen Art. 6 Abs. 1 GG nichtig sein; für den Fall einer Schenkung vgl. BGH, MDR 91, 514.

113   Schwab in Landwehr, S. 68.

114   aaO, S. 77.

lich.[115] Dies kann nur bedeuten, daß Schwab auch personenrechtliche Rechte und Pflichten auf der Ebene des Gesellschaftsrechts für erfaßbar erachtet.

Hiergegen ist anzuführen, daß es weder um eine vollständige Verrechtlichung der Beziehungen der Partner, noch um die "Konstruktion" eines Gesellschaftsverhältnisses geht. Beides ist unstatthaft. Es kann nur durch Auslegung ermittelt werden, ob die Partner einen Gesellschaftsvertrag geschlossen haben. Auslegung - gerade stillschweigender Erklärungen - ist weder Verrechtlichung noch Konstruktion. Daß das nichteheliche Zusammenleben als solches nicht Gesellschaftszweck sein kann, da es personale Gesellschafterpflichten nicht gibt, wurde bereits erörtert. Selbst wenn dem jedoch so wäre, ist das Argument, daß die Förderung eines nichtehelichen Zusammenlebens mit der sittlichen Selbstbestimmung der Person unvereinbar wäre und gegen § 138 Abs. 1 BGB verstoße, nicht einleuchtend. Zum einen ist ein Gesellschaftsverhältnis jederzeit kündbar, weshalb den Partnern eine unverzügliche Trennung freisteht (§§ 723 Abs. 1, Abs. 3, 724 Satz 1 BGB).[116] In diesem Zusammenhang müßte sogar die Frage gestattet sein, warum ein Ehevertrag, der die Gatten in ungleich stärkerem Maße bindet, nicht gegen die sittliche Selbstbestimmung der Person verstoßen soll.

Unklar bleibt in den Ausführungen auch, warum Schenkungen und "Unterhaltsverträge", die die Gemeinschaft fördern, nicht unter § 138 Abs. 1 BGB fallen sollen, wohl aber die Begründung einer Gesellschaft.[117] Wenn bezüglich gewisser abtrennbarer Sonderbereiche des gemeinsamen Wirkens wie Schaffung eines Eigenheims, Betrieb eines Erwerbsgeschäfts, Beschaffung wertvoller Hausratsgegenstände der gesellschaftsrechtliche Aspekt gleichwohl eine gewisse Rolle spielen soll, wird genau das bewirkt, was zuvor noch als unmöglich hingestellt wurde: Die Isolierung der "konsumwirtschaftlich-äußeren Seite" der Lebensgemeinschaft. Diese Auffassung ist daher in sich widersprüchlich. Zudem bleibt verborgen, warum beim gemeinschaftlichen Wirtschaften für die Annahme einer Gesellschaft nach dem Vermögenswert differenziert werden soll und wo dabei die Abgrenzungskriterien liegen.

---

115   aaO, S. 70 mit Hinweis auf BGH, FamRZ 70, 19, 20 f.

116   Appel, S. 190 f.

117   Brühl, FamRZ 79, 451, 452; Maus, S. 108 verweist auf Art. 2 Abs. 1 GG.

ff)   Weitere Argumente gegen die gesellschaftsrechtliche Erfassung der
      nichtehelichen Lebensgemeinschaft

Weitere Argumente gegen die Möglichkeit eines Gesellschaftsverhältnisses zwischen Lebenspartnern können als teleologische Einwände zusammengefaßt werden: Wegen der vermögensrechtlichen Orientierung des Gesellschaftsrechts passe
es nicht auf die nichteheliche Lebensgemeinschaft. Insbesondere wird auch hier
das Argument angeführt, daß es nicht angehe, einen umfassenden Austausch-
zusammenhang mit vielfältigen persönlichen Aspekten auf eine schlichte rechtsgeschäftliche und ökonomistische Basis mit aus ihren Bezügen her-
ausgenommenen zersplitterten Vorgängen zu reduzieren.[118] Diese Bedenken sind
gewiß schwerwiegend, da durch die Abspaltung der Vermögenssphäre der Partner ein einheitlicher Sachverhalt zerrissen wird.[119]

Mit diesen Bedenken geht aber die Vorstellung einher, daß ein einheitlicher
soziologischer Tatbestand nur durch einen kongruenten juristischen Tatbestand
erfaßt werden könne. Dem ist jedoch nicht so, wie einerseits bereits der hohe
Grad an Allgemeinheit vieler Regelungen im BGB deutlich macht. Gerade § 705
BGB ist ein Beispiel für den Wert der Abstraktion in der juristischen Begriffsbil-
dung.[120] Er ermöglicht die Erfassung einer breiten Fülle verschiedenster Lebenssachverhalte. Andererseits braucht ein rechtlicher Tatbestand nicht alle soziologischen Merkmale eines Sachverhalts zu erfassen. Ferner wird bei diesem Einwand
außer Betracht gelassen, daß im Eherecht bereits seit Jahrhunderten die Regelungen des persönlichen Eherechts drastisch zugunsten der Regeln des ehelichen
Vermögensrechts abgenommen haben.[121] Heute sind die Vorschriften zum persönlichen Eherecht auf ein absolutes Minimum reduziert. Im übrigen gibt es im
Personengesellschaftsrecht auch Treuepflichten,[122] die auch zwischen Lebenspart-

---

118   Hausmann, S. 59 f.; andererseits (S. 91) soll aber das Recht außerstande sein, die persön-
      liche Seite der Beziehung verbindlich zu regeln. Das widerspricht sich. Finger, JZ 81, 497,
      502; Derleder, NJW 80, 545, 547; ähnlich Simon, JuS 80, 253; Schlüter/Belling, FamRZ
      86, 405, 413; Raddatz, S. 213 f.; Strätz, FamRZ 80, 301, 435 ist sogar der Auffassung,
      daß beim Konkubinat nicht vermögenswerte Zwecke, sondern die Verwirklichung der
      personalen Gemeinsamkeit typischerweise im Vordergrund stünden. Dies sei der Hauptun-
      terschied zu übrigen Gesellschaften.

119   Lipp, AcP 180, 537, 574; Kurr, AcP 180, 427, 429.

120   Ballerstedt, JuS 63, 253.

121   Vgl. die graphische Darstellung bei Buchholz, S. 9.

122   Battes, Rdnr. 10.

nern gelten, die einen Gesellschaftsvertrag geschlossen haben; diese dürfen jedoch nicht mit personenrechtlichen Pflichten verwechselt werden.

Als Zwischenergebnis bleibt daher festzuhalten, daß es Lebenspartnern grundsätzlich möglich ist, einen Gesellschaftsvertrag zu schließen, dessen Zweck darin besteht, die wirtschaftlichen Voraussetzungen für ein Zusammenleben zu schaffen.

2. Die Begründung eines Gesellschaftsverhältnisses durch die Partner

a) Der Gesellschaftsvertrag

Die Annahme einer Gesellschaft bereitet keine Schwierigkeiten, wenn ausdrückliche Erklärungen dieses Inhalts zwischen den Partnern vorliegen. Da aber die wenigsten Partner zur Regelung ihres Innenverhältnisses ausdrückliche Erklärungen abgeben, ist nunmehr zu untersuchen, ob die Partner sich derart verhalten, daß die Auslegung die Abgabe stillschweigender Erklärungen ergibt und welchen rechtsgeschäftlichen Inhalt sie haben. Dabei soll insbesondere die Frage aufgeworfen werden, welches Verhalten der Partner einen Erklärungsinhalt ergibt, der auf die Begründung einer Gesellschaft oder einer Innengesellschaft schließen läßt.

aa) Stillschweigende Willenserklärungen

Ein Gesellschaftsverhältnis wird durch Gesellschaftsvertrag begründet, der sich aus mindestens zwei übereinstimmenden Willenserklärungen zusammensetzt, die ausdrücklich[123] oder stillschweigend[124] von den Vertragsparteien abgegeben wer-

---

123 Wenn Hausmann, S. 113, die Frage aufwirft: "Rechtsschutz für nichteheliche Lebensgemeinschaften auch ohne ausdrücklichen Vertrag?" postuliert er ohne sachlichen Grund von vornherein ein Formerfordernis. Dies entspricht nicht dem System des BGB.

124 Die Terminologie ist nicht einheitlich. Larenz (AT § 19 IV (347)) ist der Auffassung, daß der Begriff "stillschweigende Willenserklärung" irreführend sei, da nicht das Schweigen, sondern eine positive Äußerung, die aber unmittelbar etwas anderes besage, oder auch ein bloßer Realakt als Erklärung eines bestimmten Rechtsfolgewillens gedeutet werde. Weniger mißverständlich seien die Ausdrücke "mittelbare" oder "indirekte" Willenserklärung oder Erklärung mittels schlüssigen (konkludenten) Verhaltens. Der Ausdruck "stillschweigende Willenserklärung" wird hier dennoch bevorzugt, da er zum einen darauf hinweist, daß es sich um eine Willenserklärung handelt und es sich zum anderen direkt und unmittelbar um eine Willenserklärung handelt, auch wenn deren Inhalt erst durch Aus-

den können. Zu einer stillschweigenden Erklärung gehört ein im Äußeren eines Verhaltens bewirktes Zeichen, das eine für andere erkennbare Bedeutung hat, das aber - im Unterschied zur ausdrücklichen Erklärung - kein Wortzeichen ist.[125] Verfehlt ist die verbreitete Auffassung, stillschweigende Willenserklärungen seien als Fiktionen abzulehnen.[126] Allerdings darf nicht ohne weitere Anhaltspunkte behauptet werden, es liege eine stillschweigende Willenserklärung vor. Dies ist im Einzelfall durch Auslegung mit Rücksicht auf die Verständnismöglichkeit des Empfängers zu ermitteln. Der Schluß, der dabei gezogen wird, beruht oft auf der Annahme einer folgerichtigen und redlichen Denk- oder Handlungsweise desjenigen, dessen Rechtsfolgewille aus dem Zeichen erschlossen wird. Daß ein Mensch nicht immer folgerichtig und redlich handelt, ist zwar eine Erfahrungstatsache;[127] es kommt jedoch darauf an, welchen Inhalt der Erklärungsempfänger unter Berücksichtigung aller Umstände den Erklärungszeichen beimessen konnte.[128] Hatte der Erklärende sein Zeichen nicht so gemeint, wie es aufgefaßt

---

legung zu ermitteln ist.

125 E. Wolf, AT, § 7 D II 8 (232).

126 Für die nichteheliche Lebensgemeinschaft behaupten dies: Diederichsen, NJW 83, 1017, 1023: "Rechtliche Strukturierung bloß tatsächlich gelebter Beziehungen"; Simon, JuS 80, 252, 253; Striewe, S. 235: "Richterrechtliche Lösung"; ders., S. 282: "Spielzeug"; Müller-Freienfels, Zeitschrift für evangelische Ethik 1980, 55, 68: "Konstruierte Durchsetzung richterlichen Befindens"; Finger, JZ 81, 497, 508: "Unterstellung vertraglich verbindlicher Fixierungen"; Mayer/Rang, NJW 88, 811: Auslegung ist "Instrumentarium für sozialadäquate Rechtsanwendung"; Ohlenburger-Bauer, S. 51: Kreieren "in der Retrospektive"; Schlüter, S. 27: "Konstruktion"; "Wer eine Lösung über die Innengesellschaft sucht, nimmt in der Sache Zuflucht zu einer freien Rechtsfindung." Derselbe Autor räumt dann aber auf S. 34 ein, daß der nichtehelichen Lebensgemeinschaft im allgemeinen der Gesellschaftsvertrag am besten gerecht wird; Schlüter/Belling, FamRZ 86, 405, 409: "Konstruktion." In Wahrheit handele es sich um die analoge Anwendung eines Rechtsinstituts; Gernhuber, 2. Aufl., § 20 II 3 (185): "Denaturierung des Begriffs der Willenserklärung bis zur Unkenntlichkeit."; Frank, FamRZ 83, 541, 544; Evans v. Krbek, JA 79, 236, 242; Lieb, Ehegattenmitarbeit, S. 46.
Daß die Zahl der konkludenten Erklärungen zwischen Menschen, die sich gut kennen, ungleich höher ist als im übrigen Rechtsverkehr: Kurr, S. 35; Hausmann, S. 375.

127 So Larenz, AT § 19 IV (348, Fn. 70).

128 Weber, JR 88, 309, 315 bemerkt zu Recht, daß diejenigen, die stillschweigende Willenserklärungen als Fiktionen ablehnen, zu wenig berücksichtigen, daß der Wille der Beteiligten stets über objektive Anhaltspunkte erschlossen werden muß. Wenn die "darüber-hinaus-

wurde, kann er die Erklärung anfechten, wenn er sich über den Inhalt seiner Erklärung geirrt hatte (§ 119 Abs. 1 BGB). Bei der Auslegung, ob[129] eine stillschweigende Willenserklärung vorliegt, ist Vorsicht geboten. Zu Recht wird darauf hingewiesen, daß nur mit wenigen Rechtsbegriffen so viel Mißbrauch getrieben worden sei wie mit dem der stillschweigenden Willenserklärung.[130] Das darf aber nicht zu einer generellen Skepsis vor diesem Begriff führen, sondern sollte vielmehr den Auslegenden in Begründungszwang für seine Erkenntnisse versetzen.[131]

Es verwundert allerdings nicht, daß die Vorbehalte in der Literatur gegen die Annahme stillschweigender Willenserklärungen so deutlich geäußert werden.[132] Eine Ursache hierfür liegt sicher in der Rechtsprechung zur Ehegatten-Innengesellschaft, hinter welcher steht, daß die Frage des "Ob" möglichst dahinstehen soll. Anstatt Vertragsschlüsse zu prüfen, haben die Gerichte sich - wie noch darzulegen ist - mit der Erarbeitung von Fallgruppen begnügt, die die Anwendung des Gesellschaftsrechts rechtfertigen sollen.

Nicht zuzustimmen ist der Auffassung, daß die Frage eines konkludenten Vertragsschlusses als richterrechtliche Lösung eines angemessenen Interessenausgleichs unter den Lebensgefährten eine Verschärfung dadurch erfahre, daß der Inhalt einer konkludent geschlossenen Verpflichtung ganz wesentlich von dem Vertragstyp abhängig sei, dem das nichteheliche Zusammenleben oder einzelne

---

Formel" der Rechtsprechung indizielle Bedeutung für eine vorliegende Willenserklärung gewinnt, ist dagegen nichts einzuwenden. So auch Striewe, S. 270.

129   Daß es sich hierbei auch um eine Auslegung nach §§ 133, 157 BGB handelt, vgl. MK-Mayer-Maly, § 133, Anm. 43.

130   Larenz AT § 19 IV (349) m.w.N.

131   Unbehagen ist auch bei Coester-Waltjen, NJW 88, 2085, 2088 festzustellen. Wenn jedoch argumentiert wird, daß der Nachweis wohl häufig nicht gelingen dürfte, ist dies ein rein prozessuales Problem. Zur Vorsicht mahnt auch Struck, ZRP 83, 215, 219.

Maus, S. 120 meint, ein Rechtsverhältnis mit der Argumentation ablehnen zu können, daß es während des bestehenden Verhältnisses keine klagbaren Ansprüche gebe. Dies ist der klassische Fall eines Zirkelschlusses. Die anschließenden Ausführungen (S. 121) gehen schon wegen § 723 BGB vollständig ins Leere.

132   Siehe Fn. 127.

Aspekte des Zusammenlebens zugeordnet würden.[133] In dieselbe Richtung geht das Postulat, zunächst die Frage nach der Eignung und Angemessenheit bestimmter Vorschriften oder Vorschriftengruppen zu stellen und hinterher erst die dogmatische Übertragungsarbeit auf die nichteheliche Lebensgemeinschaft zu leisten.[134] Es handelt sich hierbei um eine petitio principii, bei der durch Wertung festgelegt wird, auf welche Regelungen das Phänomen der nichtehelichen Lebensgemeinschaft am besten paßt. Erst in zweiter Linie geht es schließlich um die Frage, ob überhaupt Willenserklärungen der Parteien vorliegen. Deren Inhalt ist dann allerdings durch die zuvor vorgenommenen Wertungen beschrieben und wird nicht etwa durch Auslegung ermittelt. Es ist daher kein Zufall, daß dieses Vorgehen als richterrechtliche Lösung eines angemessenen Interessenausgleichs bezeichnet wird. Hierbei handelt es sich in der Tat um eine Fiktion, weil die Orientierung am Parteiwillen keine Priorität mehr hat. Überinterpretiert wird dabei auch die negative Abschlußfreiheit der Partner: So soll das bloße Zusammenleben kein Anknüpfungsmoment für Erklärungen sein können, weil sonst diese Freiheit mißachtet würde, die darin bestehe, es zu unterlassen, bestimmte Dispositionen zu treffen.[135] Die negative Abschlußfreiheit besagt hier lediglich, daß es jedem Menschen selbstverständlich frei steht zu entscheiden, ob er in einer nichtehelichen Lebensgemeinschaft leben will oder nicht. Einen anderen Inhalt hat sie nicht. Wer sich für die nichteheliche Lebensgemeinschaft entschließt, legt sich auf bestimmte, im Einzelfall zu ermittelnde Rechtsfolgen aus seinem (konkludenten oder ausdrücklichen) Verhalten fest. Dabei kann das Zusammenleben als solches bereits dann einen Erklärungswert haben, wenn hierfür eine gemeinsame Wohnung angemietet wird.[136] Selbst wenn ein Vertragsschluß aufgrund stillschweigender Willenserklärungen abgelehnt wird, kommt eine vertragsähnliche Verpflichtung aufgrund vorangegangenen Verhaltens in Betracht, an welches der Partner legitime Erwartungen knüpfen durfte. Danach werden die

---

133 Striewe, S. 235.

134 Finger, JZ 81, 497, 505.

135 Striewe, S. 235.

136 Es erscheint widersprüchlich, wenn bei Coester-Waltjen, NJW 88, 2085, 2089 einerseits auf die Vielschichtigkeit des Problems hingewiesen wird, andererseits aber gegen die Lösung, die sich am Einzelfall orientiert, eingewandt wird, sie berge eine beträchtliche Rechtsunsicherheit in sich und gehe einen Schritt in Richtung auf Kadijustiz.
Darauf, daß das selbstverständliche Postulat des Vorrangs der Parteiabrede häufig übersehen und zu schematisch vorgegangen wird, weist Schulte, ZGR 83, 437, 443 hin.

Partner lediglich anhand des von ihnen selbst praktizierten Verhaltens gemessen.[137]

Die Rechtsprechung knüpft an die Annahme stillschweigender Willenserklärungen zur Begründung eines Gesellschaftsverhältnisses zwischen Partnern einer nichtehelichen Lebensgemeinschaft strenge Voraussetzungen. Mit Urteil vom 1.4.1965, in welchem es ausschließlich um einen Anspruch des überlebenden Lebensgefährten gegen die Erben des Verstorbenen auf die Hälfte des Erlöses aus dem Verkauf eines Grundstücks ging, hat der BGH eine Innengesellschaft zwischen den Lebenspartnern bejaht, deren Zweck die Errichtung eines Hauses war, das sie gemeinsam bewohnen wollten.[138] Dies hätten die Parteien zwar nicht ausdrücklich erklärt, aber durch ihr Verhalten zu erkennen gegeben. Das so begründete Rechtsverhältnis sei als Innengesellschaft anzusehen. Entsprechend dem gemeinsam gesetzten Ziel hätten sie sodann beide für den Grundstückskauf gespart und durch gemeinsame Beiträge in Form von Arbeit, Beschaffung von Baustoffen und anderen Leistungen die Fertigstellung eines gemeinsamen Wohnhauses ermöglicht. Gegen die Annahme eines Gesellschaftsverhältnisses spreche nicht die Tatsache, daß ein Lebensgefährte als Alleineigentümer im Grundbuch eingetragen worden sei; denn das Fehlen eines Gesamthandsvermögens sei gerade das Kennzeichen einer Innengesellschaft.

bb)   Anlehnung an die Rechtsprechung zur Ehegatten-Innengesellschaft

Diesem Urteil waren Entscheidungen des BGH zur Innengesellschaft von Ehegatten[139] und von Verlobten[140] vorausgegangen. Danach wurde eine Beteiligung des mitarbeitenden Ehegatten an den Erträgen des gemeinsam betriebenen Unternehmens mit Hilfe der stillschweigend begründeten Innengesellschaft durchgesetzt. Es kam jedoch darauf an, daß die Mitarbeit des Ehegatten über das "übliche" hinausging; blieb sie im Rahmen des § 1356 Abs. 2 a.F. BGB, war für die Anwendung der Grundsätze der Ehegatten-Innengesellschaft kein Raum. Auch das bloße Bestreben, die eheliche Lebensgemeinschaft zu verwirklichen und Voraussetzungen dafür zu schaffen, könne, soweit es über diesen Rahmen nicht hinausgehe, nicht als eigenständiger Zweck einer zwischen den Ehegatten beste-

---

137   Schwenzer, S. 191 f.

138   BGH, FamRZ 65, 368.

139   BGHZ 8, 249.

140   BGH, FamRZ 58, 15.

henden Gesellschaft anerkannt werden. Hierzu seien die Ehegatten bereits nach § 1353 BGB verpflichtet.[141] Es wäre auch nicht sachgerecht, in einem solchen Fall die vermögensrechtlichen Beziehungen der Ehegatten nach den Regeln des Gesellschaftsrechts abzuwickeln und so die eigenständigen Regeln des ehelichen Güterrechts zu überspielen.[142] Anders sei es, wenn die Ehegatten mit ihren gegenseitigen Leistungen einen Zweck verfolgen, der über die bloße Verwirklichung der ehelichen Lebensgemeinschaft hinausgehe. Dann könne ein Gesellschaftsverhältnis zwischen ihnen bestehen, selbst wenn das Vorhaben zugleich den Zwecken der Ehe diene. So könne eine Gesellschaft angenommen werden, wenn die Ehegatten gemeinsam ein Erwerbsgeschäft betrieben, in welchem sie gleichwertige Tätigkeiten ausüben, um zu Wohlstand zu gelangen. Wesentlich für das Bestehen eines Gesellschaftsverhältnisses könne dabei auch sein, daß die Mittel für das unter dem Namen des anderen Ehegatten gemeinsam betriebene Geschäft zu einem wesentlichen Teil von dem Ehegatten aufgebracht worden seien, der nach außen nicht als Geschäftsinhaber in Erscheinung trete.[143]

So soll die Annahme eines Gesellschaftsverhältnisses, das beiden ein Anrecht auf die Erträgnisse ihrer gemeinsamen Tätigkeit gibt, zu sachgerechten und billigen Ergebnissen führen, wenn Ehegatten sich zu dem gemeinsamen Betrieb eines Erwerbsgeschäftes verbunden und in ihm zusammen längere Zeit ihre Arbeitskraft eingesetzt haben.[144] Es könne deshalb berechtigt sein, davon auszugehen, daß stillschweigend zwischen ihnen ein solcher Gesellschaftsvertrag abgeschlossen worden sei. Es komme darauf an, ob sich die Eheleute durch einen solchen Vertrag in den Dienst einer gemeinsamen, über die Verwirklichung der eigentlichen ehelichen Lebensgemeinschaft hinausgehenden Aufgabe gestellt haben.[145]

Bei Verlobten hatte der BGH für die Annahme einer Teilhaberschaft eines Verlobten an dem auf dem Namen des anderen geführten Erwerbsgeschäfts strenge Anforderungen gestellt.[146] Selbst wenn nur äußere Umstände einer baldi-

---

141 BGH, NJW 74, 1554, 1555.

142 RG DR 44, 909, 910; BGH, NJW 51, 352, 553.

143 BGHZ 47, 157, 163.

144 BGHZ 31, 197, 200.

145 So etwa: BGHZ 8, 249; 31, 197; 47, 157; WM 73, 296 und 1242; NJW 74, 2045 und 2278; ebenso Soergel-Lange, Anh. § 1588, Rdnr. 13; einen interessengerechten Ausgleich sehen hierin Rogalski, AnwBl 83, 358, 365; Beyerle, S. 47; Maus, S. 124.

146 BGH, FamRZ 58, 15.

gen Heirat im Wege stünden, könne die Verlobung allein nicht zu der Annahme führen, daß die im Geschäft mitarbeitende Verlobte an dem Geschäft beteiligt werden sollte. Es müsse vielmehr im Einzelfall ermittelt werden, welcher Art die vertraglichen Beziehungen der Verlobten waren, ob sie ein Arbeitsverhältnis, möglicherweise als partiarisches Verhältnis, oder ein Gesellschaftsverhältnis stillschweigend vereinbart haben.

Viel weiter ging später das OLG Düsseldorf, das die Grundsätze der Ehegatten-Innengesellschaft auf Verlobte anwendete, die in nichtehelicher Lebensgemeinschaft zusammenlebten.[147] Es nahm einen Gesellschaftsvertrag an, dessen Zweck die "Unterhaltung einer Familienheimstatt für sich (= die Verlobten) und ihre Kinder" sei. Auch ein für diese Gesellschaft erworbenes oder in sie eingebrachtes Grundstück werde gleichfalls gesamthänderisches Eigentum der Verlobten. Unter Ehegatten sei zwar eine Gesellschaft mit diesem Zweck nicht möglich, jedoch könnten sich die Verlobten bis zu ihrer Eheschließung zu einer Gesellschaft i.S. des § 705 BGB verbinden. Zur Erreichung des genannten Zweckes sei auch die gesamthänderische Bindung des Eigentums sinnvoll. Sie verhindere zuverlässiger die Veräußerung des jedem Beteiligten zustehenden Anteils an einen Dritten und damit die Störung oder Vereitelung des Gesellschaftszwecks, als dies durch ein vertragliches Veräußerungsverbot möglich wäre.

In der neueren Rechtsprechung des BGH zu Gesellschaftsverhältnissen zwischen nichtehelichen Partnern findet sich häufig die stereotype Wendung, daß Mindestvoraussetzung dafür, Regeln des Gesellschaftsrechts in Betracht zu ziehen, sei, daß die Parteien überhaupt die Absicht verfolgt hätten, mit dem Erwerb eines Vermögensgegenstandes einen gemeinschaftlichen Wert zu schaffen, der von ihnen für die Dauer der Partnerschaft nicht nur gemeinsam benutzt werden würde, sondern ihnen nach ihrer Vorstellung auch gemeinsam gehören sollte.[148] An dieses Merkmal werden allerdings so hohe Anforderungen gestellt, daß kaum Fälle denkbar sind, welche die Rechtsprechung mit der Heranziehung der Grundsätze der Ehegatten-Innengesellschaft lösen würde. So wurde z.B. jeglicher Ausgleichsanspruch verneint in Fällen, in welchen es um Fragen der Besorgung des Haushalts,[149] Pflege,[150] Beköstigung,[151] Zahlung der Miete für die gemein-

---

147   OLG Düsseldorf, DNotZ 74, 169.

148   BGHZ 77, 55, 56 f.; NJW 81, 1502, 1503; NJW 82, 2863, 2864; MDR 92, 679.

149   BGH, FamRZ 60, 129; OLG München, FamRZ 80, 239; LG Wiesbaden, FamRZ 60, 152.

150   LG Berlin, FamRZ 79, 503.

same Wohnung,[152] Tilgungsraten für einen Kredit[153] oder gar um Investitionen auf dem Grundstück des anderen Partners in erheblichem Umfang[154] ging. Die Argumentation besteht darin, daß bei einer nichtehelichen Lebensgemeinschaft die persönlichen Beziehungen derart im Vordergrund stehen sollen, daß sie auch das die Gemeinschaft betreffende vermögensmäßige Handeln der Partner bestimmen und daher nicht nur in persönlicher, sondern auch in wirtschaftlicher Hinsicht grundsätzlich keine Rechtsgemeinschaft bestehe. Beiträge würden geleistet, sofern Bedürfnisse auftreten, und, wenn nicht von beiden, so von demjenigen erbracht, der dazu in der Lage sei. Soweit nachträglich noch etwas ausgeglichen würde, geschehe das aus Solidarität, nicht in Erfüllung einer Rechtspflicht, wie überhaupt Gemeinschaften dieser Art - ähnlich wie eine Ehe - die Vorstellung, für Leistungen im gemeinsamen Interesse könnten ohne besondere Vereinbarung "Gegenleistungen", "Wertersatz", "Ausgleichung", "Entschädigung" verlangt werden, grundsätzlich fremd sei.[155] Nach der Überzeugung und dem Willen der Partner hielten sich aufgrund der zwischen ihnen bestehenden Gemeinschaft die beiderseitigen Leistungen die Waage.[156] Der BGH hat seine Rechtsprechung neuerdings dahingehend ergänzt, daß bei Vermögenswerten von erheblicher wirtschaftlicher Bedeutung im Rahmen einer Gesamtwürdigung wesentliche Beiträge eines Partners, der nicht (Mit-)Eigentümer ist, einen Anhaltspunkt für eine gemeinschaftliche Wertschöpfung bilden können.[157] Diese Rechtsprechung ist somit nicht an der Auslegung von Verhalten der Partner orientiert, sondern sie knüpft an die zur Ehegatten-Innengesellschaft aufgestellten Grundsätze an.

---

151 OLG Celle, OLGZ 70, 326; OLG Frankfurt, FamRZ 71, 646; OLG Frankfurt, FamRZ 81, 253.

152 BGH, FamRZ 60, 129; OLG Frankfurt; FamRZ 71, 646.

153 BGH, NJW 81, 1502, 1503.

154 BGH, FamRZ 83, 1213.

155 BGHZ 77, 55, 58 f.; ebenso NJW 81, 1502, 1503; MDR 92, 679; dem schließt sich Steinert, NJW 86, 683, 686 an.

156 OLG München, FamRZ 80, 239, 240.

157 BGH, MDR 92, 679; Langenfeld, LM Nr. 57 zu § 705 BGB, weist zu Recht darauf hin, daß mit dieser Ergänzung die Stringenz der bisherigen Rechtsprechung auf der Strecke geblieben ist.

cc) Kritik an der Rechtsprechung zur Ehegatten-Innengesellschaft

Bereits der Rechtsprechung zur Ehegatten-Innengesellschaft stehen grundsätzliche Bedenken entgegen. Zum einen ist es bedenklich, wenn der BGH eine Innengesellschaft nur deshalb annehmen zu können glaubt, weil sie zu sachgerechten und billigen Ergebnissen führen könne. Besonders deutlich wird dies, wenn es heißt: "Ob beim Fehlen irgendwelcher Erklärungen der Eheleute eine solche Gestaltung der Rechtsbeziehungen anzunehmen ist, kann nur nach einer Würdigung der gesamten objektiven Umstände des Einzelfalles gesagt werden."[158] Damit wird einerseits suggeriert, daß keine Erklärungen vorlägen; andererseits kann die Heranziehung aller objektiver Umstände doch letztlich nur besagen, daß geprüft wird, ob diese einen Geschäftsinhalt bedeuten können. Unter dieser Voraussetzung wäre der Ansatzpunkt der Rechtsprechung zutreffend, weil dann auf einen Erklärungswert des Verhaltens der Gatten abgestellt würde. Es ist kaum vorstellbar und ziemlich lebensfremd anzunehmen, daß sich ein Mensch bei der Aufnahme einer Arbeitstätigkeit oder beim Erwerb oder der Finanzierung eines Grundstücks keinerlei Gedanken macht. Sehr viel wahrscheinlicher ist es, daß die Gatten sich über diese Lebenssachverhalte unterhalten und einigen.[159] Auch erfolgt keine Prüfung, ob die Gatten sich je wie Gesellschafter verhielten.[160]

Die Rechtsprechung zur Ehegatten-Innengesellschaft hat ihren Hintergrund darin, daß vermeintliche Lücken im Ehegüterrecht bei Vermögensaufwendungen und Arbeitsleistungen geschlossen werden sollten. Die Mitarbeit im Rahmen des § 1356 Abs. 2 BGB a.F. hatte besonders gravierende Folgen für Gatten, die Gütertrennung vereinbart hatten. Hier wurden durch Annahme von Gesellschaftsverträgen Ausgleichsverhältnisse geschaffen, die das Ehegüterrecht nicht vorsieht. Dies wurde im Wege der Lückenfüllung durch analoge Anwendung

---

158 BGH FamRZ 62, 110, 111.

159 Lieb, Ehegattenmitarbeit, S. 8.

160 Gernhuber, § 20 III 6 (219) bemerkt hierzu, daß in aller Regel Innengesellschaften dieser Art erst entdeckt werden, wenn die Ehe gescheitert ist und deshalb allein die Auseinandersetzungsregeln des Gesellschaftsrechts relevant werden können (die dann doch zugunsten einer von den "gesamten objektiven Umständen des Einzelfalles" bestimmten Auseinandersetzungsordnung verdrängt werden, die allein vom richterlichen Takt beherrscht wird). Nach K. Schmidt, Gesellschaftsrecht, § 59 Abs. 1 2b, S. 1301 werden derartige Gesellschaftsverhältnisse "nicht selten wohl zur Überraschung der Beteiligten konstruiert." In ähnlicher Weise äußern sich Schulte, ZGR 83, 437, 439; Hausmann, S. 228.

gesellschaftsrechtlicher Normen dogmatisch begründet,[161] allerdings zu einer Zeit, als zwischen den Gatten noch eine Rechtspflicht zur Mitarbeit bestand. Diese Pflicht ist aber mit dem 1.7.1976 entfallen. Bis dahin wurde auch in ständiger Rechtsprechung die These vertreten, daß die übliche Mitarbeit des Ehegatten unentgeltlich zu erfolgen habe. Diesen Konflikt zwischen einer (nach der Rechtsprechung) Pflicht zur unentgeltlichen Mitarbeit des Ehegatten und dem Ehegüterrecht, das hierfür keine Regelung vorsah und besonders im Fall der Gütertrennung zu unbilligen Härten führen konnte, gibt es heute nicht mehr. Vor diesem Hintergrund war aber die Rechtsprechung zur Ehegatten-Innengesellschaft entstanden. Heute ist durch das Erste Eherechtsreformgesetz im Bereich der Ehegattenmitarbeit den Gatten ein breiter Freiraum für individuelle Gestaltung gelassen. Es liegt an ihnen, hiervon Gebrauch zu machen, nicht an der Rechtsprechung, im Nachhinein zu fingieren.

Weiterhin ist zweifelhaft, ob die Rechtsprechung mit der Ehegatten-Innengesellschaft wirklich Härten vermieden und nicht sogar neue geschaffen hat, indem derjenige Gatte, der minimal über das "Übliche" hinaus mitgearbeitet hat, einen vollen Ausgleichsanspruch, derjenige, dessen Mitarbeit sich im Rahmen des "Üblichen" bewegt, aber gar nichts zugesprochen erhält. Was "über die Lebensgemeinschaft hinausgehende Aufgaben" sein sollen, bleibt unklar.[162] Das räumt der BGH auch selbst ein, wenn er zur Begründung der Üblichkeit nicht nur objektive Kriterien heranzieht: Die besonderen, auf den konkreten Lebensverhältnissen der Ehegatten beruhenden Umstände sollen die Üblichkeit der Mitarbeit nicht nur einschränken, sondern auch erweitern können.[163]

Den Ehegatten ist es unbenommen, Gesellschaftsverträge zu schließen. Diese sind aber durch Auslegung zu erkennen, nicht zu fingieren. Auf die Frage der Üblichkeit kommt es seit der Reform des § 1356 Abs. 2 BGB nicht mehr an; über die eheliche Lebensgemeinschaft hinausgehende Aufgaben gibt es zwischen

---

161 Lieb, Ehegattenmitarbeit, S. 185 ff., insbesondere 188 ff.

162 Vgl. nur die Urteile BGH NJW 74, 2045 und NJW 74, 2278: Warum im ersten Fall die Mitarbeit im Rahmen des Üblichen geblieben sein soll, im anderen jedoch nicht, ist kaum mehr nachvollziehbar. Zur Uneinheitlichkeit der Rechtsprechung des BGH vgl. auch Lieb, Ehegattenmitarbeit, S. 139. Zur Zweifelhaftigkeit der Abgrenzung auch Larenz, SchR II, § 60 V b (403). Hinter allem steht wiederum die verfehlte Auffassung, es gebe objektive Ehezwecke.

163 BGH FamRZ 63, 429, 431.

Ehegatten nicht. Es gilt daher, endlich mit dieser auf einer überholten Grundlage basierenden Rechtsprechung zu brechen.

dd) Kritik an der Übertragung der Grundsätze der Ehegatten-Innengesellschaft auf die nichteheliche Lebensgemeinschaft

Auf den ersten Blick scheint die Auffassung, daß die zur Ehegatten-Innengesellschaft entwickelten Grundsätze auf die Partner einer nichtehelichen Lebensgemeinschaft zu übertragen seien, ganz naheliegend: Ehegatten, die im Güterstand der Gütertrennung leben, wüßten, daß die Eheschließung sie güterrechtlich nicht verbinde. Gleiches gelte für die Partner einer nichtehelichen Lebensgemeinschaft, die nicht bloß darauf bauen könnten, daß das bloße Zusammenleben die rechtliche Zuordnung von Vermögenswerten beeinflusse.[164] Wenn dennoch in Sondersituationen nach einem vermögensrechtlichen Ausgleich beim Scheitern einer Gütertrennungsehe oder einer nichtehelichen Lebensgemeinschaft gesucht werde, dann müsse für beide Fälle ein einheitlicher Lösungsansatz gefunden werden. Wenn es richtig sei, daß der vermögensrechtliche Ausgleich zwischen Ehegatten, die im Güterstand der Gütertrennung leben, nach den gesetzlichen Grundsätzen erfolgen muß wie der zwischen Nichtehegatten, dann frage man sich, ob der BGH mit der tendenziell verstärkten Heranziehung des Gesellschaftsrechts bei der Liquidation nichtehelicher Lebensgemeinschaften nicht über das Ziel hinausschieße.[165]

Dieser Ansicht ist grundsätzlich zuzustimmen. Ein wesentlicher Unterschied zwischen der Gütertrennungsehe und der nichtehelichen Lebensgemeinschaft besteht jedoch darin, daß die Ehegatten einen Ehevertrag geschlossen haben, in welchem sie den gesetzlichen Güterstand ausschließen. Sie haben sich also darauf festgelegt, daß sie güterrechtlich nicht verbunden sind, also zwischen ihnen überhaupt kein gemeinsamer Güterstand besteht. Dies ist erforderlich, weil für sie sonst der gesetzliche Güterstand der Zugewinngemeinschaft in Kraft treten würde. Etwas ähnliches wie den Güterstand der Zugewinngemeinschaft gibt es jedoch für die Partner einer nichtehelichen Lebensgemeinschaft nicht, da es zwischen ihnen an der hierfür erforderlichen personenrechtlichen Grundverbindung fehlt.[166] Deshalb tritt grundsätzlich keine güterrechtliche Verbindung zwischen

---

164 Schulte, ZGR 83, 437, 438.

165 Frank, FamRZ 83, 541, 544.

166 Es empfiehlt sich nicht, von einer außerrechtlichen Grundverbindung zu sprechen. So aber der Sache nach Diederichsen, FamRZ 88, 889, 895.

ihnen ein, ohne daß die Partner dies eigens erklären müssen. Dies bedeutet aber nicht, daß sie sich nicht zu einer Vermögensgemeinschaft zusammenschließen können. Daß sie dies tun, liegt bei Partnern einer nichtehelichen Lebensgemeinschaft ungleich näher als bei Gütertrennungsehen, weil für sie anders die Begründung einer Gemeinschaft als Surrogat zum ehelichen Güterrecht gar nicht möglich ist. Deshalb empfiehlt es sich, bei Partnern einer nichtehelichen Lebensgemeinschaft weitaus geringere Anforderungen an die Begründung einer Gesellschaft zu stellen als bei Ehegatten, die Gütertrennung vereinbart haben.[167]

Die Rechtsprechung zur Ehegatten-Innengesellschaft ist jedoch untauglich zur Klärung der Frage, unter welchen Voraussetzungen zwischen Partnern nichtehelicher Lebensgemeinschaften Gesellschaftsverträge (stillschweigend) geschlossen werden. So kann es zunächst nur verwundern, wenn nahezu 10 Jahre nach der Reform des § 1356 Abs. 2 BGB immer noch mit den Worten dessen alter Fassung geprüft wird, "ob die Mitwirkung ... über das Maß dessen hinausging, was eine Ehefrau (bzw.: der Partner) unter ähnlichen Verhältnissen üblicherweise im Rahmen der ehelichen Lebensgemeinschaft zum Betrieb des Ehemannes beigetragen haben würde."[168] Ganz abgesehen davon, daß diese Grundsätze schon bei

---

167 Auf den grundlegenden Unterschied zwischen Ehe und nichtehelicher Lebensgemeinschaft in diesem Zusammenhang weist Schwenzer, S. 191, hin.
Es trifft nicht zu, daß damit Nichtehegatten ein weiterreichender Ausgleich zuerkannt wird als Ehegatten. So aber Frank, FamRZ 83, 541, 544; gegen die gegenständliche Beschränkung bei der Anwendung des Gesellschaftsrechts auch Meyer-Scherling, DRiZ 79, 296, 297
Wie hier: Schlüter, S. 28; Appel, S. 193 f.; Battes in: Eser (Hrsg.): Die nichteheliche Lebensgemeinschaft, S. 41; Halstrick, S. 172 und 177; Kurr, S. 17, allerdings in krassem Gegensatz zu S. 73; Maus, S. 126; Striewe, S. 266; Beyerle, S. 46, ihre Schlußfolgerungen auf S. 47 sind aber halbherzig.
Es trifft ebensowenig zu, daß ein Wertungswiderspruch zum Verlöbnisrecht entstünde. So aber Schlüter/Belling, FamRZ 86, 405, 410. Die Haftungsvorschriften des Verlöbnisrechts sind nicht abschließend. Bei der Kodifizierung des Verlöbnisrechts hat der Gesetzgeber nicht das Leitbild zusammenlebender Verlobter verfolgt. Für Verlobte, die nicht gemeinschaftlich zusammenleben, ist das Verlöbnisrecht nach wie vor bedeutsam. Auf zusammenlebende Verlobte ist das Gesellschaftsrecht ebenso anwendbar wie auf jedes andere zusammenlebende Paar auch. Daß sich die Annahme eines Verlöbnisses und eines Konkubinats nicht ausschließen, vertritt auch Strätz, FamRZ 80, 301, 304.
Die "Ehe auf Probe" ist allerdings kein Verlöbnis, weil in diesen Fällen das Heiratsversprechen nicht unbedingt gegeben wird. Ebenso Maus, S. 94 f.; Striewe, S. 202.

168 BGH FamRZ 82, 1065, 1066; ebenso BGH NJW 86, 51; OLG Saarbrücken, NJW 79,

Ehegatten zweifelhaft sind, ist ihre Übertragung auf die Partner einer nichtehelichen Lebensgemeinschaft nicht möglich, weil sie ja als Grundverbindung ein personenrechtliches Verhältnis der Beteiligten voraussetzen, das es bei der nichtehelichen Lebensgemeinschaft nicht gibt.[169] Um festzustellen, was bei Lebenspartnern über das Übliche hinausgeht, müßte das Übliche irgendwo festgeschrieben oder erkennbar sein. Gesetzliche Regelungen gibt es jedoch für die Beteiligten nicht, anders als bei den Ehegatten. Ebenso wie die eheliche Lebensgemeinschaft ist die nichteheliche Lebensgemeinschaft kein tauglicher Gesellschaftszweck, verbindliche Inhalte sind nirgendwo festgelegt. Die Rechtsfolgen eines Eheschlusses regelt das Eherecht, kraft dessen die Ehegatten z.B. zur Rücksichtnahme bei der Wahl und Ausübung einer Erwerbstätigkeit verpflichtet sind und durch ihre Arbeit und mit ihrem Vermögen die Familie angemessen unterhalten müssen (§§ 1353 Abs. 1 Satz 2, 1356 Abs. 2 Satz 2, 1360 BGB). Da die Ehe auch zwingend einen Güterstand begründet, können Gesellschaftsverträge zwischen den Ehegatten (wenn sie geschlossen werden!) nur dazu dienen, güterrechtliche Regelungen abzubedingen.[170]

Aber selbst in den Fällen, in welchen von der Rechtsprechung eine Innengesellschaft angenommen wurde, vermögen die Begründungen nicht zu überzeugen.[171] Ohne näher auf die Willenserklärungen der Partner einzugehen, hat der BGH zunächst angenommen, eine solche Gesellschaft setze die Absicht voraus, mit dem Erwerb eines Vermögensgegenstandes einen - wenn auch nur wirtschaftlich - gemeinschaftlichen Wert zu schaffen. Unter dieser Voraussetzung könne sogar dann, wenn die Partner einer solchen Lebensgemeinschaft kein

---

2050, 2051.

169   Dies hebt auch der BGH in BGHZ 84, 388, 391 hervor. Deshalb soll ein Ausgleichsanspruch nunmehr nicht ohne weiteres davon abhängig gemacht werden, ob der Erwerb eines Gegenstandes über das Maß des Üblichen hinausgeht.

170   K. Schmidt, Anm. zu BGH-Urteil vom 12.7.1982 - II ZR 263/81, JuS 83, 145; Strätz, FamRZ 80, 301, 436; Roemer, BB 86, 1522, 1524. Den zugrundeliegenden Denkfehler kann man nicht besser veranschaulichen als mit einem Zitat Gernhubers in FamRZ 81, 721, 724: "Die rechtlich strukturierte Verbindung in der Ehe und die rein tatsächliche Verbindung in der "freien Lebensgemeinschaft" sind im Recht nie auf einen Nenner zu bringen. Ähnlich Steinert, NJW 86, 683, 684.
Unhaltbar Struck, ZRP 83, 215, der das Postulat aufstellt, daß das Recht der Ehe und das der eheähnlichen Lebensgemeinschaft von gleichen Prinzipien beherrscht werden müsse.

171   So z.B. in BGHZ 77, 55; 84, 388; NJW 86, 51.

Gesellschaftsverhältnis begründet hätten, eine Auseinandersetzung nach gesellschaftsrechtlichen (oder gemeinschaftsrechtlichen) Regeln in entsprechender Anwendung der §§ 730 ff. BGB in Betracht kommen.[172] Dabei stellt der Senat klar, daß er hiervon bereits in einem früheren Urteil[173] ausgegangen sei. Was aus Gerechtigkeitsgründen für den Erwerb von Grundstücken, die Errichtung von Wohnhäusern und die Beschaffung anderer Gegenstände gelte, habe zumindest ebensolche Berechtigung, wenn die Partner durch beiderseitige Arbeit, finanzielle Aufwendungen und sonstige Leistungen zusammen ein gewerbliches Unternehmen aufbauen, betreiben und als gemeinsamen Wert betrachten und behandeln.[174]

Danach soll es auf einen Vertragsschluß zwischen den beteiligten Parteien gar nicht ankommen. Mit der Wendung "aus Gerechtigkeitsgründen" werden lediglich einige (abschließende?) Fallgruppen gebildet, bei deren Vorliegen die §§ 730 ff. BGB zur Anwendung kommen sollen.

Eine dogmatische Begründung hierfür wird nicht gegeben; sie ist auch gar nicht möglich. Um eine analoge Anwendung des Gesellschaftsrechts kann es sich nicht handeln; denn selbst wenn man Gesellschaftsrecht auf die nichteheliche Lebensgemeinschaft als "Nicht-Gesellschaft" analog anwenden will, bedarf es für diesen Analogieschluß des Austausches von Willenserklärungen (entweder bei Begründung der nichtehelichen Lebensgemeinschaft oder bei einzelnen Vermögensgeschäften - je nach dem, wie weit die analoge Anwendung des Gesellschaftsrechts gehen soll). Bei einem Tatbestand, bei welchem es auf den Austausch von Willenserklärungen nicht ankommen soll, liegt schon keine wesens-

---

172   BGH NJW 82, 2863, 2864 = BGHZ 84, 388, 389 f.; diese Analogie geht freilich auf die Ausführungen von Lieb, Ehegattenmitarbeit, S. 185 ff. zurück; zustimmend Frank, FamRZ 83, 541, 545; ders. in: FS für Müller-Freienfels, S. 131, 134; Weber, DAR 85, 1, 4; Steinert, NJW 86, 683, 687. Wenn Steinert schreibt: "Ohne einen solchen" (= ausdrücklichen Abschluß eines Gesellschaftsvertrages) "kann die Anwendung der §§ 730 ff. BGB in Betracht kommen, wenn die Partner ... ein konkretes gemeinsames Ziel verfolgen, das in der Regel nur aufgrund rechtlicher Bindung verfolgt wird", wird deutlich, daß die Entstehungstatbestände für rechtliche Verhältnisse im Bürgerlichen Recht auf - mindestens - ausdrücklich vereinbarte Entstehungstatbestände reduziert werden. Dies entspricht in keiner Weise dem System des BGB, welches vom Grundsatz der Formfreiheit ausgeht. Auch die Ausdrücklichkeit ist ein Formerfordernis, das in einem rechtlichen Tatbestand nur ausnahmsweise vorgesehen ist.

173   BGHZ 77, 55, 56 f.

174   BGH NJW 82, 2863, 2864.

mäßige Ähnlichkeit mehr mit dem Gesellschaftsrecht vor, das einen solchen vertraglichen Entstehungstatbestand zwingend voraussetzt. Wenn es aber auf den Austausch von Willenserklärungen nicht ankommen soll, faßt der BGH die nichteheliche Lebensgemeinschaft der Sache nach als ein gesetzliches Rechtsverhältnis (Schuldverhältnis?) auf. Auf ein solches können aber nur die Regeln eines gesetzlichen Rechtsverhältnisses (etwa des Bereicherungsrechts) analog angewendet werden, keinesfalls jedoch die des Gesellschaftsrechts.[175] Geschieht dies dennoch, darf das Willensmoment der Partner nicht vernachlässigt werden. Zu Recht wird darauf hingewiesen, daß bei dieser Methode die Frage, ob die Partner möglicherweise anderweitige konkludente Vereinbarungen getroffen haben, vollständig vernachlässigt wird. Diese Analogie ist nur möglich, wenn ein rechtsfreier Raum zwischen den Partnern vorausgesetzt wird.[176] Außer mit dem Austausch zumindest stillschweigender Willenserklärungen über vermögensrechtliche Belange der Partner kann die Anwendung von Gesellschaftsrecht weder direkt noch analog begründet werden.[177]

Welches Ziel der BGH letztlich mit der nur analogen Anwendung der §§ 730 ff. BGB verfolgt, ist offensichtlich: Die Abwicklung führt nicht automatisch zu einer Vermögensverteilung nach gleichen Anteilen, weil die §§ 734 und 722 BGB wegen der nur analogen Anwendung dieser Vorschriften hierzu nicht zwingen. So bleibt genügend Raum für Billigkeitserwägungen. Warum sich der BGH dann aber nicht gleich am Umfang der Beiträge der Partner orientiert, bleibt unklar. Bemessungsgrundlagen sollen vielmehr Umfang und Qualität der Mitarbeit sein.[178]

Die dargestellte Rechtsprechung ist von ihrem Ansatz her nicht am Willen der Partner orientiert. Sie beschränkt die Gesellschaftsverhältnisse zwischen Partnern, soweit sie nicht ausdrücklich begründet wurden, auf das, was über das in einer Lebensgemeinschaft Übliche hinausgeht. Für eine solche Einschränkung der

---

175 Frank in: FS für Müller-Freienfels, S. 131, 135; Weber, JR 88, 309, 312 f.; methodische Bedenken äußert auch Krause, JuS 89, 455, 457.

176 So Hausmann, S. 247, obwohl ihm die Rechtsprechung des BGH grundsätzlich interessengerecht erscheint.

177 Damit erübrigt sich die Fragestellung von Frank, FamRZ 83, 541, 544, wo der Unterschied einer durch schlüssiges Verhalten begründeten und damit ohnehin weitgehend fiktiven Innengesellschaft und einer bloß entsprechenden Anwendung der §§ 730 ff. BGB liegen soll.

178 So BGHZ 84, 388, 391; ihm folgend: Striewe, S. 279.

vertraglichen Freiheit gibt es keinen sachlichen Grund. Daher muß jeweils durch Auslegung ermittelt werden, ob und in welchem Umfang sich die Partner im Einzelfall gesellschaftsvertraglich gebunden haben.

ee) Exemplarische Kritik am Fall BGH NJW 81, 1502

Welche Konsequenzen die Unklarheit der Rechtsprechung bei der Beurteilung des Innenverhältnisses der Partner nach sich zieht, mag im folgenden exemplarisch am Urteil des BGH II ZR 124/80 vom 23.2.1981[179] dargelegt werden:

Die Parteien haben etwa 4 Jahre zusammengelebt, ohne verheiratet zu sein. Jeder hielt einen eigenen Pkw. Als das Fahrzeug des Beklagten abgenutzt war, wollte er zur Finanzierung seines neuen Fahrzeugs ein Darlehen aufnehmen. Die Bank machte den Kredit davon abhängig, daß noch ein anderes Darlehen in Höhe von 3.901,33 DM abgelöst wurde. Da er hierzu nicht in der Lage war, nahm die Klägerin ihrerseits ein Darlehen auf, mit welchem die Darlehensschuld des Beklagten beglichen wurde. Daraufhin gewährte die Bank dem Beklagten ein Darlehen, von welchem er einen Gebrauchtwagen finanzierte, den er unbeanstandet über die Trennung hinaus bis zur Schrottreife weiterbenutzte. Die Klägerin überwies zur Tilgung ihres Darlehens monatliche Raten an die Bank. Nunmehr meint die Klägerin, mit der Überweisung der 3.901,33 DM an die Bank dem Beklagten ein Darlehen gewährt zu haben, das er jetzt zurückzahlen müsse, während der Beklagte die Überweisung als Leistung der Klägerin an die eheähnliche Lebensgemeinschaft betrachtet.

Der Senat beginnt seine Begründungen mit der Feststellung, daß nach dem Ende einer nichtehelichen Lebensgemeinschaft ein Ausgleich nach gesellschaftsrechtlichen Grundsätzen - und für gemeinschaftsrechtliche Grundsätze könne das nicht anders sein - nur in Betracht zu ziehen sei, wenn die Partner die Absicht verfolgt hätten, mit dem Erwerb eines Vermögensgegenstandes einen - wenn auch vielleicht nur wirtschaftlich - gemeinschaftlichen Wert zu schaffen, der von ihnen nicht nur für die Dauer der Partnerschaft gemeinsam benutzt, sondern nach ihrer Vorstellung ihnen auch gemeinsam gehören sollte.

Bereits dieser Satz enthält eine unzulässige Einengung des Gesellschaftsrechts: Zum einen sind zwischen Partnern einer nichtehelichen Lebensgemeinschaft auch Vereinbarungen anderer Gesellschaftszwecke denkbar, zum anderen kann es nicht darauf ankommen, ob der gemeinschaftlich geschaffene Wert über die Dauer der Partnerschaft hinaus benutzt wird. Hier bringt der Senat ins Gesellschaftsrecht

---

179   BGH NJW 81, 1502; in einem gleichgelagerten Fall: OLG Frankfurt NJW 85, 810.

eine zeitliche Dimension ein, die dem gesamten vermögensrechtlichen Gemeinschaftsrecht fremd ist. Dies belegt bereits § 723 Abs. 1 BGB, nach dem Gesellschaften, die nicht für eine bestimmte Zeit eingegangen sind und solche, für die eine Zeitdauer bestimmt ist, vorgesehen sind. Weder im Gesellschafts-, noch im Gemeinschaftsrecht ist irgendwo eine Mindestdauer festgesetzt. Somit ist es rechtlich uninteressant, für welchen Zeitraum die Partner die gemeinschaftliche Nutzung eines Vermögensgegenstandes vereinbaren.[180]

Obwohl der Senat diese zeitliche Dimension ausdrücklich auch aufs Gemeinschaftsrecht bezogen hat, prüft er dennoch kurz das Vorliegen einer besitzrechtlichen Bruchteilsgemeinschaft, die er damit ablehnt, daß angesichts des wirtschaftlich und rechtlich gewollten Alleineigentums des Beklagten aus § 742 BGB keine Vermutung des Inhalts hergeleitet werden könne, daß nach Beendigung der Lebensgemeinschaft nach §§ 752 ff. BGB etwas auseinanderzusetzen oder dem Werte nach auszugleichen wäre. Dies ist zwar im Ergebnis zutreffend, jedoch schließt Alleineigentum nicht zwingend eine besitzrechtliche Gemeinschaft aus. Die Vorinstanz, das OLG Schleswig, war noch davon ausgegangen, daß die Parteien Mitbesitz am Fahrzeug hatten und deshalb zwischen ihnen auch eine Gemeinschaft bestand.

Der BGH macht leider keine Ausführungen dazu, warum dieser Schluß verfehlt ist: Eine Gemeinschaft setzt nach § 741 BGB voraus, daß mehreren ein Recht gemeinschaftlich zusteht. Das gemeinte "Recht" i.S. des § 741 BGB kann nur das Recht zum Besitz sein. Wenn der Klägerin tatsächlich Mitbesitz eingeräumt worden war, leitete sie ihr Recht zum Besitz aus einer schuldrechtlichen Vereinbarung mit dem Beklagten (hier: Leihe) ab. Das Recht zum Besitz des Beklagten beruhte jedoch auf seiner dinglichen Berechtigung, dem Alleineigentum. Es beruhte also bei Klägerin und Beklagtem auf zwei unterschiedlichen Entstehungstatbeständen. In diesem Fall ist aber das Vorliegen einer Rechtsgemeinschaft undenkbar, weil jeder Beteiligte aufgrund eines eigenen Rechts zum Besitz besitzt. Das Recht zum Besitz des Beklagten ist von dem der Klägerin in keiner Weise abhängig; er könnte gemäß § 604 Abs. 3 BGB die Sache jederzeit zurückfordern, womit neben der vertraglichen Rückgabepflicht ein Eigentümer-Besitzer-

---

180 Wie nahe die nähere Befassung mit dem Gesellschaftsrecht gelegen hätte, verdeutlicht ein Urteil des OLG Karlsruhe, FamRZ 86, 1095, 1096 zu einem ähnlichen Sachverhalt. Das OLG unterscheidet sachlich zu Recht zwischen Leistungen, die die nichteheliche Lebensgemeinschaft betreffen und solchen, die sie verwirklichen. Bei der Aufnahme eines Kredits, um der Partnerin "aus der Klemme" zu helfen, hat es daher eine Schenkung angenommen. Hiergegen: Koch, FamRZ 87, 240.

Verhältnis entstünde. Es mag sich zwar um einen gemeinschaftlichen Besitz handeln, nicht aber um ein den Beteiligten gemeinschaftlich zustehendes Recht zum Besitz.[181] Dies belegt zudem die Tatsache, daß es bei Annahme einer Gemeinschaft zu unlösbaren Kollisionen zwischen Herausgabeansprüchen nach §§ 985, 986 BGB und Auseinandersetzungsansprüchen nach Gemeinschaftsrecht (§§ 752 ff. BGB) käme. Alleineigentum eines Beteiligten schließt jedoch nicht generell eine besitzrechtliche Gemeinschaft aus, z.B. dann nicht, wenn mehrere Mitbesitzer ihr Recht zum Besitz von einem Alleineigentümer ableiten.

Ganz übersehen wurde vom erkennenden Senat, daß die Annahme einer Innengesellschaft gerade die Abgrenzung von Alleineigentum und Mitbesitz überflüssig macht. Dieser Ausführungen bedurfte es gar nicht, weil auch bei Vorliegen von Alleineigentum eines Partners eine Innengesellschaft bestehen kann. Das Alleineigentum als Argument gegen eine Innengesellschaft anzuführen, ist nicht zulässig.

Im dritten Schritt prüft der BGH, ob die Klägerin einen Teil der Beträge, die sie wirtschaftlich zur Finanzierung des Fahrzeugs an die Bank abbezahlt hat, als Aufwendungsersatz gemäß § 670 BGB ersetzt verlangen kann. Ein Auftragsverhältnis setzt aber - ebenso wie die Geschäftsführung ohne Auftrag - voraus, daß der Geschäftsführer in *fremdem* Interesse tätig wird. Der Senat stellt zutreffend fest: "Leistungen auf eine solche im *gemeinsamen* Interesse eingegangene Schuld hat die Klägerin hier unzweifelhaft erbracht ...". Mit dieser Erkenntnis hätte aber ein Auftragsverhältnis abgelehnt werden müssen.[182] Zwar hindern eigene Interessen ein Tätigwerden in fremdem Interesse nicht (sogenanntes auch-fremdes-Geschäft). Hier kommt es aber darauf an, daß zwei verschiedene, unabhängig voneinander bestehende, wenn auch gleichgerichtete Interessen durch die Führung eines Geschäfts betroffen sind.[183] Die Möglichkeit eines Geschäftsbesorgungsver-

---

181 Lipp, JuS 82, 17, 20; Schlüter/Belling, FamRZ 86, 405, 411; Weber, JR 88, 309, 314; anders (wie das Instanzgericht): Derleder, NJW 80, 545, 549 f.

182 Hausmann, S. 192; Weber, JR 88, 309, 316 f. charakterisiert diesen doppelten Widerspruch wie folgt: "Zum einen kann man schlecht eine Grundunterscheidung von Leistungen, die im Interesse des Zusammenlebens und solchen, die im alleinigen Interesse eines Partners erbracht werden, einführen, um dann in einem zweiten Schritt zu sagen, auch Leistungen der zweiten Art seien bis zum Zeitpunkt der Trennung solche der ersten."

183 Lipp, JuS 82, 17, 21; Schlüter/Belling, FamRZ 86, 405, 407; Tegge, S. 135; Krause, JuS 89, 455, 459; Maus, S. 53; Steinert, NJW 86, 683, 688 schließt sich offenbar der Lösung des BGH an.

hältnisses ist ausgeschlossen, wenn ein gemeinsames Interesse verfolgt wird. Dann handelt es sich nicht um Geschäftsführer und Geschäftsherr, sondern um ein Gemeinschaftsverhältnis. Der Gedanke, daß ein rechtlich relevantes gemeinsames Interesse verfolgt werden kann, ohne daß eine Rechtsgemeinschaft vorliegt (so ausdrücklich der BGH), ist abwegig. Um ein Geschäftsbesorgungsverhältnis konnte es sich somit im vorliegenden Fall nicht handeln.[184]

Selbst wenn man aber der nicht vertretbaren Prämisse folgt, es handele sich um einen Auftrag oder um eine Geschäftsführung ohne Auftrag, ist die Behauptung, daß der Aufwendungsersatzanspruch erst mit der Beendigung der Lebensgemeinschaft beginne, unrichtig. Das Geschäftsbesorgungsverhältnis wurde hier spätestens mit der Aufnahme des Kredits durch die Klägerin begründet. In diesem Zeitpunkt entsteht auch der Anspruch auf Aufwendungsersatz nach § 670 BGB.[185] Für die Behauptung, daß die Klägerin für die bis zur Trennung erbrachten Leistungen nichts beanspruchen könne, unterstellt der BGH in Wahrheit eine Einwendung (z.B. der Aufrechnung (§§ 387 ff. BGB) oder der unzulässigen Rechtsausübung (§ 242 BGB)), die der Beklagte gar nicht erhoben hat. Im Ergebnis läuft das Urteil auf die Annahme eines Auftragsverhältnisses unter der aufschiebenden Bedingung der Beendigung der Lebensgemeinschaft hinaus.[186]

Diesen Aufwand hätte sich der Senat ersparen können, wenn er sich nicht auf den Grundsatz festgelegt hätte, daß persönliche und wirtschaftliche Leistungen der Partner nicht miteinander abgerechnet, sondern ersatzlos von demjenigen Partner erbracht werden sollen, der dazu in der Lage ist. Wenn dann noch behauptet wird, nachträglicher Ausgleich würde - ähnlich wie in einer Ehe - aus Solidarität geschehen,[187] vereinfacht der BGH die zugrundeliegenden Sachver-

---

184 Auch Frank, in: FS für Müller-Feienfels, S. 131, 155 ist der Auffassung, daß mit der Anwendung des § 670 BGB das eigentliche Problem verdeckt würde. Es handele sich letztlich um nichts anderes als um einen Fall des Wegfalls der Geschäftsgrundlage; Rogalski, AnwBl 83, 358, 365 will diesen Fall mit der condictio ob rem lösen; ebenso Soergel-Lange, Anh. § 1588, Rdnr. 100.

185 Dieser Auffassung sind auch Schlüter-Belling, FamRZ 86, 405, 407 f. Zutreffend ist folgende Feststellung. "Wer also sichergehen will, finanziert den Pkw oder das Haus des Partners durch einen Kredit mit möglichst langer Laufzeit."

186 Hieran zeigt sich nochmals deutlich die Vorstellung, während des Zusammenlebens der Partner würden die Regeln des normalen Rechtslebens von den persönlichen Beziehungen überlagert. So: KG, FamRZ 83, 271, 272; dem BGH folgend offenbar Striewe, S. 255.

187 BGHZ 77, 55, 58 f.

halte, ohne sich um individuelle Erkenntnisse zu bemühen.[188] Seine Lösung beruht auf der Vorstellung, daß während des Bestehens einer nichtehelichen Lebensgemeinschaft die Regeln des normalen Rechtslebens außer Kraft gesetzt seien und so lange von den persönlichen Beziehungen überlagert würden.[189]

b) Der Gesellschaftszweck

Wurde bereits ausgeführt, daß die Partner die vermögensrechtlichen Belange ihres Zusammenlebens durch Gesellschaftsvertrag regeln können, so soll nunmehr der Gesellschaftszweck präzisiert werden: Die Partner müssen vereinbart haben, gemeinsam zu wohnen und zu wirtschaften.[190] Diese Formulierung erinnert stark an die vom Bundesverwaltungsgericht

---

188 Das Gegenteil belegen allein die vielfältigen Regelungen zum ehelichen Güterrecht, Scheidungsfolgenrecht, Versorgungsausgleich. Daß auch die Lebenspartner nicht nur aus Solidarität handeln, zeigt schon die Vielzahl der Prozesse, die um einen Vermögensausgleich geführt werden. Schon damit kommt eindrucksvoll zum Ausdruck, daß die Parteien nicht aus Solidarität geleistet haben, sondern daß zumindest einseitig mit der Leistung ein oder mehrere Zwecke verfolgt wurden. So auch Striewe, S. 205.

189 KG FamRZ 83, 271, 272.

190 Battes, Rn. 12; ders. ZHR 143, 385, 394; ders. in: Eser (Hrsg.), Die nichteheliche Lebensgemeinschaft, S. 41; unter Zurückstellung grundsätzlicher Bedenken gegen ein Gesellschaftsverhältnis zwischen den Partnern auch Schlüter, S. 28; Hausmann, S. 232; Meier-Scherling, DRiZ 79, 296; vgl. bereits die Ausführungen von Baumann, S. 63 ff. und 97 ff. Gegen einen solchen Gesellschaftszweck: Soergel-Lange, Anh. § 1588, Rdnr. 19; Schlüter/Belling, FamRZ 86, 405, 406; Steinert, NJW 86, 683, 686; Beyerle, S. 49; Kurr, S. 30 f.;
Appel, S. 246 differenziert zwischen gewöhnlichen und außergewöhnlichen Leistungen während des Zusammenlebens. Für letztere sollen weitere Innengesellschaften begründet werden. Dahinter steht wiederum die Auffassung, es gebe Zwecke einer nichtehelichen Lebensgemeinschaft; ungenau Arndts, S. 75 ff., demzufolge Gesellschaftszweck die nichteheliche Lebensgemeinschaft, beschränkt auf ihre wirtschaftliche Ausgestaltung, ist.
Zutreffend weist Schwenzer, S. 186, darauf hin, daß das bloße Zusammenleben als solches nicht ausreicht, eine Gesellschaft annehmen zu können. Ob sie aber gemeinsames Wohnen und Wirtschaften ausreichen lassen will, bleibt unklar. Diederichsen, FamRZ 88, 889, 891 und 895 stimmt zwar zu, daß das gemeinsame Wohnen und Wirtschaften in seiner Faktizität Zweck sein mag. Entscheidend sei aber, ob sich die Partner dazu *verpflichten*, zusammenzuziehen und durch bestimmte Leistungen den gemeinsamen Zweck zu fördern.
Daß ein solcher Zweck nach heutigem Verständnis nicht sittenwidrig ist, ist inzwischen unbestritten. Anders noch Ohlenburger-Bauer, S. 49 f.

vorgenommene Umschreibung der nichtehelichen Lebensgemeinschaft als Wohn- und Wirtschaftsgemeinschaft.[191] Der Unterschied besteht darin, daß diese Wendung hier nur zur Bezeichnung des Gesellschaftszwecks verwendet wird. Weder sind nur nichteheliche Lebensgemeinschaften Wohn- und Wirtschaftsgemeinschaften, noch ist jede nichteheliche Lebensgemeinschaft eine solche; sie kann es aber sein, wenn dies zwischen den Partnern vereinbart wurde.

Da jeder beliebige vermögensrechtliche Zweck ein solcher i.S.d. § 705 BGB sein kann, trifft dies auch für die vermögensrechtlichen Belange des gemeinschaftlichen Wohnens und Wirtschaftens zu. Zwar hat das Kammergericht einmal entschieden, daß beim Anmieten einer Wohnung durch Ehegatten nicht automatisch ein Gesellschaftsverhältnis zwischen den Eheleuten mit dem Zweck "Verwalten der Wohnung" begründet würde, weil in § 1353 BGB bereits ein ausreichender Rechtsgrund für das Zusammenleben von Ehegatten vorhanden sei.[192] Dies ist durchaus zutreffend, bedeutet aber nicht, daß die Ehegatten ein solches nicht - sogar ad hoc - in Form einer Innengesellschaft begründen könnten.[193] Für Ehegatten hat der BGH formuliert, es sei nicht in Zweifel zu ziehen, daß der Erwerb eines Grundstücks und dessen Halten, Verwalten und Bewohnen Zweck einer Gesellschaft des Bürgerlichen Rechts sein könne.[194] Dies gilt ebenso für Partner einer nichtehelichen Lebensgemeinschaft, die regelmäßig bereits durch das gemeinsame Anmieten einer Wohnung eine Gesellschaft begründen.

Am schwierigsten ist es freilich, ex post in allen Fällen ein Erklärungsbewußtsein der Partner zur Begründung eines Gesellschaftsverhältnisses mit dem Zweck "gemeinsames Wohnen und Wirtschaften" festzustellen, sofern man dieses überhaupt als notwendiges Merkmal einer Willenserklärung fordert.[195] Dies zu ermitteln ist aber eher ein prozessuales als ein materiellrechtliches Problem. Zu Fiktionen sollte sich der erkennende Richter nicht verleiten lassen. Das Ausbleiben

---

191   BVerwGE 15, 306, 312

192   KG MDR 60, 586.

193   Faßbender, DNotZ 67, 504.

194   BGH FamRZ 82, 141, 142; für Geschiedene, die die ehemalige Ehewohnung untervermietet hatten, nahm das LG Berlin NJW 61, 1406 f. zutreffend eine Gesellschaft an.

195   Daß das Fehlen eines Erklärungsbewußtseins die Wirksamkeit einer Willenserklärung nicht beeinflußt, vgl. Bickel, S. 125 ff. m.w.N.; BGHZ 91, 327; für schlüssiges Verhalten: BGHZ 109, 177. Die auf der Willenstheorie beruhende Gegenansicht kann nicht überzeugen, da der Erklärende selbst für die Wahl der Erklärungshandlung verantwortlich ist. Anders aber noch: OLG Düsseldorf, OLGZ 82, 241.

des Eheschlusses bietet, wie dargelegt, keinen Anhalt dafür, auf das Fehlen eines Erklärungsbewußtseins zu schließen, weil hiermit nur die Ehewirkungen ausgeschlossen werden sollen. Besonders deutlich zeigt sich dies in Fällen, in welchen einer der Partner Rentenansprüche, Unterhaltsansprüche oder Leistungen nach dem Bundesausbildungsförderungsgesetz durch eine Eheschließung verlieren würde.[196] Zumindest in einzelnen Belangen sind sich die Partner durchaus bewußt, rechtlich relevant zu handeln, was allein durch die Tatsache, daß Prozesse um einen Vermögensausgleich geführt werden, bereits zum Ausdruck kommt.[197] Zwar kann nicht gefolgt werden, daß mit der Ungewöhnlichkeit des verfolgten Zwecks die Indizien für einen Vertragsschluß proportional stärker werden,[198] weil der verfolgte Zweck nichts mit der Frage eines Vertragsschlusses, also eines vorhandenen Rechtsbindungswillens zu tun hat. Wohl aber gilt auch hier der von der Rechtsprechung aufgestellte Grundsatz, daß, je höher die Beträge sind, die der einzelne zum Zweck des gemeinsamen Wirtschaftens aufwendet, um so eher auf ein Rechtsverhältnis zu schließen ist.[199] Auch der Zeitraum, über welchen hinweg Leistungen zur materiellen Verwirklichung der Lebensgemeinschaft erbracht wurden, mag Indiz für die Annahme von Willenserklärungen sein. Ein solcher Wille kommt deutlich zum Ausdruck, wenn größere gemeinsame Anschaffungen von den Partnern in Raten finanziert werden und beide den Kaufvertrag unterschreiben. Nicht nur stillschweigende, sondern sogar ausdrückliche Willenserklärungen dürften in aller Regel vorliegen, wenn der berufstätige Partner für den nicht Berufstätigen die Versicherungsbeiträge für eine Krankenversicherung weiterbezahlt. Auch bei unterhaltsähnlichen Leistungen eines Partners oder bei Leistungen, die für die Finanzierung einer Ausbildung aufgewendet werden, ist die Abstreitung eines Rechtsbindungswillens nicht lebensnah.[200]

---

196 Battes, ZHR 143, 385, 392.

197 Besonders deutlich zeigte sich in BGH FamRZ 58, 15 und FamRZ 65, 368, daß die Partner ein Erklärungsbewußtsein hatten.
Soergel-Lange, Anh. § 1588, Rdnr. 76 unterstreichen zu Recht, daß vom fehlenden Rechtsbindungswillen nur die Rechtsform der Ehe betroffen ist; ebenso Meier-Scherling, DRiZ 79, 296.

198 So aber Frank, FamRZ 83, 541, 545.

199 BGHZ 21, 102, 107.

200 Ebenso Kurr, S. 56; Kunigk, Jura 80, 512, 516 und bereits Baumann, S. 50 weisen darauf hin, daß der Verlauf alternativen Zusammenlebens zu einer unübersehbaren Kette von Rechtsgeschäften zwischen den Partnern führt; den Rechtsbindungswillen beim gemeinsa-

Selbstverständlich trifft dies nicht für jede Lebensgemeinschaft zu; es mag Lebensgemeinschaften geben, in welchen das Vermögen sorgfältig getrennt wird und eher personale, vom Recht nicht erfaßbare Aspekte in den Vordergrund treten. Aber dort, wo die Partner eine gemeinsame Wohnung anmieten, laufende Kosten oder größere Anschaffungen gemeinsam finanzieren, ganz gleichgültig, welchen Anteil dazu der einzelne jeweils erbringt, scheint es geradezu lebensfremd, anzunehmen, daß hierüber keine Einigung erfolgt sei. Wer seine Sachen und Rechte in einen gemeinsamen Haushalt einbringt, erklärt sich schlüssig mit deren Benutzung durch den anderen Partner einverstanden.[201] Dies wird besonders deutlich bei Vermögensaufwendungen, zu denen beide Partner einen Anteil leisten, aber auch für solche, die ein Partner allein erbringt, bei der aber für den anderen erkennbar ist, daß er dies in der Absicht tut, um eine oder mehrere andere alleinige Vermögensopfer des anderen Partners oder eine oder mehrere Dienstleistungen des anderen "auszugleichen" oder künftig solche Vermögensopfer und/oder Dienstleistungen erwartet. Wenn ein Beitrag eines Partners, der nach § 706 Abs. 3 BGB in Form von Vermögenswerten oder Diensten erbracht werden kann, für den anderen erkennbar nur mit der Vorstellung "für uns", "für die Lebensgemeinschaft" erbracht wird, liegt bereits eine Gesellschaft vor. Es scheint kaum vorstellbar, daß dies nicht auch in den meisten Fällen für Dritte durch Auslegung erkennbar sein soll. Mit Fiktion oder "Unterlegung"[202] hat das nichts zu tun. Der Einwand, daß in aller Regel nicht einmal ein "stillschweigender Wille"[203] ermittelbar sei, ist abzulehnen, da wohl kaum ein Partner einer nichtehelichen Lebensgemeinschaft eine größere Anschaffung tätigt, den Haushalt führt oder Verbindlichkeiten begründet, ohne damit zu erkennen zu geben, daß er dies für die Verwirklichung der Lebensgemeinschaft vornimmt. Nicht umsonst bezeichnen wir das Phänomen des nichtehelichen Zusammenlebens als

---

men Anmieten einer Wohnung begründet Tegge, S. 94 f.

201 Ganz plastisch stellt dies Halstrick, S. 158 dar. Er fragt, ob eine getroffene Absprache auch dann noch verneint würde, wenn mehr als zwei Personen an einem solchen Vorhaben beteiligt wären.

202 Coester-Waltjen, NJW 88, 2085, 2089.

203 Coester-Waltjen, NJW 88, 2085, 2089; gemeint ist hier eine stillschweigende Willenserklärung. Einen "stillschweigenden Willen" gibt es nicht; so aber auch Striewe, S. 236; Kurr, S. 80.
Bereits in der Dissertation von Carl aus dem Jahre 1920, S. 98 f., wird auf die stillschweigend eingegangene rechtliche Bindung hingewiesen.

"nichteheliche Lebensgemeinschaft", "eheähnliche Gemeinschaft", also mit Begriffen, die gerade auf die soziologische Ähnlichkeit zur Ehe als personenrechtlichem Gemeinschaftsverhältnis sowie auf die Ähnlichkeit zu anderen Gemeinschaften hinweisen soll. Warum, so stellt sich die Frage, - wenn feststeht, daß sich die Partner nur vom Eherecht abgrenzen wollen - soll es sich bei diesem Phänomen, soweit dies möglich ist, nämlich soweit vermögensrechtliche Belange betroffen sind, nicht um eine Rechtsgemeinschaft handeln?[204]

Derleder lehnt die Anwendung von Gesellschaftsrecht mit der Argumentation ab, daß die Lebensgemeinschaft nicht nur aus ökonomischen Zuwendungen bestehe, sondern auch personale und psychische Zuwendungen für die Symmetrievorstellungen der Partner von Belang wären. Es handele sich um eine Verschränkung materiellen und immateriellen Austauschs.[205] Dies trifft soziologisch sicher zu. Wenn es aber richtig ist, daß Ökonomisches mit Personalem und Psychischem verschränkt ist, dann trifft es notwendig auch zu, daß Ökonomisches mit Ökonomischem verschränkt ist und zwar ganz gleich, in welchem Verhältnis. Es kommt gar nicht darauf an, daß andersartige Verschränkungen für die Partner persönlich wichtiger sind oder daß die Maßstäbe der Symmetrievorstellungen der Partner bei Isolierung der ökonomischen Vorgänge nicht mehr stimmen. Es kommt nur darauf an, daß es diese ökonomischen Vorgänge gibt, und diese sich - soziologisch - in ihren Verschränkungen gegenüberstehen können.[206] Auch wenn die Gesellschaft mit dem Zweck der gemeinsamen Förderung des wirtschaftlichen Zusammenlebens einen bloßen Teilinhalt der Lebensgemeinschaft darstellt und somit im Dienste eines übergeordneten Zwecks steht, ist dies rechtlich belanglos.[207] Rechtlich bedeutet dies, daß der eine (auch)

---

204 Auch Schlüter/Belling, FamRZ 86, 405, 409 räumen trotz ihrer ablehnenden Haltung ein, daß die nichteheliche Lebensgemeinschaft tatbestandsmäßig gesellschaftsähnliche Züge trage. Die Beiträge würden um einer gemeinsamen Sache willen, nicht nach dem Prinzip des do ut des erbracht.

205 Derleder, NJW 80, 545, 547. Von ihm stammt der bildhafte Ausdruck "Verschränkungen", der im folgenden übernommen wird; ebenso Hausmann, S. 231; Raddatz, S. 213 f.; Soergel-Lange, Anh. § 1588, Rdnr. 12, der mit eben diesem Argument die Anwendbarkeit des Gesellschaftsrechts ablehnt.

206 Der Sache nach ebenso Arndts, S. 64; Appel, S. 186 f.; Krause, JuS 89, 455, 456 f.

207 Zweifelnd: Meier-Hayoz, in: FS für Vischer, S. 579.
Auch wenn sich zwei Fußballfreunde unter gemeinsamer Kostenbeteiligung für die Fahrt zu einem Fußballspiel zusammentun, ist die Fahrt wirtschaftlicher Teilinhalt eines übergeordneten Zwecks. Kein Mensch käme in diesem Fallbeispiel auf die Idee, eine Ge-

wirtschaftliche Beiträge für die Lebensgemeinschaft leistet, weil es der andere auch tut, und daß er dies weiß. Dann aber liegt bereits ein Rechtsgeschäft vor.[208]

Als Ergebnis des 1. Kapitels kann daher festgehalten werden, daß zwischen den Partnern einer nichtehelichen Lebensgemeinschaft in aller Regel ein Gesellschaftsverhältnis mit dem Zweck, gemeinsam zu wohnen und zu wirtschaften, begründet wurde. Auch wenn keine ausdrücklichen Erklärungen der Partner vorliegen, wird der Erklärungswert ihres tatsächlichen Verhaltens dahingehend durch Auslegung zu deuten sein. Eine schematische Betrachtungsweise ist wegen der Vielfalt der denkbaren Lebensformen nicht angebracht. Die hier dargelegten Grundsätze gelten andererseits für jede denkbare Form des Zusammenlebens, nicht nur für gemischt-geschlechtliche Paare.

---

sellschaft als "gekünstelt" zu betrachten. Das Fußballspiel hat mit dem Gesellschaftszweck ebensowenig zu tun wie die persönlichen Beziehungen der Partner.

208 Kurr, S. 61 f. führt zutreffend aus, daß ein Rechtsbindungswille und somit die Annahme rechtsgeschäftlicher Abreden immer dort naheliegen, wo es sich um mehr organisatorisch-technische Angelegenheiten handelt.

2. Kapitel:
Die Beendigung und Abwicklung der nichtehelichen Lebensgemeinschaft

I. Beendigungstatbestände

Gerade wegen möglicher Herausgabe-, Schadensersatz- und Auseinandersetzungsansprüche nach Beendigung der nichtehelichen Lebensgemeinschaft wird die Diskussion um die nichteheliche Lebensgemeinschaft am kontroversesten geführt. Im folgenden soll dargelegt werden, daß die vermögensrechtlichen Verhältnisse nach Trennung der Partner mit dem vorhandenen Instrumentarium rechtlicher Regelungen befriedigend zu lösen sind. Diese Ausführungen sind auch von Belang, wenn die hier vertretenen Prämissen abgelehnt werden und mit der Rechtsprechung eine Ausgleichslösung entsprechend den §§ 730 ff. BGB befürwortet wird, ohne daß es dabei auf einen Gesellschaftsvertrag ankommen soll. Wegen der von der Rechtsprechung in Teilbereichen befürworteten analogen Anwendung dieser Bestimmungen tritt deren konkrete Bedeutung für die Auseinandersetzung von Partnern einer nichtehelichen Lebensgemeinschaft nicht nur bei der hier vertretenen vertraglichen Lösung hervor. Allerdings besteht ein wesentlicher Unterschied insoweit, als die Rechtsprechung eben nur ausnahmsweise die Regeln des Gesellschaftsrechts bei der Auseinandersetzung einzelner Vermögensgegenstände anwendet.

Zunächst muß für das Gesellschaftsverhältnis ein Beendigungstatbestand vorliegen. Dieser kann bei einverständlicher Trennung in einem Aufhebungsvertrag liegen; wünscht nur ein Partner die Beendigung, hat er gemäß § 723 BGB die Möglichkeit der Kündigung des Gesellschaftsverhältnisses. Die Kündigung kann grundsätzlich jederzeit erklärt werden; abweichende Regelungen hiervon sind den Partnern unbenommen. Hierbei sind aber konkludente Willenserklärungen kaum denkbar. Die Kündigungserklärung selbst bedarf keiner Form, sie muß dem Partner allerdings gemäß § 130 Abs. 1 BGB zugegangen sein. Da sie erst mit Zugang wirksam wird, ist dies bei Erklärungen unter Abwesenden für die Verpflichtung zur Leistung versprochener Beiträge zwischen Abgabe und Zugang der Erklärung noch bedeutsam. Die jederzeitige Kündigungsmöglichkeit besteht gemäß § 724 Satz 1 i.V.m. § 723 Abs. 1 Satz 1 BGB selbst dann, wenn die Lebensgemeinschaft auf Lebenszeit eingegangen wurde, was bei solchen zwischen alten Menschen, deren vorrangiges Motiv oft gegenseitiger Beistand sein wird, häufig der Fall sein dürfte. Auch eine Kündigung zur Unzeit bewirkt gemäß § 723 Abs. 2 BGB die Beendigung der nichtehelichen Lebensgemeinschaft; sie löst jedoch Schadensersatzpflichten des kündigenden Partners aus.[1] Eine Kündigung zur Unzeit ist insbesondere denkbar bei Krankheit oder Pflegebedürftigkeit eines Partners, eventuell auch bei Schwangerschaft der Partnerin. Für die Bestimmungen der Schadensersatzpflicht sind also nur Nachteile aufgrund des Zeitpunkts der Kündigung maßgebend, nicht Nachteile eines Partners, die aufgrund der Kündigung als solcher (z.B. höhere Lebenshaltungskosten) entstehen. Wird die Gemeinschaft z.B. kurz vor der Niederkunft der Frau aufgelöst, hat der Partner bis zum nächstrichtigen Zeitpunkt im Wege des Schadensersatzes noch die Kosten für Miete und Wirtschaftsgeld zu ersetzen.[2] Bei der Bestimmung der Höhe der Schadensersatzpflicht sind wieder die internen Vereinbarungen von Bedeutung.

Eine Kündigung aus wichtigem Grund löst auch zur Unzeit nicht die Folge einer Schadensersatzpflicht aus. Somit wird ein Schadensersatzanspruch wegen unzeitiger Kündigung nur in den seltensten Fällen entstehen. Denkbar ist, daß in Einzelfällen Leistungen für die Finanzierung einer Haushaltshilfe oder eines Krankenhausaufenthaltes zu erbringen sind, wenn sie durch den Wegfall von Pflege- und Haushaltsleistungen, die zuvor der Partner erbracht hatte, notwendig wurden. Als weitere Beendigungstatbestände kommen ferner die in den §§ 725 bis 728 BGB erfaßten Fälle in Betracht.

---

1   Eines Rückgriffs auf § 242 BGB bedarf es nicht, wie Meier-Scherling, DRiZ 79, 296, 299 meint. Strätz, FamRZ 80, 301, 434 will unterscheiden, ob der Konkubinat auf einer vertraglichen Basis beruhte oder ohne eine derartige rechtliche Sonderverbindung bestand. Nur bei vertraglicher Basis komme eine Schadensersatzpflicht in Anlehnung an § 723 Abs. 2 BGB in Betracht. "Vertragliche Basis" scheint auch hier: Ausdrücklich vereinbarte vertragliche Basis zu bedeuten.

     Daß damit die jederzeitige Kündbarkeit der nichtehelichen Lebensgemeinschaft nicht hinreichend berücksichtigt würde, trifft nicht zu. So aber Schwenzer, S. 205. Dieses Argument wäre im übrigen auf alle Gesellschaften zu übertragen. § 723 Abs. 2 BGB setzt aber gerade die jederzeitige Kündbarkeit voraus. Verfehlt ist es auch, den Schadensersatzanspruch als Unterhaltsanspruch zu qualifizieren. Vgl. dazu die Schlußfolgerungen bei Schwenzer aaO; ebenso bei Arndts, S. 117 und 172; auch Battes, in: FS für Pleyer, S. 479 spricht von Unterhaltsleistungen, die als Schadensersatz gewährt werden.

2   Entgegen Meier-Scherling, DRiZ 79, 296, 300 gilt die Gesellschaft nicht als fortbestehend; vgl. auch bei Tegge, S. 100.

Hausmann[3] wendet hiergegen ein, daß von den Partnern eine solche Kündigung gar nicht ausgesprochen werde, weil sie sich überhaupt nicht bewußt seien, in gesellschaftsvertragliche Beziehungen eingetreten zu sein. Wenn der Abbruch der persönlichen Beziehungen zwischen den Lebensgefährten als wichtiger Kündigungsgrund i.S.v. § 723 BGB erachtet würde, deute dies nur darauf hin, daß die Beschränkung der verfolgten Zwecke auf einzelne wirtschaftliche Aspekte der gemeinsamen Lebensführung letztlich nicht durchzuhalten sei.

Diese Auffassung entspricht nicht § 723 BGB. Dessen Tatbestand würde in unzulässiger Weise erheblich eingeengt, wenn nur Umstände, die gesellschaftsvertragliche Pflichten betreffen, einen wichtigen Grund zur außerordentlichen Kündigung darstellen könnten. Wichtiger Grund kann jedoch jeder außerhalb des Gesellschaftsverhältnisses liegende Umstand sein, sofern er nur die Fortsetzung des rechtlichen Verhältnisses als unzumutbar erscheinen läßt. Ein Argument gegen die vermeintlich unzulässige Beschränkung des Gesellschaftsverhältnisses auf den vermögensrechtlichen Bereich läßt sich aus § 723 BGB nicht herleiten.

Mit der erfolgten Auflösung endet die Gesellschaft zwischen den Partnern. Allerdings kann sie (im Wege der Fiktion) als fortbestehend gelten; dies betrifft gemäß § 730 Abs. 2 Satz 1 BGB die Beendigung schwebender Geschäfte, die dazu erforderliche Eingehung neuer Geschäfte sowie die Erhaltung und Verwaltung des Gesellschaftsvermögens, soweit der Zweck der Auseinandersetzung es erfordert. Es entsteht also eine Abwicklungsgesellschaft, deren Zweck zu fördern die Partner nunmehr verpflichtet sind.

II. Rückgabe von Gegenständen

1. Sachen

Als Anspruchsgrundlage für die Rückgabe von Gegenständen ist zunächst § 732 Satz 1 BGB zu nennen. Vorausgesetzt ist, daß ein Gesellschafter die Sache der Gesellschaft zur Benutzung überlassen hat. Dies bedeutet aber, daß der eingebrachte Gegenstand dem Lebensgefährten irgendwie zugute gekommen ist, entweder indem er hieran Mit- oder Alleinbesitz erlangt hat.[4] Höchstpersönliche Ge-

---

3   Hausmann, S. 235.

4   Wenn Schlüter/Belling, FamRZ 86, 405, 410 darauf hinweisen, daß sich der Entstehungs-

genstände (wie z.B. Kleidungsstücke) sind hier von vornherein kein möglicher Gegenstand dieses Anspruchs, weil sie nicht eingebracht wurden. Auch Sachen, die nur von einem Partner benutzt wurden (z.B. ein Musikinstrument), sind nicht der Gesellschaft zum Gebrauch überlassen worden, auch wenn sie sich im räumlichen Bereich der Wohngemeinschaft befinden. Auch darf der Gegenstand nicht dem Partner übereignet worden sein, da sich ansonsten die Rechtszuständigkeit in Bezug auf diesen während der Dauer der Lebensgemeinschaft geändert hat und er insofern wie ein Gegenstand zu behandeln ist, der während der Dauer der Gesellschaft angeschafft wurde. Waren als Beiträge vertretbare oder verbrauchbare Sachen zu erbringen, so ist gemäß § 706 Abs. 2 Satz 1 BGB im Zweifel anzunehmen, daß sie gemeinschaftliches Eigentum der Gesellschafter werden sollten. Dies setzt aber stets eine Einigung darüber voraus, daß es sich mit der Einbringung der Sachen um Beiträge handelt. Dies ist durch Auslegung zu ermitteln. Da hierüber kaum ausdrückliche Willenserklärungen ausgetauscht werden dürften, ist bei vertretbaren Sachen - Gegenstände, die zum Verbrauch bestimmt sind, betrifft § 732 BGB nicht - in aller Regel davon auszugehen, daß sie nicht als Gesellschafterbeiträge von den Partnern eingebracht wurden.[5] Jeder Partner bleibt grundsätzlich Eigentümer der in die Lebensgemeinschaft eingebrachten Sachen.[6] Die Surrogationsregel des § 1370 BGB ist auch nicht entsprechend anwendbar, weil sie nur zwischen Ehegatten, die im gesetzlichen Güterstand leben, gilt. Die analoge Anwendung eherechtlicher Vorschriften ist jedoch nicht möglich.

2. Forderungen

Fraglich ist, wann Forderungen der Gesellschaft überlassen wurden. Nicht ausreichend ist hierfür, wenn dem Partner lediglich eine Vollmacht eingeräumt wurde, über die Forderungen zu verfügen, weil eine derartige Vollmacht nach den all-

---

zeitpunkt der Lebensgemeinschaft oft nicht nachweisen lassen wird, ist dies ein rein prozessuales Problem. Es ist zudem kein spezifisches Problem der nichtehelichen Lebensgemeinschaft, sondern betrifft eine Vielzahl der unterschiedlichsten Gesellschaftsformen.

5   Schlüter, S. 34 übersieht bei der Einbringung von vertretbaren und verbrauchbaren Sachen, daß zunächst einmal eine Einigung festgestellt werden muß, daß sie überhaupt als Beiträge zu behandeln sein sollen. Es gibt keine allgemeine Vermutung, daß vertretbare oder verbrauchbare Sachen gemeinschaftliches Eigentum der Gesellschafter werden.

6   So auch Meier-Scherling, DRiZ 79, 296, 298; Steinert, NJW 86, 683, 685; Schwenzer, S. 174; Stückradt, S. 44; Weber, JR 88, 309. 311.

gemeinen Vorschriften (§§ 168 - 171 BGB) jederzeit widerrufen werden kann. Diese Vollmacht erlischt gemäß § 168 BGB mit der Auflösung der Gesellschaft; wurde sie einem Dritten gegenüber erteilt oder kundgetan (z.B. gegenüber einer Kreditanstalt), finden die §§ 170, 171 BGB Anwendung. Überlassen wurde die Forderung der Gesellschaft vielmehr nur, wenn sie durch Abtretung auf die Gesellschaft übertragen wurde (im Falle eines Kontos also beide Partner Kontoinhaber sind). Ist dies erfolgt, hat der Partner, welcher die Forderung eingebracht hat, bei der vermögensrechtlichen Abwicklung der Gesellschaft einen Anspruch auf Rückübertragung der Forderung.

Etwas anderes gilt, wenn der Partner später auf ein eingebrachtes Konto Zahlungen geleistet und die Forderung somit inhaltlich verändert hat. Ist dies der Fall, ist die Forderung gemeinschaftlich erworben, so daß es sich nicht mehr gemäß § 732 Satz 1 BGB um einen Gegenstand handelt, den ein Gesellschafter der Gesellschaft zur Benutzung überlassen hat.[7]

3. Haftung des Partners für den Verlust oder die Verschlechterung eines Gegenstandes

Der durch ein schuldhaftes Verhalten eines anderen geschädigte Partner kann den Lebensgefährten auf Schadensersatz aus positiver Forderungsverletzung des Gesellschaftsverhältnisses und/oder nach Maßgabe der §§ 823 Abs. 1 oder 2 BGB in Anspruch nehmen. Hierbei ergeben sich allerdings zwei Besonderheiten, nämlich die Haftungsmilderung nach § 708 BGB und die Tatsache, daß in aller Regel der Ersatzanspruch durch einen Erlaßvertrag gemäß § 397 BGB erloschen sein wird, wenn der Partner schlüssig zu erkennen gibt, daß er den Anspruch nicht verfolgt.

Gemäß § 708 BGB hat ein Gesellschafter bei Erfüllung der ihm obliegenden Verpflichtungen nur für diejenige Sorgfalt einzustehen, welche er in eigenen Angelegenheiten anzuwenden pflegt. Dies bedeutet gemäß § 277 BGB, daß er von der Haftung wegen grober Fahrlässigkeit nicht befreit ist. Der Gesellschafter haftet nur beschränkt, wenn die Erfüllung einer gesellschaftlichen Verpflichtung in Frage steht, nicht jedoch, wenn er der Gesellschaft als Dritter gegenübersteht. Eine Handlung, die er außerhalb seiner Geschäftsführungsbefugnis für die Gesell-

---

7   Arndts, S. 134.

schaft vornimmt, ist keine Erfüllung einer gesellschaftsrechtlichen Pflicht. In diesem Falle haftet der Gesellschafter für jedes Verschulden. [8]

Wenn sich die Partner verpflichtet haben, als Zweck die materielle Verwirklichung der Lebensgemeinschaft zu fördern, sind sie auch verpflichtet, Maßnahmen zur Erhaltung und zum uneingeschränkten Gebrauch der überlassenen Gegenstände zu treffen. Verletzen sie diese Pflicht, ist eine gesellschaftliche Pflicht betroffen, auf die § 708 BGB Anwendung findet. Der Partner kann sich - unbeschadet der Regelung des § 277 BGB - darauf berufen, daß er, falls ein eigener Gegenstand betroffen wäre, nicht sorgfältiger gehandelt hätte. In aller Regel wird aber zwischen den Partnern stillschweigend ein Erlaßvertrag geschlossen worden sein, der den Anspruch des Geschädigten auf Schadensersatz beendet. Dies trifft insbesondere dann zu, wenn der Geschädigte selbst Ersatz beschafft oder den Schaden reguliert hat, ohne den Partner sogleich in Anspruch zu nehmen. Es kann in einer von emotionalen Bindungen getragenen Beziehung nicht ohne weiteres davon ausgegangen werden, daß der Geschädigte sich vorbehält, später von seinem Partner noch Ersatz zu verlangen. Geschieht dies nicht sofort, kann dieses Verhalten aus der Sicht des schädigenden Partners nur dahingehend ausgelegt werden, daß der Geschädigte dem Schädiger die Ersatzpflicht erlassen hat. [9] Daher werden Schadensersatzansprüche für zeitlich zurückliegenden Verlust oder Verschlechterung eines Gegenstandes zwischen den Partnern kaum in Betracht kommen.

III. Die Auseinandersetzungsansprüche bei einer beendeten nichtehelichen Lebensgemeinschaft

1. Das in die Auseinandersetzung einzubeziehende Vermögen

a) Die Einlagen der Partner

Im nächsten Schritt stellt sich die Frage, wie zu ermitteln ist, welche Vermögensgegenstände überhaupt zum auseinandersetzungsfähigen Gesellschaftsvermögen gehören und für welche erbrachten Leistungen gegebenenfalls Werter-

---

8   Erman/Schulze-Wenck, § 708, Anm. 2.

9   Arndts, S. 140.

satz zu leisten ist. Bestehen - wie dies zumeist der Fall sein wird - keine anderweitigen vertraglichen Vereinbarungen, hat die Auseinandersetzung nach den Vorschriften der §§ 732 - 735 BGB zu erfolgen. Diese Vorschriften sind freilich dispositiv, weshalb die Partner auch stillschweigend von ihnen abweichen können. Sie werden sich im Zweifel an ihrer bisherigen Übung messen lassen müssen. Für die Teilung des Vermögens gelten die Vorschriften über die Gemeinschaft (§ 731 BGB), soweit von ihnen nicht abgewichen wurde.

Bei der Einlagenrückerstattung nach § 733 Abs. 2 BGB ergibt sich die Besonderheit, daß für Einlagen, die in der Leistung von Diensten bestanden haben, Ersatz nicht verlangt werden kann. Gemäß § 706 Abs. 3 BGB kann der Beitrag eines Gesellschafters auch in der Leistung von Diensten bestehen. Einlagen sind solche Beiträge, die in das Gesellschaftsvermögen bereits geleistet sind und dort einen rechnerisch erfaßbaren Vermögenswert erhalten haben. "Beitrag" ist der allgemeinere Begriff, der sich sowohl auf zu bewirkende als auch auf bereits bewirkte Leistungen bezieht.[10]

Aus der Regelung des § 733 Abs. 2 Satz 3 BGB wird gefolgert, daß ihre Anwendung auf die nichteheliche Lebensgemeinschaft zu einer greifbaren Benachteiligung des schwächeren Partners führe, der durch seine häusliche Tätigkeit die Berufsausübung und Vermögensbildung des anderen Partners überhaupt erst ermögliche.[11] Wolle man hier helfen, müsse man die Arbeit des den Haushalt führenden Teils kapitalisieren und von dem Willen der Parteien ausgehen, daß bei der Auseinandersetzung auch für die Arbeitsleistungen ein der Geldeinlage des anderen Teils entsprechender Beitrag berücksichtigt werden solle. Bewerte man die Arbeit mit einem hohen Betrag, der vielleicht sogar dem Einkommen des anderen Teils entspreche, so komme man über die gesamthänderische Bindung des Vermögens zu einer Vergemeinschaftung, die über die des gesetzlichen Güterstandes der Zugewinngemeinschaft weit hinausgehe.[12]

Eine Kapitalisierung von Dienstleistungen wäre zwar entgegen § 733 Abs. 2 Satz 3 BGB möglich, weil diese Vorschrift vertraglich abdingbar ist. Methodisch stünde man wiederum vor der Notwendigkeit einer Auslegung, ob bei der Haushaltsführung oder der Erbringung sonstiger Dienstleistungen durch einen Ge-

---

10 Soergel/Schulze-v. Lasaulx, § 706, Rdnr. 7; von Beiträgen spricht auch der BGH in JR 80, 455, 456.

11 Finger, JZ 1981, 497, 505; Derleder, NJW 1980, 546, 547; Simon, JuS 1980, 252, 253; Rogalski, AnwBl 83, 358, 363 und 364; Schlüter, S. 26; Hausmann, S. 237.

12 Simon, JuS 1980, 252, 253.

sellschafter im Einzelfall vereinbart wurde, daß diese Dienstleistungen zu kapitalisieren seien. Dies wird, anders als bei der Frage, ob gemeinsam gewirtschaftet wird - hier gibt es objektive Indizien, die sich im Einzelfall beweisen lassen - kaum nachweisbar sein und in der Tat zu Fiktionen führen.

Bei einer ausdrücklichen vertraglichen Vereinbarung ist zu berücksichtigen, welches Entgelt oder welchen Ausgleich der haushaltsführende oder pflegende Partner erhält, ob und von wem Sozialversicherungsbeiträge zu leisten sind und welches Entgelt oder welchen Ausgleich der im Betrieb des anderen mitarbeitende Partner erhält. Es empfiehlt sich, diese Fragen ggf. auch für die Zeit nach einer möglichen Trennung zu regeln.[13]

Wenn keine ausdrückliche Erklärung vorliegt, bestünde das nächste Problem darin, wie die Dienste zu kapitalisieren sind, ob etwa deren Kapitalisierung von der Höhe des Einkommens des anderen Teils abhängig gemacht werden kann oder nicht. Die Regelung des § 733 Abs. 2 Satz 3 BGB hat gerade ihre ratio darin, daß man bei jeder Gesellschaft, auch bei der Erwerbsgesellschaft, auf unüberwindliche Schwierigkeiten stoßen würde, wenn man Umfang und Wert der vielleicht über einen jahrelangen Zeitraum geleisteten Arbeit ermitteln wollte.[14]

Dieser in der Literatur vorgeschlagene Lösungsweg erübrigt sich jedoch, wenn durch Auslegung eine Vereinbarung der Partner festgestellt werden kann, der zufolge einer erwerbstätig sein soll, der andere jedoch nicht. Insbesondere wenn in beider Einverständnis eine dahingehende tatsächliche Übung besteht oder wenn ein gemeinschaftliches Kind zu versorgen ist, ist es sehr naheliegend anzunehmen, daß die Partner zumindest stillschweigend eine Vereinbarung darüber getroffen haben, daß nur einer erwerbstätig sein soll.

Ergibt die Auslegung eine derartige Vereinbarung, der zufolge nur einer der Beteiligten die Finanzierung der Gesellschaftszwecke "gemeinsames Wohnen und Wirtschaften" zu sichern hat, ist die Erwerbstätigkeit, mit welcher die Finanzierung sichergestellt wird, ein Akt der Geschäftsführung für die Gesellschaft. Geschäftsführung ist jede Handlung, durch die die vereinbarten Gesellschaftszwecke verwirklicht werden.[15]

Die Zwecke "gemeinsames Wohnen und Wirtschaften" werden gefördert, indem ein Partner entweder durch Abschluß und Erfüllung eines Arbeitsverhältnisses mit einem Dritten oder durch selbständige Erwerbstätigkeit die Mittel zu de-

---

13   Schreiber, NJW 93, 624, 627.

14   BGH, WM 1980, 402, 403; Battes, Rdnr. 72.

15   Vgl. nur Palandt-Thomas, Vorbem. §§ 709 - 715, Rdnr. 2

ren Finanzierung erwirbt. Gemäß § 718 Abs. 1 BGB werden die durch die Geschäftsführung für die Gesellschaft erworbenen Gegenstände gemeinschaftliches Vermögen der Gesellschafter. Da jedoch kaum ein Partner bei seiner Erwerbstätigkeit für die Gesellschaft, sondern vielmehr im eigenen Namen handeln wird, finden über § 713 BGB die für den Auftrag geltenden Vorschriften der §§ 664 bis 670 BGB Anwendung, soweit sich nicht aus dem Gesellschaftsverhältnis ein anderes ergibt. Von Bedeutung ist hier insbesondere § 667 BGB, dem zufolge der geschäftsführende Partner verpflichtet ist, das, was er durch seine Erwerbstätigkeit erlangt, herauszugeben. Zumindest dieser Anspruch gehört somit zum Gesellschaftsvermögen.

Diese durch die Geschäftsführung erlangten Gegenstände sind keine Einlagen, die gemäß § 733 Abs. 2 BGB zurückzuerstatten wären. Bei Beendigung der Gesellschaft ist dieser Anspruch gemäß §§ 730 ff., 722 BGB zu berücksichtigen, was infolge § 722 BGB regelmäßig zur Teilung des von einem Gesellschafter gebildeten Vermögens führen wird.[16]

Wird das durch die Erwerbstätigkeit Erlangte der Vereinbarung entsprechend gemeinschaftliches Vermögen der Partner, gilt dies auch für Anschaffungen, die mit diesen Mitteln finanziert werden. Auch in diesen Fällen werden die erworbenen Gegenstände entweder gemäß § 718 BGB oder gemäß §§ 713, 667 BGB gemeinschaftliches Vermögen der Partner.

Die Auslegung der Erklärungen der Partner kann jedoch auch ergeben, daß das gemeinsame Wohnen und Wirtschaften entweder gar nicht als Gesellschaftszweck vereinbart wurde oder daß der Gesellschaftszweck sich in der gemeinsamen Deckung des täglichen Bedarfs erschöpft. Dies wird regelmäßig bei Lebensgefährten der Fall sein, die jeweils einer eigenen Erwerbstätigkeit nachgehen. Wenn diese Partner durch ihr Verhalten zu erkennen geben, daß von ihnen kein umfassenderes gemeinschaftliches Wirtschaften vereinbart wurde, gibt es bei einer solchen Gesellschaft nach deren Beendigung auch nichts auseinanderzusetzen. Für Billigkeitskorrekturen ist hier kein Raum, da nach dem geltenden Privatrecht jeder für sich selbst verantwortlich ist. Es ist den Partnern unbenommen, etwas anderes zu vereinbaren.

---

16 Dem Einwand von Schlüter/Belling, FamRZ 86, 405, 410, eine Verteilungsquote von 1 : 1 sei häufig nicht gerecht, eine andere Quote jedoch schwer zu begründen, hält Battes, JZ 88, 908, 910 zu Recht entgegen, daß es in erster Linie darauf ankommt zu ermitteln, welche Leistungen zurückzugewähren sind. Erst dann geht es um die Verteilung des Überschusses. Dies wird vielfach übersehen.

b)   Orientierung am Gesellschaftszweck

Zur schwierigsten Frage bei der Abwicklung nach der Beendigung einer
nichtehelichen Lebensgemeinschaft dürfte wohl diejenige gehören, welche
Vermögensgegenstände in die Auseinandersetzung einzubeziehen sind, wo also
die Abgrenzung zu erbrachten Beiträgen zur Deckung laufender Kosten zum rei-
nen Privatvermögen und zu solchen Gegenständen vorzunehmen ist, die der
Gesellschaft nur zum Gebrauch überlassen wurden.

In jedem Fall ist bei der Beantwortung dieser Frage wiederum vom durch
Auslegung zu erkennenden Gesellschaftszweck auszugehen.[17] Der gemeinsame
Zweck kann sich hier nur auf einige Teilbereiche wie den Erwerb und die Ver-
waltung eines Wohnhauses, dem Halten eines Fahrzeugs oder dem Führen eines
Handelsgeschäfts beschränken. Oftmals wird hier die Abgrenzung zur bloßen
Bruchteilsgemeinschaft nicht einfach sein. Nicht selten wird aber die Auslegung
dazu führen, daß sich die Partner auf ein umfassendes gemeinschaftliches Wirt-
schaften während der Dauer ihres Zusammenlebens geeinigt haben. Je nach dem
Umfang des gemeinsamen Zwecks unterscheidet sich auch der Umfang der in das
gemeinschaftliche Vermögen einzubeziehenden Gegenstände.[18]

c)   Die Bedeutung der dinglichen Rechtslage

Im Schrifttum wird hierzu vielfach die Auffassung vertreten, daß bei der Anschaffung von Gütern für den gemeinschaftlichen Gebrauch allein die dingliche
Rechtslage entscheidend sei. Wer Geld zahle, ohne Gegenleistungen zu erhalten,
stehe nicht anders als der, der in vergleichbarer Situation Anschaffungen finan-

---

17   Es mag auch unter den nichtehelichen Lebensgemeinschaften Gesellschaften geben, in
     denen nicht umfassend gemeinsam gewirtschaftet, sondern vielmehr recht sorgfältig zwi-
     schen den jeweiligen Vermögenssphären getrennt wird. Schlüter/Belling, FamRZ 86, 405,
     408 f. weisen zu Recht darauf hin, daß es zwischen solchen Partnern, die Rechtsbindungen
     ablehnen und ihre Beziehung nur auf gegenseitige Zuneigung aufbauen, nichts auseinander-
     zusetzen gibt; ebenso Meyer-Hayoz in: FS für Vischer, S. 580.

18   Battes, Rdnr. 74; Halstrick, S. 183; nach Rogalski, AnwBl 83, 358, 363 entsteht hinsicht-
     lich aller Gegenstände, die während bestehender Gemeinschaft aus gemeinsamer Kasse
     angeschafft wurden, Miteigentum. Auf die Frage, ob die nichteheliche Lebensgemeinschaft
     eine Gesellschaft sei, brauche gar nicht eingegangen zu werden, weil die Rückabwicklung
     gemäß dem vermuteten Parteiwillen nicht nach den §§ 732 - 735 BGB, sondern über die
     Verweisungsvorschrift des § 731 BGB nach Gemeinschaftsrecht vorzunehmen sei.
     Daß dieser Ansatz Pauschallösungen vermeidet und damit der realen Vielfalt nichtehelicher
     Lebensgemeinschaften gerecht wird, bekennt auch Schwenzer, S. 193.

ziere oder tätige. Stets sei allerdings zu überprüfen, wem die Rechtsinhaberschaft zuzuordnen sei. Maßgeblich würden bei Bargeschäften die Regeln des Geschäfts für den, den es angeht, weil oft kein Grund zu sehen sei, warum der Partner, der das Geld gibt, nicht auch die Rechtsposition erwerben solle. Hierbei ist aber zu beachten, daß der Erklärungsempfänger auf der Erwerberseite auch den Willen haben muß, gerade für denjenigen zu erwerben, den es angeht.[19] Gelinge keine eindeutige Klärung der Rechtslage, sei von einer gemeinsamen Zuständigkeit der Beteiligten auszugehen.[20] Dabei soll auch der Besitz ein Recht i.S.d. § 741 BGB sein, das mehreren gemeinschaftlich zustehen kann. Beim Scheitern der ehelosen Gemeinschaft soll eine Teilung nach den §§ 752 f. BGB erforderlich werden können, für die jedoch rechtlich nicht der Eigentums- sondern der Nutzungswert zugrundezulegen sei.[21] Schließlich wird angenommen, daß eine Teilung nach §§ 752 f. BGB auch dann zu erfolgen habe, wenn ein Partner zwar bestimmte Gegenstände zunächst allein erworben, dem anderen aber eine Miteigentumshälfte übertragen habe.[22]

Zweifelhaft ist allerdings, wie sich ein solcher Übertragungsakt nach außen manifestieren soll. Hier kann allenfalls die Vermutung des § 1006 BGB auf eine Mitberechtigung mehrerer hinweisen. Diese Vermutung kann nicht schon dadurch entkräftet werden, daß ein Beteiligter beim Erwerb des Gegenstandes als Alleinerwerber aufgetreten ist.[23]

Auch wenn die Anschaffung mit den Mitteln nur eines Partners als Zufall erscheint, weil diese unregelmäßig jeweils vom einen oder anderen Partner zur Verfügung gestellt werden, muß von einer Mitberechtigung ausgegangen werden.[24] Dann aber ist die Frage zu stellen, ob die Mitberechtigung in einem Mitei-

---

19 BGH, NJW 55, 587, 590; OLG Düsseldorf, NJW 92, 1706, 1708; Palandt-Bassenge, § 929, Rdnr. 25.

20 Finger, JZ 1981, 497, 508; Soergel-Lange, Anh. § 1588, Rdnr. 23; Hausmann, S. 260.

21 Derleder, NJW 1980, 546, 550: Daß es sich hierbei um einen Fehlschluß handelt, wurde bereits im 1. Kapitel unter VII 2 a cc nachgewiesen.

22 Simon, JuS 1980, 252, 253; Schwab in: Landwehr, S. 70; der Entscheidung BGH FamRZ 70, 19, 29 dürfte keine Bedeutung mehr zukommen, weil damals Rechtsgeschäfte, die nichtehelich Zusammenlebende in Bezug auf Hausrat tätigten, als sittenwidrig bewertet wurden, da sie das ehebrecherische Zusammenleben angenehm gestalten sollten.

23 So aber BGH, FamRZ 70, 19, 21.

24 Battes, Rdnr. 27, 30 und 77; Soergel-Lange, Anh. § 1588, Rdnr. 25 sprechen sich in Durchbrechung des § 1006 BGB für eine entsprechende Anwendung des Rechtsgedankens

gentum nach Bruchteilen oder in Gesamthandseigentum besteht. Die Vermutung des § 1006 BGB weist nicht nur auf Bruchteilseigentum hin, sondern der Mitbesitz von Gesellschaftern einer oHG begründet vielmehr die Vermutung dafür, daß die Sachen zum Gesellschaftsvermögen gehören.[25]

Wenn im Fall der nichtehelichen Lebensgemeinschaft eingewendet wird, daß man über die gesamthänderische Bindung des Vermögens der Lebenspartner zu einer Vergemeinschaftung gelange, die über die einer Zugewinngemeinschaft hinausgehe,[26] muß wiederum darauf hingewiesen werden, daß es bei der nichtehelichen Lebensgemeinschaft im Unterschied zur Ehe keine Grundbeziehungen gibt, mit der zwangsläufig auch ein Güterstand verbunden ist. Gerade weil dieser fehlt, bleibt den Partnern nur die Begründung von Gesamthandseigentum als Folge einer Gesellschaft, wenn nicht nur eine Bruchteilsgemeinschaft beabsichtigt ist. Es ist des weiteren zu berücksichtigen, daß das Vermögen der Partner nur teilweise - je nach ihrer Einigung - gesamthänderisch gebunden ist, wogegen bei einer Gütergemeinschaft mit Ausnahme des Vorbehalts- oder Sondergutes das gesamte Vermögen gebunden ist. Wie bereits mehrfach dargelegt, kommt es auch hier wieder auf eine Auslegung der (stillschweigenden) Erklärungen der Partner und auf die sorgfältige Prüfung an, ob ein Gesellschaftsverhältnis begründet wurde.

Die Begründung von Gesamthandseigentum liegt auch deshalb näher als die von Bruchteilseigentum, weil nach Beendigung der Gemeinschaft sich die Auseinandersetzung nicht auf jeweils einzelne Gegenstände, sondern auf das Gesellschaftsvermögen insgesamt bezieht.[27]

d) Die Begründung gesamthänderischen Vermögens

Unproblematisch ist die Einbeziehung eines Gegenstandes ins Gesamthandsvermögen dann, wenn die Partner Miteigentum oder ein sonstiges gemeinschaftliches Recht erworben haben. Hat ein Partner jedoch alleine und im eigenen Namen einen Gegenstand erworben, gelangt dieser nicht ohne weiteres ins

des § 1362 Abs. 2 BGB aus.

25   BGH, WM 64, 788; Battes, Rdnr. 27.

26   Simon, JuS 1980, 252, 253.

27   Battes, Rdnr. 29; Schlüter/Belling, FamRZ 86, 405, 407 weisen zu Recht darauf hin, daß die gesellschaftsrechtliche Lösung von der sachenrechtlichen Zuordnung abhängig gemacht wird, wenn prozessual die materiellrechtliche Eigentumslage als Indiz gegen gemeinschaftsrechtliche Vorstellungen der Partner gewertet wird.

Gesellschaftsvermögen. Es kann sich dann allerdings um eine Innengesellschaft handeln, bei der es ein Gesellschaftsvermögen nicht gibt und der andere Partner lediglich einen schuldrechtlichen Ausgleichsanspruch hat. Dieser besteht darin, daß er so zu stellen ist, als ob dieser Gegenstand dem Gesellschaftsvermögen zugehören würde.

Grundsätzlich wird Gesamthandsvermögen erworben, indem ein Erwerb durch Geschäftsführung für die Gesellschaft erfolgt ist. Tritt ein Gesellschafter nach außen im eigenen Namen auf oder macht er das Handeln für die Lebensgemeinschaft nicht erkennbar (§ 164 Abs. 2 BGB), wird grundsätzlich nur er selbst aus den getätigten Rechtsgeschäften berechtigt und verpflichtet. Eine Ausnahme hiervon ist nur im Rahmen des Geschäfts für den, den es angeht, bei Bargeschäften des täglichen Lebens zu machen. Beim offenen Geschäft für den, den es angeht, gibt der Vertreter dem Geschäftsgegner zwar zu erkennen, daß er nicht für sich, sondern für einen anderen handele, nicht aber wer dieser ist. Bei beiderseits sofort erfüllten Hand- und Barkäufen des täglichen Lebens wirkt zumindest der dingliche Vertrag für den, den es angeht, auch wenn derjenige, der als Käufer aufgetreten ist, in keiner Weise zu erkennen gegeben hat, er handele nicht für sich selbst, sondern für einen ungenannten Dritten.[28]

Es ist kein Grund erkennbar, warum nicht beim Erwerb von Konsumgütern oder Hausratsgegenständen ein weiter Anwendungsbereich für die Regeln des Geschäfts für den, den es angeht, gegeben sein sollte. Dies liegt insbesondere bei Gegenständen, die zur gemeinschaftlichen Nutzung angeschafft werden, sehr nahe.[29] Anders verhält es sich z.B. wiederum bei der Anschaffung von Mobiliar für ein Arbeitszimmer, das nur von einem der Partner regelmäßig genutzt wird.

Die Zugehörigkeit eines Gegenstandes zum Gesellschaftsvermögen ist auch zu bejahen, wenn es sich um Beiträge i.S.d. § 718 BGB handelt, die nicht nur zur Deckung laufender Kosten dienen. Dies ist insbesondere dann der Fall, wenn zwar der Gegenstand dinglich nur einem Partner zusteht, der andere aber am Erwerb mitgewirkt hat, indem er Geld- oder Arbeitsleistungen zur Verfügung stellte. Auch wenn ein Partner Zahlungen auf das Konto des anderen leistete, wird in aller Regel zu vermuten sein, daß der Kontobestand dem gemeinsamen Wirtschaften dient und Teil des Gesellschaftsvermögen ist.[30] Zum gleichen Er-

---

28 Larenz, AT, § 30 II (590 f.); Medicus, Bürgerliches Recht, Rdnr. 90; Enneccerus/Nipperdey, § 179 III 3c (1101); RGZ 140, 223, 229.

29 Stückradt, S. 51.

30 Battes, Rdnr. 77; Beispiele aus der Rechtsprechung: OLG Düsseldorf, FamRZ 78, 109;

gebnis wie hier, nur mit unterschiedlicher Begründung gelangte die Rechtsprechung in neuerer Zeit, wenn es sich um gemeinsam genutzte Sachen von herausragendem Wert oder um den gemeinsamen Aufbau eines Unternehmens handelte.[31]

Sehr schwierig zu beantworten ist schließlich die Frage, wann ein Gegenstand für die Gesellschaft erworben oder auf die Gesellschaft übertragen und wann er ihr bloß zur Benutzung überlassen wurde. Letztere bleiben im Privatvermögen des Gesellschafters. Bei Beendigung der Gesellschaft besteht ein Herausgabeanspruch nach § 732 Satz 1 BGB. Hier wird jedoch im Zweifel anzunehmen sein, daß Gegenstände, die während der Dauer der nichtehelichen Lebensgemeinschaft angeschafft wurden, zum Gesellschaftsvermögen zu rechnen sind, während Gegenstände, die vor Begründung der nichtehelichen Lebensgemeinschaft bereits einem Partner gehörten, nicht übereignet, sondern der Gesellschaft nur zur Benutzung zur Verfügung gestellt werden. Eine Surrogation - wie im Fall des § 1370 BGB - gibt es nicht. Hier zeigt sich auch deutlich der Unterschied zum Zugewinnausgleich bei Beendigung einer Ehe: Während dort im gesetzlichen Güterstand gemäß § 1377 Abs. 3 BGB vermutet wird, daß das Endvermögen eines Ehegatten seinen Zugewinn darstellt, muß bei der nichtehelichen Lebensgemeinschaft die Zugehörigkeit jedes einzelnen Gegenstandes zum Gesellschaftsvermögen bewiesen werden.

e)   Abgrenzung von Beiträgen zur Deckung laufender Kosten und auseinandersetzungsfähigem Gesellschaftsvermögen

Es bleibt die Frage zu klären, wo die Grenze zwischen den Beiträgen zur Deckung laufender Kosten und dem auseinandersetzungsfähigen Gesellschaftsvermögen liegt.

Nicht gefolgt werden kann der bereits erwähnten Formel des BGH,[32] daß es nur Ausgleichsansprüche geben könne, wenn die Partner wirtschaftlich einen Wert schaffen wollten, der ihnen gemeinschaftlich gehören sollte. Schon in dieser Formel zeigt sich das Unbehagen der Rechtsprechung, das dadurch begründet wird, daß nicht die zufällige sachenrechtliche Verteilung des Vermögens bei Beendigung der Lebensgemeinschaft ausschlaggebend sein kann. Es wird faktisch

---

BGH, FamRZ 65, 368; BGH, FamRZ 58, 15.

31   Vgl. z.B. BGH, FamRZ 65, 368; BGH, NJW 70, 1540, 1541; BGH, FamRZ 82, 1065, 1066; BGH, NJW 82, 2863, 2864; OLG Hamm, NJW 80, 1530.

32   BGHZ 77, 55.

bei persönlich eng verbundenen Partnern nicht darauf geachtet, wessen Vermögen durch bestimmte Leistungen begünstigt wird. Solange die Gemeinschaft besteht, kommt ein wirtschaftlicher Wert auch demjenigen zugute, der keine dingliche Berechtigung daran erworben hat. Wer aber das Alleinvermögen eines Partners mehrt (etwa durch den Bau eines Hauses auf dessen Grundstück oder durch Mitarbeit im Betrieb des anderen), bringt diesem ein Vertrauen entgegen, das sich in der Gewährung von Ausgleichsansprüchen niederschlagen muß.[33]

Dies kann nicht nur auf einzelne "spektakuläre" Leistungen beschränkt bleiben. Wie gefährlich dies ist, zeigt schon die Tatsache, daß solche herausragenden Leistungen ihrerseits Gegenleistungen für unzählige andere, weniger bedeutende Leistungen des anderen Partners sein können.[34] Nur sie auszugleichen, kann schon deshalb zu ganz ungerechten Ergebnissen führen, weil sie nach dem Willen der Partner schon längst ausgeglichen sind. Wenn andererseits für den weit überwiegenden Teil der Leistungen keine Ausgleichsansprüche gewährt werden sollen, drängt sich der Eindruck auf, daß hinter dieser rechtlichen Würdigung immer noch die Mißbilligung der nichtehelichen Lebensgemeinschaft als solcher steht.

Daß die Annahme von Innengesellschaften für die Leistungen von herausragender Bedeutung auch wenig praktikabel ist, zeigt schon die Tatsache, daß zwischen den Partnern so viele Innengesellschaften bestehen müssen, wie sich teure Gegenstände in ihrem Vermögen befinden.

Die Grenze sollte dort verlaufen, wo es sich - um die Wendungen des § 1357 BGB zu benutzen - um eine angemessene Deckung des Lebensbedarfs der Partner handelt. Das Gesetz kennt diese Abgrenzung beim Umfang der Vertretungsmacht eines Ehegatten. Ergibt sich nicht aus den Umständen etwas anderes, werden durch solche Geschäfte beide Ehegatten berechtigt und verpflichtet. Dabei handelt es sich bei restriktiver Auslegung dieser Wendung um solche Geschäfte, über deren Abschluß vor ihrer Eingehung eine Verständigung zwischen den Ehegatten gewöhnlich als nicht notwendig angesehen wird und über die in der Regel auch vorher keine Abstimmung stattfindet.[35] Es handelt sich dabei nur um Geschäfte, mit denen laufend der täglich entstehende Bedarf gedeckt wird. Im Vermögen schlagen sich solche Geschäfte allenfalls kurzfristig nieder, so daß auf ihre Berücksichtigung bei einer Gesamtauseinandersetzung verzichtet werden kann.

---

33   Lieb, Gutachten, A 49.

34   Lieb, Gutachten, A 47; de Witt/Huffmann, Rdnr. 344 d; Battes, Rdnr. 85.

35   Palandt-Diederichsen, § 1357, Rdnr. 14.

Um es zu verdeutlichen: Es geht nicht um eine direkte oder entsprechende Anwendung des § 1357 BGB. Aus dieser Regelung ist aber der allgemeine Grundsatz abzuleiten, daß bei diesen Geschäften auf eine eindeutige Zuordnung der Vermögensgegenstände zu einem Ehegatten verzichtet werden kann (im Zweifel wird Miteigentum nach § 1008 BGB erworben). Den Partnern wird es dann auf eine Auseinandersetzung hinsichtlich dieser Gegenstände, die sich oftmals gar nicht mehr im Vermögen niederschlagen, gar nicht ankommen.

Mit dieser Abgrenzung soll der Umfang der in die Auseinandersetzung einzubeziehenden Leistungen deutlich erweitert werden, da in sie nicht nur Zuwendungen aufgenommen werden, mit denen ein über die - nach dem Verständnis der dargestellten Rechtsprechung - normale Lebensführung einer Lebensgemeinschaft hinausgehender Zweck verfolgt wird. Damit erübrigt sich die Übertragung der bereits in sich verfehlten Grundsätze der Ehegatteninnengesellschaft auf die Abwicklung der nichtehelichen Lebensgemeinschaft.

Freilich kann das auseinandersetzungsfähige Vermögen viel weiter gehen, als hier umrissen. Entscheidend ist wiederum der Wille der Partner: Haben die Partner z.B. laufend abgerechnet, ist dies ein deutliches Indiz dafür, daß auch Geschäfte zur angemessenen Deckung des Lebensbedarfs und laufende Kosten nach ihrem Willen dem Gesellschaftsvermögen zugerechnet werden sollen. Leistet andererseits z.B. ein Partner keinen oder nur einen geringen Betrag zum gemeinsamen Wirtschaften - z.B. weil er noch Altschulden tilgt - so ist in dieser ständigen Übung u.U. eine Vereinbarung zu sehen, daß ein Partner - eventuell vorübergehend - von der Leistung von Beiträgen befreit wurde.[36] Auch dies ist bei der Auseinandersetzung zu berücksichtigen. Es geht nicht an, über Ausgleichsansprüche Fehler, Nachlässigkeiten, Irrtümer oder enttäuschtes Vertrauen zu revidieren. Bei der Auseinandersetzung ist die Höhe des Beitrages zu ermitteln, den der einzelne Partner erbracht hat; im Zweifel ist jeweils ein hälftiger Betrag anzusetzen.[37]

Als bereits ausgeglichen zu betrachten sind aber im Zweifel auch die laufenden Kosten wie etwa Aufwendungen für Mietzins, gemeinschaftliche Unterhalts-

---

36 de Witt/Huffmann, Rdnr. 344 b.

37 Dies ist ein grundlegender Unterschied zum Zugewinnausgleich. Vgl. bei Strätz, FamRZ 80, 301, 437; Stückradt, S. 53; Arndts, S. 123 f. ist der Auffassung, daß die Partner ihre Beiträge regelmäßig auch als gleichwertig ansehen, wenn die finanzielle Beteiligung unterschiedlich ausfällt.

verpflichtungen oder auch Darlehensrückzahlungen.[38] Da sich diese Leistungen nicht hinterher im Vermögen manifestieren, wird durch sie kein Vermögenswert geschaffen. Sie werden - sofern nichts anderes vereinbart ist (z.B. bei regelmäßigen Abrechnungen) - regelmäßig von demjenigen erbracht, der dazu finanziell in der Lage ist.

f) Durchführung anhand des Falles BGH, NJW 81, 1502

Daher läßt sich der bereits ausführlich dargestellte Fall BGH, NJW 81, 1502 nach der hier vertretenen Auffassung wie folgt lösen:

aa)   Wenn die Klägerin gegenüber der Bank Alleinschuldnerin war, sie also den Kredit in ihrem Namen aufgenommen hatte, ist sie auch alleine verpflichtet, die einzelnen Kreditraten bei Fälligkeit an die Bank zurückzuzahlen. Im Innenverhältnis zwischen den Partnern besteht kein Auftragsverhältnis, weder ein unbedingtes, noch ein durch die Trennung bedingtes.

Jedoch ist im Zeitpunkt der Trennung das mit Mitteln des Darlehens angeschaffte Fahrzeug in das auseinandersetzungsfähige Gesellschaftsvermögen einzubeziehen. Gemäß § 733 Abs. 2 Satz 2 BGB ist der Wert zu ersetzen, den die Einlage im Zeitpunkt der Erbringung hatte. Wenn die Klägerin sämtliche Leistungen für die Anschaffung des Gegenstands erbracht hatte, die auch in der Eingehung einer Verbindlichkeit gegenüber der Bank liegen konnten, war dies bei der Auseinandersetzung in vollem Umfang zu ihren Gunsten zu berücksichtigen.

bb)   Hätten sich gegenüber der Bank beide Partner als Gesamtschuldner verpflichtet gehabt und hätte daraufhin die Klägerin sämtliche Kreditraten vor und nach der Trennung getilgt, gestaltet sich die Rechtslage folgendermaßen: Bei der Darlehensschuld gegenüber der Bank handelte es sich um eine Gesellschaftsschuld. Auch hier ist zunächst der Wert des Gegenstandes im Zeitpunkt der Leistung zu ermitteln. Der Anteil der Klägerin lag aber nur in dem Teil, zu welchem sie bis zur Trennung der Partner ihre Darlehensverpflichtungen gegenüber der Bank erfüllt hatte. Für die Erbringung der restlichen Raten ist sie nicht alleine eine Verbindlichkeit eingegangen. Die restlichen Raten waren noch nicht fällig, weshalb gemäß § 733 Abs. 1 Satz 2 BGB das zur Berichtigung dieser

---

38   Battes, Rdnr. 85; auch Finger, JZ 81, 497, 508 will auf einen Ausgleich für laufende Leistungen unterhaltsähnlicher Art verzichten; ebenso Stückradt, S. 52 f.; Maus, S. 55 f.

Schuld noch Erforderliche zurückzubehalten war. Solange die Verbindlichkeit aus dem Darlehensverhältnis fortbestand, bestand auch die Gesellschaft zwischen den Partnern in Form einer Abwicklungsgesellschaft fort, deren Zweck nicht mehr das gemeinsame Wohnen und Wirtschaften ist. Wenn nunmehr ein Partner allein auf eine solche Gesellschaftsschuld leistete, entsteht gegenüber dem anderen Partner ein Ausgleichsanspruch nach § 426 BGB. Dieser richtete sich grundsätzlich auf hälftigen Ausgleich. Hier kann dann gemäß § 426 Abs. 1 Satz 1 BGB "etwas anderes bestimmt sein", wenn nur einer der Partner nach der Trennung alleiniger Nutznießer des Gegenstandes war, der mit Hilfe des Kredits finanziert wurde. In solchen Fällen wird in aller Regel vereinbart sein, daß er im Innenverhältnis verpflichtet sein soll, die Gesellschaftsschuld voll zu berichtigen.

cc)   Zu beiden Ergebnissen führt folgender Gedankengang: Für die Frage, ob ein Gesellschafterbeitrag Teil des auseinandersetzungsfähigen Gesellschaftsvermögens ist, kommt es auf den Inhalt des Rechtsgeschäfts an, aufgrund dessen für eine Leistung an die Gesellschaft eine Verbindlichkeit begründet wurde. Battes schlägt vor,[39] § 733 Abs. 2 Satz 1 BGB auf die Auseinandersetzung nur insoweit anzuwenden, als die Leistungen eines Partners weder zur Deckung laufender Bedürfnisse dienten, noch aus den laufenden Einkommen stammten. Wenn man den Begriff "laufendes Einkommen" sehr weit faßt und z.B. Ersparnisse, Darlehen, Erträge, Einkünfte aus einem Nachlaß oder Geldrenten hinzurechnet, wird schnell deutlich, daß dann kaum noch Einlagen denkbar sind, die dem leistenden Gesellschafter zurückzuerstatten wären. Besonders befremdlich ist dies, wenn auch fremd finanzierte Gegenstände aus laufendem Einkommen an die Gesellschaft geleistet sein sollen. Im Ergebnis löst Battes daher den angesprochenen Fall ebenso wie der BGH; nur die Begründung ist eine andere: Der Darlehensbetrag wäre nach seiner Lösung grundsätzlich ein Beitrag der Klägerin i.S.d. § 733 Abs. 2 Satz 1 BGB gewesen. Dieser sei aber nur insoweit zu berücksichtigen, als er *nach* Beendigung der Lebensgemeinschaft erbracht worden ist oder noch erbracht werden wird, nämlich in Form der Rückzahlung noch ausstehender Raten an den Gläubiger. Dann komme die Erstattungsregel für die während des Zusammenlebens gezahlten Raten nicht in Betracht; diese seien vielmehr so zu behandeln wie andere Leistungen, durch die laufende Kosten des gemeinsamen Lebens gedeckt wurden.[40]

---

39   Battes, Rdnr. 86.

40   Battes, Rdnr. 86.

Dem kann nicht gefolgt werden. Für die Frage, ob von einem Partner eine rückerstattungsfähige Einlage geleistet wurde, kann es nur auf den Inhalt der Leistung ankommen und nicht auf den Inhalt von Verbindlichkeiten, die gegenüber Dritten begründet wurden, auch nicht, wenn diese mit der Leistung im Zusammenhang stehen. Die Leistung an das Gesellschaftsvermögen war im fraglichen Fall die Einzahlung des als Darlehen aufgenommenen Geldes oder (je nach Art der Finanzierung) der Erwerb des Fahrzeugs selbst. Wann und wie dies zurückgezahlt wird, insbesondere ob vor oder nach der Trennung der Partner ist für die Beurteilung, ob es sich um eine rückerstattungsfähige Einlage handelt, ohne Bedeutung. Wenn argumentiert wird, die einzelne Rate gehöre zu den laufenden Kosten des gemeinsamen Lebens, wären selbst umfangreiche fremdfinanzierte Investitionen als Einlagen nicht rückerstattungsfähig, wenn die Kreditraten während der Dauer der Lebensgemeinschaft abgetragen wurden. Dann unterscheidet sich dieses Verständnis des § 733 Abs. 2 Satz 1 BGB aber im Ergebnis nicht mehr wesentlich von den starren Dogmen der Rechtsprechung.

Um ein solches Ergebis zu vermeiden, sollte daher bei der Auslegung des § 733 Abs. 2 Satz 1 BGB auf das Merkmal "keine laufenden Kosten" verzichtet werden. Stattdessen ist, wie schon dargelegt, in Anlehnung an § 1357 BGB zu prüfen, ob die Leistung der angemessenen Deckung des Lebensbedarfs diente. Dabei ist nur der Inhalt der Leistung insgesamt zu berücksichtigen.

Bei einer Analyse der Lösungsansätze von Rechtsprechung und der dargestellten Literaturansicht läßt sich die Vermutung nicht ausräumen, daß die Ergebnisse an der Rechtslage nach der Trennung von Ehegatten in Zugewinngemeinschaft orientiert sind, die sich gesamtschuldnerisch verpflichtet hatten. Nach Trennung der Ehegatten existieren zugunsten desjenigen, der ein Darlehen zurückführt, Ansprüche gemäß §§ 426 Abs. 1 und 2 BGB. Während der Dauer der Ehe war hier im Zweifel zwischen den Gatten insofern ein anderes bestimmt, als die (teilweise) Rückführung des Darlehens für den anderen Gatten gleichzeitig eine Unterhaltsleistung darstellte und ein Regreß folglich ausgeschlossen war. Dies ist zumeist nach der Trennung der Gatten, spätestens jedoch nach der Scheidung der Ehe nicht mehr der Fall, so daß ab diesem Zeitpunkt ein Ausgleichsanspruch des leistenden Gesamtschuldners begründet ist.

dd)   Wird die Leistung eines Partners als Einlage qualifiziert, ist er dennoch dem Risiko der Insolvenz des anderen Partners in ganz besonderem Maße ausgesetzt: Ersatz für seine Leistung bekommt er nur, wenn seine Einlage durch andere Einlagen des Partners bereits kompensiert ist oder wenn der andere Teil über genügend Vermögenswerte im Zeitpunkt der Beendigung der Gesellschaft verfügt, um entweder die Einlage zurückzuerstatten oder deren Wert zu ersetzen. Ist das Vermögen des anderen Partners nicht in die Auseinandersetzung einzubeziehen, kann kein vorhandenes Gesellschaftsvermögen zur Befriedigung der Auseinandersetzungsansprüche herangezogen werden. Selbst wenn der andere Partner nach der Beendigung der Lebensgemeinschaft wieder solvent wird, entstehen keine Wertersatzansprüche gegen ihn mehr.

2. *Die Erfüllung von Verbindlichkeiten des anderen Partners, die entweder vor Beginn der Lebensgemeinschaft begründet wurden oder mit der Lebensgemeinschaft nicht in Zusammenhang stehen*

Im Unterschied zu den vielen Rechtsgeschäften und Leistungen, die im Zusammenhang mit der Lebensgemeinschaft stehen, besteht hier die Besonderheit, daß in den meisten Fällen ausdrückliche Vereinbarungen der Partner vorliegen, die den Rechtsgrund der Leistung bestimmt haben.

a)   Keine Beiträge zum Gesellschaftsvermögen

Auf den ersten Blick drängt sich auch hier der Gedanke auf, daß es sich um einen Beitrag zum Gesellschaftsvermögen des leistenden Partners handeln könnte. Dies ist aber nicht der Fall, weil die Tilgung einer Verbindlichkeit außerhalb des Zwecks "gemeinsames Wirtschaften" liegt; denn derjenige, dessen Verbindlichkeit getilgt wird, ist diese im eigenen Interesse eingegangen und hat somit kein gemeinschaftliches Interesse der Partner verfolgt.

Auch mittelbar wird mit der Tilgungsleistung des Partners kein gemeinsamer Zweck verfolgt. Denkbar ist die Argumentation, daß der von fremden Verbindlichkeiten befreite Partner eher in der Lage sein wird, nunmehr Beiträge leisten zu können, die der Erreichung des gemeinsamen Zwecks dienen.[41] So ist denn auch Battes[42] der Ansicht, daß die Verbesserung der laufenden Einkommenssituation des anderen Partners ein begrenzter Nutzen sei, der mit der Gesamtsumme der getilgten Verbindlichkeit in aller Regel nicht übereinstimme. Vielmehr gehe es um den Betrag, den der Schuldner vom Zeitpunkt der Tilgung bis zum Ende des nichtehelichen Zusammenlebens an Zins- und Tilgungsraten hätte aufbringen müssen. Genau dies sei der Betrag, um den sich sein laufendes

---

41   So offenbar Weber, JR 88, 309, 315.

42   Battes, Rdnr. 94.

Einkommen während des Zusammenlebens infolge der Tilgung erhöht habe. In Höhe dieses Betrages habe der zahlende Partner einen Beitrag zum Gesellschaftszweck "gemeinsames Wirtschaften" geleistet.

Dem kann nicht gefolgt werden. Mit der Tilgung von Verbindlichkeiten des Partners, die gegenüber Dritten bestehen, wird nicht einmal mittelbar der Gesellschaftszweck des gemeinsamen Wirtschaftens verfolgt. Im wirtschaftlichen Ergebnis macht es keinen Unterschied, ob der leistende Partner die Verbindlichkeit tilgt, um die Leistungsfähigkeit des anderen zur Erbringung von Gesellschaftsbeiträgen zu erhöhen, oder ob er bis zur Tilgung der Verbindlichkeit durch den Schuldner die Gesellschaftsbeiträge alleine oder zum größten Teil selbst erbringt. Der Zweck "gemeinsames Wirtschaften" kann allenfalls verfolgt werden, wenn dem Schuldner durch die Leistung des Partners etwa Zinsleistungen erspart werden können. Dann besteht sein Beitrag aber lediglich in der Befreiung des Partners von der Zinsverbindlichkeit, die im Verhältnis zur geschuldeten Summe nur eine untergeordnete Rolle spielt. In diesem Fall kann aber, wenn kein anderer Rechtsgrund vereinbart wurde, ein Beitrag vorliegen, der nach den oben angeführten Grundsätzen bei der Berechnung des Auseinandersetzungsguthabens zu berücksichtigen ist.

b) Schenkungen

In vielen Fällen wird bei der Tilgung von Schulden des Partners im Innenverhältnis eine Schenkung vereinbart worden sein. Eine Schenkung i.S.d. §§ 516 ff. BGB liegt vor, wenn die Zuwendung objektiv unentgeltlich erfolgt und sich die Parteien hierüber auch subjektiv einig sind.[43]

Gegen die Anwendung von Schenkungsrecht zwischen Partnern einer nichtehelichen Lebensgemeinschaft werden im Schrifttum allerdings gewichtige Einwände vorgebracht. Es wird darauf hingewiesen, daß die Grenzen zwischen "Mein und Dein" bei fester Partnerschaft mehr und mehr zerfließen. Gerade weil die formale Trennung der Vermögenssphären vom Gefühl wenigstens wirtschaftlicher Gemeinsamkeit überlagert werde, fehle es bei Zuwendungen von Partnern an dem die Schenkung letztlich ungeschrieben prägenden Merkmal der Endgültigkeit der Vermögensverschiebung. Nicht die Absicht der unentgeltlichen Meh-

---

43   Vgl. nur etwa MünchKomm-Kollhosser, § 516, Rdnrn. 2 und 9; Palandt-Putzo, § 516, Rdnr. 1.

Daß das Schenkungsrecht jedoch untauglich ist, die Beziehungen der Partner insgesamt zu erfassen, begründet Schwab in: Landwehr, S. 66.

rung fremden Vermögens stehe im Vordergrund, wie sie für eine Schenkung charakteristisch sei. Angesichts der trotz des Vermögenswechsels fortbestehenden eigenen Nutzungsmöglichkeit sei die formale Vermögenszuordnung eher gleichgültig bis zufällig. Die Annahme, es läge ein endgültiges ersatzloses Ausscheiden der Werte aus dem Vermögen des Zuwendenden vor, sei damit nicht vereinbar. Es liege vielmehr nahe, die Zuordnung zum Empfängervermögen als nur vorläufig, vom Bestand der Lebensgemeinschaft abhängig, anzusehen.[44]

Dem ist zu folgen, soweit sich die Bedenken dagegen richten, die Leistungen der Partner während der Dauer der nichtehelichen Lebensgemeinschaft umfassend als Schenkungen zu qualifizieren. Nichts spricht aber dagegen, daß in einzelnen Leistungen eines Partners eine Schenkung gesehen werden kann.[45] Freilich will bei Zuwendungen zur Deckung des täglichen Lebensbedarfs der Partner, der die Gemeinschaft finanziell trägt, dem anderen nichts schenken, erst recht nicht, wenn dieser z.B. den gemeinsamen Haushalt führt.[46] Bei Eheleuten unterscheidet die Rechtsprechung zwischen Schenkungen und "unbenannten Zuwendungen", die in Anerkennung der Leistungen des nicht oder weniger verdienenden Partners erfolgen, die dieser für die Gemeinschaft erbracht hat oder erbringt.[47]

Wenn aber eine Altschuld eines Partners oder eine Schuld, die außerhalb des gemeinsam verfolgten Zwecks begründet wurde, vom anderen getilgt wird, ist dem leistenden Partner regelmäßig bewußt, daß er hiermit nicht nur Dienst- oder Arbeitsleistungen des nicht oder weniger verdienenden Partners honoriert, sondern daß grundsätzlich eine endgültige Vermehrung des Vermögens des anderen bewirkt werden soll. Dies liegt bei Geldleistungen noch näher, als bei Sachleistungen. In den Fällen der §§ 527, 528 und 530 BGB kann das Geleistete wieder zurückgefordert werden. Grober Undank, der Voraussetzung für den Schenkungswidrruf ist, liegt aber nicht in der Auflösung der Lebensgemeinschaft, weil

---

44 Lieb, Gutachten, A 57.

45 Für Eheleute bzw. Verlobte z.B.: RG JW 1919, 242; BGH, FamRZ 74, 592; OLG Düsseldorf, FamRZ 75, 40; de Witt/Huffmann, Rdnr. 394; Soergel/Lange, Anh. zu § 1588, Rdnr. 26; vgl. auch den Fall des OLG Karlsruhe, FamRZ 86, 1095; dagegen: Koch, FamRZ 87, 240.

46 Schwab in: Landwehr, S. 66.

47 BGHZ 82, 227; BGH, FamRZ 82, 778; OLG Frankfurt, FamRZ 83, 395; Soergel/Lange, Anh. zu § 1588, Rdnr. 26 wollen dies auf die nichteheliche Lebensgemeinschaft übertragen; daß dies wegen des Fehlens eines gesetzlichen Gemeinschaftsverhältnisses der Partner nicht möglich ist: Probst, JR 91, 283, 284.

hiermit jederzeit gerechnet werden muß. Wenn aber Geschenke noch angenommen werden, während bereits Beziehungen zu einem anderen Partner unterhalten werden, ist von einer schweren Verfehlung dem schenkenden Partner gegenüber auszugehen.[48] Über diese Fälle hinaus wird noch zu prüfen sein, ob auch im Fall der Schenkung ein Bereicherungsausgleich wegen Zweckverfehlung in Betracht kommt.

c) Darlehen

Zu Schwierigkeiten kann im Einzelfall die Frage führen, ob in einer Vereinbarung zwischen den Partnern eine Schenkungsabrede oder ein Darlehensvertrag zu sehen ist. Es kommt allerdings nicht selten vor, daß Darlehensverträge zwischen den Partnern als solche bezeichnet und die Modalitäten der Rückzahlung geregelt werden.[49] Bei der Auslegung, ob die Parteien ein Darlehensverhältnis begründet haben, kommt es darauf an, ob ihr Verhalten den Schluß auf den Willen zur Übernahme einer Rückzahlungspflicht erlaubt.[50] Entscheidend ist, daß die Zuwendung *ausschließlich* dem Interesse eines Partners dient. Für ein Darlehen spricht z.B., wenn die Partner sich noch nicht lange kannten oder die Beziehung sich erst im Anfangsstadium befand und ihre Fortsetzung noch ungewiß war. Gleiches gilt, wenn sich die persönlichen Beziehungen der Partner bereits verschlechtert hatten und mit einer alsbaldigen Trennung zu rechnen war. Diese Umstände lassen den Schluß zu, daß der leistende Partner keine endgültige Vermögensverschiebung bewirken wollte, sondern daß er an eine Rückzahlung des Betrages, und sei es nur im Fall der Trennung, dachte.

War dagegen die Partnerschaft gefestigt und an ein längeres Fortbestehen gedacht, obwohl ein solches Vertrauen bei der nichtehelichen Lebensgemeinschaft grundsätzlich nicht besteht, so spricht dies viel eher gegen den Willen des Leistenden zur Begründung einer Rückzahlungspflicht.

---

48   BGHZ 35, 103, 111; OLG Hamm, NJW 74, 224; Diederichsen, NJW 83, 1017, 1022; Frank in: FS für Müller-Freienfels, S. 131, 152 f.; Soergel-Lange, Anh. § 1588, Rdnr. 98; Schlüter, S. 31; Steinert, NJW 86, 683, 688 f.; Appel, S. 174 und 240; Beyerle, S. 39; Halstrick, S. 192; Stückradt, S. 43; Maus, S. 62 f.; Krause, JuS 89, 455, 458; Hausmann, S. 167; Weber, JR 88, 309, 315; Striewe, S. 253; Tegge, S. 130; anders noch: Carl, S. 125; zum groben Undank bei einer wider besseres Wissen erstatteten Strafanzeige vgl. BGH, NJW 91, 830, 831.

49   So z.B. im Fall BGH, FamRZ 70, 19.

50   Battes, Rdnr. 101; Weber, JR 88, 309, 315.

d)   Auftrag

Es ist auch denkbar, daß bei der Tilgung von Schulden des anderen oder bei der Begründung von Verbindlichkeiten zwischen den Partnern ein Auftragsverhältnis besteht. Ein solches kommt insbesondere in Betracht bei Aufwendungen, die schon während der Lebensgemeinschaft *ausschließlich* dem Interesse nur eines Partners zugute kommen. Entscheidend hierfür ist der Zeitpunkt der Begründung des Auftragsverhältnisses. Dabei kann es keine Rolle spielen, ob die Leistungen während des Bestehens oder nach Beendigung der Lebensgemeinschaft erbracht werden.[51] Wäre im mehrfach erwähnten Fall BGH NJW 81, 1502 die Anschaffung des Fahrzeugs und die Finanzierung durch die Frau nicht im gemeinschaftlichen Interesse, sondern in ausschließlichem Interesse des Mannes erfolgt, wäre spätestens im Zeitpunkt der Begründung der Verbindlichkeit ein Auftragsverhältnis entstanden. Rechtsfolge ist ein Aufwendungsersatzanspruch gemäß § 670 BGB gegen den Partner, da nur seine Dienstleistung gegenüber dem anderen unentgeltlich ist. Welche Schwierigkeiten bei der Annahme eines Auftragsverhältnisses auftreten, mögen folgende Überlegungen verdeutlichen, wobei von der im Einzelfall schwierigen Abgrenzung von Auftrag und Gefälligkeitsverhältnis ganz abgesehen wird:

Leistet der Beauftragte nicht direkt an den Gläubiger, sondern zunächst an den Partner, damit dieser mit den zur Verfügung gestellten Mitteln die Schuld tilge, stellt sich die Frage, aus welchem Rechtsgrund die Leistung im Innenverhältnis zwischen den Partnern erfolgt ist. Dann bestehen wiederum hauptsächlich die Abgrenzungsprobleme zwischen Schenkung und Darlehen, so daß die Rechtslage durch die Annahme eines Auftragsverhältnisses nur noch zusätzlich kompliziert würde. Aber auch bei direkter Leistung des geschuldeten Betrages an den Gläubiger ist zu beachten, daß aufgrund einer solchen Aufwendung nicht notwendig ein Aufwendungsersatzanspruch begründet wird, weil § 670 BGB abdingbar ist.[52] Selbst wenn die Auslegung ergibt, daß zwischen den Partnern ein Auftragsverhältnis besteht, ist noch zu prüfen, ob zwischen den Partnern nicht wenigstens stillschweigend vereinbart wurde, daß Ansprüche des Leistenden aus § 670 BGB ausgeschlossen sein sollen. Zur Beantwortung dieser Frage gelten dann wiederum die Überlegungen zur Abgrenzung von Schenkung und Darlehen entsprechend.

---

51   Ebenso Weber, JR 88, 309, 313. Warum aber auch nach seiner Lösung (S. 316) der Aufwendungsersatzanspruch erst mit der Trennung bestehen soll, bleibt unklar. Für die bereits bedienten Kreditraten könnten allenfalls Erlaß oder Schenkung in Betracht kommen.

52   RGRK-Steffen; § 670, Rdnr. 30; von Staudinger-Wittmann, § 670, Rdnr. 4.

e) Analoge Anwendung der §§ 1378 bis 1380 BGB

Für Zuwendungen unter Ehegatten, die während der Dauer der Ehe ohne eine ausdrückliche Vereinbarung über den Rechtsgrund erfolgt sind, wurden vom BGH die Vorschriften über den Zugewinnausgleich herangezogen.

Die Zuwendung soll gemäß § 1380 Abs. 2 BGB für die Berechnungen des Ausgleichsanspruchs so behandelt werden, als befinde sie sich noch im Vermögen des Zuwendenden. Der Empfänger muß sie sich jedoch gemäß § 1380 Abs. 1 BGB auf den so berechneten Ausgleichsanspruch anrechnen lassen. Daraus ergibt sich also: Übersteigen nach § 1380 Abs. 1 BGB ausgleichspflichtige Zuwendungen unter Ehegatten wertmäßig den Betrag nicht, den der Zuwendungsempfänger ohne sie als Zugewinnausgleichsanspruch geltend machen könnte, so führt die Anwendung von § 1380 BGB zur gleichmäßigen Aufteilung des während der Ehe erzielten beiderseitigen Zugewinns. Hat ein Ehegatte im Vorgriff mehr erhalten, als sein Zugewinnausgleichsanspruch ohne die Zuwendung ausmachen würde, so muß er seinen dadurch erhöhten Zugewinn nach § 1378 Abs. 1 BGB zur Hälfte an den anderen zurückerstatten.[53] Anders liegt aber der Fall, wenn der Wert der Zuwendung den Betrag des Ausgleichsanspruchs übersteigt, der sich ergibt, wenn die Zuwendung als Endvermögen des Zuwendenden behandelt wird. Dann wird die Zuwendung dem Endvermögen des Empfängers zugeschlagen, so daß der Zuwendende einen Ausgleich beanspruchen kann. Dieses Ergebnis ergibt sich aus der Auslegung des § 1380 BGB, da diese Vorschrift ihrem Wortlaut nach überhaupt nur eingreift, wenn eine Ausgleichsforderung des Zuwendungsempfängers besteht, auf die ein Vorausempfang angerechnet werden kann. Hat der Zuwendungsempfänger aber schon mehr im voraus erhalten, als ihm als Ausgleichsforderung zustünde, so kann er nichts mehr verlangen. § 1380 BGB greift nicht ein. Allerdings kann der Empfänger nach § 1378 Abs. 1 zu einer Ausgleichszahlung verpflichtet sein, weil er infolge der Zuwendung den höheren Zugewinn erzielt hat.[54]

So praktikabel diese Regeln auch für die nichteheliche Lebensgemeinschaft erscheinen mögen, so verbietet sich dennoch eine Übertragung, weil aus den bereits dargelegten Gründen die Anwendung eherechtlicher Vorschriften auf die nichteheliche Lebensgemeinschaft nicht möglich ist. Selbst wenn man eine Analogie für möglich hielte, entstünden weitere Schwierigkeiten, die in der Natur der

---

53 BGH, NJW 82, 1093, 1094; BGHZ 65, 320, 325; RGRK-Finke, § 1380, Rdnr. 10; Schwab, Handbuch des Scheidungsrechts, Rdnr. 786 ff.

54 So BGH, NJW 82, 1093, 1094.

nichtehelichen Lebensgemeinschaft als rein schuldrechtlicher Beziehung liegen: Ein verläßlicher Anfangs- und Endzeitpunkt des Zusammenlebens wird für die Berechnung eines Ausgleichsanspruchs im Unterschied zur Ehe oft nicht feststellbar sein. Schließlich ist zu berücksichtigen, daß auch in der Ehe diese Regeln nur für den Güterstand der Zugewinngemeinschaft gelten. Eine Übertragung dieser Regeln auf die nichteheliche Lebensgemeinschaft würde voraussetzen, daß die Partner ihre vermögensrechtlichen Beziehungen grundsätzlich am Modell des gesetzlichen Güterstandes der Ehegatten orientieren. Diese Vorstellung ist indes unhaltbar, da die Partner der nichteheliche Lebensgemeinschaft in der Gestaltung ihrer vermögensrechtlichen Beziehungen völlig frei sind. Es ginge nicht an, die Regeln der §§ 1378 - 1380 BGB auf Partner anzuwenden, die ihre Vermögensgegenstände sorgfältig getrennt haben.

f) Unterhaltsleistung

Es ist nicht möglich, in der Tilgung einer Verbindlichkeit des Partners eine Unterhaltsleistung zu sehen. Hier stellt sich die allgemeine Frage, ob Personen, die nicht kraft Gesetzes einander zum Unterhalt verpflichtet sind, wirksam einen Unterhaltsanspruch vereinbaren können. Dies wird bejaht für das Verhältnis zwischen verschwägerten Personen, insbesondere zwischen einem Ehegatten und dem in den Haushalt aufgenommenen Stiefkind.[55]

Unterhalt setzt jedoch grundsätzlich das Bestehen eines familienrechtlichen Verhältnisses zwischen den beteiligten Personen voraus.[56] Dies ist zwischen den Partnern einer nichtehelichen Lebensgemeinschaft gerade nicht der Fall.

Um das Problem zu verdeutlichen, empfiehlt es sich zunächst, zwischen Unterhaltsansprüchen während des Zusammenlebens und solchen nach dem Zusammenleben zu unterscheiden.

Es ist geradezu müßig, sich über Unterhaltsansprüche während des Zusammenlebens Gedanken zu machen, da der Partner einer eventuellen Klage jederzeit die Beendigung der Gemeinschaft entgegensetzen kann. Für tatsächlich erbrachte

---

55   Göppinger, Unterhaltsrecht, Rdnr. 1638; Schwab in: Landwehr, S. 67, vgl. dort auch Fn. 12.

56   Strätz, FamRZ 80, 301, 307; anders im Fall des § 1615 l BGB. Der dort geregelte Betreuungsunterhalt betrifft auch den Partner der nichtehelichen Lebensgemeinschaft. In Anlehnung an diese Vorschrift hält es Bartsch, JR 79, 364, 366 für erwägenswert, de lege ferenda nach Auflösung einer nichtehelichen Lebensgemeinschaft Unterhaltspflichten einzuführen, wenn aus der Verbindung gemeinsame unversorgte Kinder hervorgegangen sind.

Leistungen haben die Partner die Förderung des Zusammenlebens als Rechtsgrund bestimmt und somit die Rückforderbarkeit der Leistungen ausgeschlossen.[57] Um Schenkungen dürfte es sich regelmäßig nicht handeln, da es sich nicht um eine unentgeltliche Leistung handelt, sondern vielmehr vom Partner Gegenleistungen zur Förderung des Zusammenlebens erwartet werden. Wenn Leistungen während der Dauer des Zusammenlebens vereinbart wurden, dürfte es sich regelmäßig um eine Leibrente gemäß §§ 759 ff. BGB handeln. Da bei der Trennung der Partner jedoch vom Leistungspflichtigen nicht der Wegfall der Geschäftsgrundlage eingewandt werden kann, empfiehlt es sich, die Dauer des Anspruchs genau zu bestimmen (z.B. bis zur Trennung).[58]

Was die Gewährung von Unterhalt nach Beendigung einer nichtehelichen Lebensgemeinschaft betrifft, war die Rechtsprechung noch eher selten mit derartigen Fällen befaßt. Dabei dürfte klargestellt worden sein, daß eherechtliche Bestimmungen auch nicht analog heranzuziehen sind. Selbst in einem Fall, in welchem die Partner 25 Jahre zusammengelebt, sich als Eheleute ausgegeben und zwei Kinder, die als ehelich registriert waren, hatten, hat es das OLG Hamm abgelehnt, der Frau Trennungsunterhalt entsprechend § 1361 BGB zuzusprechen.[59]

Selbstverständlich steht es den Partnern aufgrund der Vertragsfreiheit frei, die Zahlung einer Geldrente des wirtschaftlich stärkeren Partners an den wirtschaftlich Schwächeren zu vereinbaren.[60] Nach der wohl ganz überwiegenden Meinung im Schrifttum soll dies sogar formfrei möglich sein, wobei lediglich vor der vorschnellen Annahme konkludenter Willenserklärungen dieses Inhalts gewarnt wird.[61] Dem kann jedoch nicht gefolgt werden, weil es sich bei derartigen vertraglichen Vereinbarungen nicht um Unterhaltsverpflichtungen, sondern in Wahrheit - anders als bei Leistungen während des Zusammenlebens - um Sukzessivschenkungsversprechen handelt, welche nur bei Beobachtung der Form des § 518

---

57 Battes, Rdnr. 71; ders. in: FS für Pleyer, S. 470.

58 Schreiber, NJW 93, 624, 627.

59 OLG Hamm, FamRZ 83, 273, 274.

60 v. Münch, ZRP 88, 327, 329 nennt Fallgruppen für eine mögliche gesetzliche Unterhaltspflicht nach der Trennung; dagegen: Ullmann, FamRZ 89, 240, 242 f.

61 Schwenzer, S. 203 ff.; Finger, JZ 88, 250, 252; Battes in: FS für Pleyer, S. 480; ders., JZ 88, 908, 914; Henrich in: FS für Beitzke, S. 517; Diederichsen, FamRZ 88, 889, 894; Schwab in: Landwehr, S. 67 f.; Appel, S. 165; Brühl, FamRZ 78, 859; Kurr, S. 63; Beitzke, § 6 II (36); Striewe, S. 228; Raddatz, S. 161 f.

Abs. 1 BGB wirksam sind. Dieser Mangel wird durch Zahlung der einzelnen Renten gem. § 518 Abs. 2 BGB geheilt. Wenn also die Erklärung des zur Zahlung einer Geldrente verpflichteten Partners nicht notariell beurkundet wurde, kann vom Versprechensempfänger Zahlung nicht gefordert werden. Der Partner, der sich dem anderen gegenüber zum "Unterhalt" verpflichtet hat, kann in diesem Falle die Zahlungen jederzeit einstellen, ohne seine Pflichten zu verletzen.[62]

In diese Richtung geht seit 1985 auch die Rechtsprechung des BGH.[63] Im dort zugrundeliegenden Fall verpflichtete sich ein Mann, monatlich nach der Trennung für seine Lebensgefährtin und seine Kinder 1.200 DM Unterhalt zu zahlen. Der BGH hat die Sache zur Entscheidung zurückverwiesen, weil das OLG Zweibrücken die vertragliche Vereinbarung nicht sorgfältig ausgelegt hatte. Er hat ausdrücklich auf die Frage verwiesen, ob die Verpflichtung mangels notarieller Beurkundung möglicherweise gem. §§ 518, 125 BGB nichtig war. Dies belegt, daß auch der BGH derartige Vereinbarungen regelmäßig als Schenkungen qualifizieren will. Im zu entscheidenden Fall hat er jedoch zu Recht noch eine weitere Auslegungsmöglichkeit aufgezeigt: Wenn einem Partner mit Rücksicht auf die Betreuung des gemeinsamen Kindes Unterhalt zugesagt wird, werden diese Leistungen möglicherweise im Hinblick auf künftige Leistungen des Partners (Betreuung) versprochen. Dann fehlt es jedoch an einer Einigung über die Unentgeltlichkeit und somit an einer Schenkung. Auch der Schlußfolgerung, daß es eine Auslegungsregel, die entsprechende Zusagen aus die Dauer der Lebensgemeinschaft beschränkt, nicht gibt, kann zugestimmt werden.[64] Die Dauer ist vielmehr nach allgemeinen Auslegungsgrundsätzen im Einzelfall festzustellen.

Es darf aber nicht übersehen werden, daß bei unentgeltlichen Verbindlichkeiten die Formvorschrift des § 518 abs. 1 BGB einzuhalten ist.[65] Daß auch unentgeltliche Zuwendungen nicht notwendig Schenkungsversprechen sein müssen, hat das OLG Hamm[66] aufgezeigt: Da der Mann die Summe für den Fall einer von ihm veranlaßten Trennung versprochen hatte, hielt es die Vereinbarung gem.

---

62   Anders: Schwab in: Landwehr, S. 68; Steinert, NJW 68, 683, 685; Roth-Stielow, JR 78, 233, 236.

63   BGH JZ 86, 239, 240.

64   Battes, JZ 86, 240, 241.

65   Dies übersieht Finger, JZ 88, 250, 252.

66   OLG Hamm, JZ 88, 249; einen ähnlichen Fall hatte bereits das Reichsgericht in RGZ 98, 176 zu entscheiden.

§ 138 Abs. 1 BGB für nichtig. Dabei war als Ausgangspunkt klar, daß die nicht-eheliche Lebensgemeinschaft selbst rechtlich zulässig und nicht etwa für sich schon gem. § 138 Abs. 1 BGB zu verwerfen war. Abgesehen davon, daß der Mann im Zeitpunkt der Vereinbarung noch verheiratet war und diese ein Hinder-nis für die Wiederherstellung der ehelichen Lebensgemeinschaft gewesen wäre, stellt das OLG fest, daß sich die Regelung als Sanktion mit Vertragsstrafencha-rakter darstellt. Dies folge schon daraus, daß die Zahlungsverpflichtung nur ent-stehen sollte, wenn *der Mann* die Lebengemeinschaft beendet. Daher ergab die Auslegung, daß die Vereinbarung von vornherein nicht ein materielles Siche-rungsbedürfnis der Frau verfolgte.[67]

Da aber das OLG diese Abrede zu Recht als Vertragsstrafe charakterisiert hat, hätte es letztlich des Rückgriffs auf § 138 Abs. 1 BGB nicht mehr bedurft: Ein Wesensmerkmal der nichtehelichen Lebensgemeisnchaft ist die jederzeitige Kündbarkeit - zumindest aus wichtigem Grund. Sie ist auch vertraglich nicht ab-dingbar. Wer sich aber durch Auflösung der Gemeinschaft rechtmäßig verhält, kann sich nicht einer Vertragsstrafe aussetzen, die stets rechtswidriges Verhalten voraussetzt.[68]

g) Schadensersatzanspruch nach § 1298 Abs. 1 BGB

Oft werden zusammenlebende Partner miteinander verlobt sein, so daß die Vorschriften der §§ 1297 ff. BGB auf diesen Personenkreis anwendbar sind. Lie-gen diese Voraussetzungen vor, besteht auf Seiten des leistenden Partners ein Schadensersatzanspruch nach § 1298 Abs. 1 BGB, wenn der Schuldner der ge-tilgten Forderung ohne Grund vom Verlöbnis zurückgetreten ist.

h) Herausgabeanspruch nach § 812 Abs. 1 Satz 2, 2. Fall BGB

Läßt sich zwischen den Partnern keine Rechtsgrundabrede wegen der Tilgung der Schuld erkennen, bleibt immer noch die Möglichkeit eines Kondiktionsanspruchs des leistenden Partners nach § 812 Abs. 1 Satz 2, 2. Fall BGB. Dies setzt aber zumindest voraus, daß der Empfänger erkannt hat, der Leistende habe in der Erwartung gehandelt, daß das Zusammenleben noch längere Zeit fortdauern

---

67 Diesen Gesichtspunkt erwähnt Finger, JZ 88, 250 in seiner ablehnenden Anmerkung über-haupt nicht.

68 Zur Unwirksamkeit von Vertragsstrafenvereinbarungen auch Strätz, FamRZ 80, 401, 404; Hausmann, S. 95.

werde.[69] Hier kann man regelmäßig davon ausgehen, daß ein Herausgabeanspruch besteht, wenn ein Partner Verbindlichkeiten des anderen getilgt hat und
das Zusammenleben kurze Zeit später endete.[70] Zwischen der Höhe der Leistung
und der Dauer zwischen Leistung und Trennung ist hierbei ein Zusammenhang
herzustellen.

Problematisch ist die bereits angedeutete Frage, ob auch geschenkte
Vermögensgegenstände nach der Trennung durch die condictio ob rem zurück-
gefordert werden können. Grundsätzlich kann die Leistung nach Wegfall bzw.
Nichteintritt eines mit ihr bezweckten Erfolges nach § 812 Abs. 1 Satz 2, 2. Fall
BGB auch dann zurückgefordert werden, wenn die vereinbarte
Zweckbestimmung neben einen anderen Rechtsgrund tritt.[71]

Die systematische Auslegung des § 812, insbesondere im Hinblick auf die
§§ 527, 528 und 530 BGB ergibt aber, daß dies für den Fall der Schenkung nicht
gelten kann. Eine Zweckverfehlung i.S.d. § 812 Abs. 1 Satz 2, 2. Alt. kann nur
vorliegen, wenn gerade der Zweck nicht erreicht wird, über den eine
rechtsgeschäftliche Einigung erzielt werden muß, um das der Leistung zugrunde-
liegende kausale Zuordnungsverhältnis überhaupt zu begründen. Bei einer Schenkung einigen sich die Parteien gerade darüber, daß der Leistung keine Gegenleistung folgen soll. Mit dem Schenkungsversprechen verpflichtet sich der Schenker
nur, das Vermögen des anderen unentgeltlich zu vermehren, was durch die Be-
wirkung des Leistungserfolges erreicht wird. Eine nachträgliche Störung dieser
Leistungsbeziehung kann es bei einem unentgeltlichen Rechtsgeschäft nicht geben.[72] Würde man tatsächlich die Auffassung vertreten, eine Zweckschenkung sei
bei Ausbleiben des bezweckten Erfolges nach § 812 Abs. 1 Satz 2, 2. Alt. rück-
abzuwickeln,[73] hätte dies folgende Konsequenzen: Der Schenker, der einen
Zweck verfolgt, hätte dann einen viel weitergehenden Herausgabeanspruch als
derjenige, der unter einer Auflage schenkt. Letzterer hat den Auflagenerfolg aus

---

69 Diese Erkennbarkeit der Zwecksetzung durch den Leistenden ist gemäß BGHZ 44, 321
    Mindestvoraussetzung für die Zweckverfehlungskondiktion.

70 Battes, Rdnr. 102.

71 Palandt-Thomas, § 812, Rdnr. 91.

72 Welker, S. 90.

73 So die ganz herrschende Meinung: vgl. nur von Staudinger-Reuss, § 525, Rdnr. 12; Er-
    man-Seiler, § 525, 8; Enneccerus-Lehmann, § 125 I (498 f.); Medicus, Rdnr. 377;
    MünchKomm-Kollhosser, § 525, Rdnr. 4; RGZ 105, 305, 308; Battes, Rdnr. 102.

dem Wert der Schenkung des Gegenstandes, nicht für dessen Wert zu bewirken. Es ist deshalb nachvollziehbar, daß das Geschenk nicht nach § 527 BGB zurückgefordert werden darf, wenn die Vollziehung der Auflage dem Beschenkten unverschuldet unmöglich geworden ist. Wenn jedoch bei einer Zweckschenkung der verfolgte Zweck ohne ein Verschulden des Beschenkten nicht erreicht würde, müßte dieser das Geschenk als ungerechtfertigt Bereicherter herausgeben.[74] Dies wäre ein nicht zu rechtfertigender Regelungswiderspruch.

Die Vorschriften der §§ 527 ff. BGB sind daher abschließende Sonderregelungen in Bezug auf die Schenkung, neben denen § 812 Abs. 1 Satz 2 BGB nicht anwendbar ist. Für eine Zweckschenkung ist weder Raum noch Bedarf. Der Schenker hat vielfache andere Möglichkeiten, seine Beziehungen zum Beschenkten zu regeln, wenn er mit dem Geschenk einen Zweck verbindet. So kann z.B. eine Bedingung oder ein Rücktrittsvorbehalt (stillschweigend) vereinbart sein. Auf unentgeltliche Zuwendungen findet die condictio ob rem jedenfalls keine Anwendung. Wohl hat diese aber einen recht breiten Anwendungsrahmen für Leistungen während der Dauer der nichtehelichen Lebensgemeinschaft, die keine Gesellschafterbeiträge darstellen.

3. Bankkonten

Bei Bankkonten ist zu unterscheiden zwischen gemeinschaftlichen Konten, die die Partner eingerichtet haben ("Oder-Konten") und solchen, die einem der Partner im Verhältnis zur Bank alleine zustanden. Beide Fallgruppen sind gesondert zu untersuchen.

a) Oder-Konten

Wird das gemeinschaftliche Konto als Oder-Konto geführt, kann jeder Berechtigte ohne Mitwirkung des anderen über den Kontobestand verfügen und auch das Konto überziehen. Obwohl die Gesamtgläubigerschaft im Bürgerlichen Recht nur selten vorkommt, weil es nicht wie im Fall des § 427 BGB für die Gesamtschuldnerschaft eine Vermutung gibt, wird sie im Fall des Oder-Kontos dennoch durch Rechtsgeschäft mit Zustimmung des Schuldners (Bank) begründet.[75] Es handelt sich um eine Gesamtgläubigerschaft, weil bei der Umwandlung eines

---

74 Welker, S. 92 f.

75 Palandt-Heinrichs, § 428, Rdnr. 3.

Einzelkontos in ein Gemeinschaftskonto oder bei der Begründung eines Gemeinschaftskontos der Wille der Parteien zum Ausdruck kommt, dem oder den anderen Mitberechtigten einen Teil des Kontobestandes (im Zweifel die Hälfte) zuzuwenden. Wäre weniger gewollt, könnte dies von den Parteien auch durch die bloße Einräumung einer Kontovollmacht (Verfügungsbefugnis) erreicht werden, die vom Alleininhaber des Kontos jederzeit widerrufen werden könnte.[76]

Aufgrund der Gesamtgläubigerschaft sind die Partner im Innenverhältnis zu gleichen Teilen berechtigt, wenn nicht ein anderes bestimmt ist (§ 430 BGB). Dies kann insbesondere dann der Fall sein, wenn die auf dem Konto vorhandene Forderung Gesellschaftsvermögen wurde. Gerade wenn die Partner ihre laufenden Einnahmen auf dem Konto verbuchen lassen und die Kosten ihres Zusammenlebens von diesen Forderungen bestreiten, liegt die Vermutung sehr nahe, daß das gemeinsame Konto zum Gesellschaftsvermögen gehört, so daß die §§ 705 ff. BGB anwendbar sind. Wird von den Partnern ein Oder-Konto eingerichtet, ist dies sogar ein starkes Indiz dafür, daß sie sich verständigt haben, gemeinsam zu wirtschaften und zwischen ihnen somit ein Gesellschaftsverhältnis besteht.[77]

Schwierig wird aber die Beurteilung der Fälle, in welchen ein oder beide Partner vom Bestand dieses Kontos, was die Regel sein wird, auch Geschäfte abwickeln, die nicht dem Interesse der Gemeinschaft, sondern ihrem jeweils eigenen Interesse dienen. Dies ist gerade beim Erwerb von Gegenständen der Fall, die der Verwirklichung eines Hobbys dienen. Wenn dies beide Partner in gegenseitigem Einverständnis permanent so handhaben, kann die Auslegung ergeben, daß sie ihre Gesellschaft auch auf derartige Geschäfte erstrecken wollten. Dann käme insofern die Abwicklung bei Beendigung ihrer Lebensgemeinschaft der einer Zugewinngemeinschaft nahe.

Es bedarf aber einer sorgfältigen Prüfung, ob zwischen den Partnern tatsächlich eine solch weitreichende Vereinbarung getroffen wurde. Dies dürfte nicht der Regelfall sein, weil Gegenstände, deren Erwerb nur den Interessen eines Einzelnen dienen, grundsätzlich nicht zum Gesellschaftsvermögen gehören, weil sie nicht in die Gesellschaft eingebracht werden. Dann ist folgendermaßen zu verfahren: Reichen die Einkünfte des Partners für den Erwerb von Gegenständen

---

76 Battes, Rdnr. 106; KG, NJW 76, 807.

77 de Witt/Huffmann, Rdnr. 397; Battes, Rdnr. 107; ders., JZ 88, 908, 913; Hausmann, S. 267 verweist auf diese Konsequenz; nach Rogalski, AnwBl 83, 358, 365 ist im Zweifel entweder über § 742 BGB oder gem. § 430 BGB zu halbieren.

im eigenen Interesse und seine Beiträge zur Lebensgemeinschaft aus, unterbleibt eine Abrechnung. Ist dies nicht der Fall, sondern hat er diese Ausgaben letztlich aus Einkünften des anderen getätigt, ist auszulegen, ob im Innenverhältnis nach den oben aufgestellten Grundsätzen ein Darlehen oder eine Schenkung vorliegt oder nach den Grundsätzen der condictio ob rem zu verfahren ist.

Kein Ausgleich findet auch in dem Fall statt, in welchem ein Partner vom Oder-Konto einen erheblichen Teil für seine eigenen Zwecke verwendet, dieser Teil jedoch unter seinen eigenen Einkünften liegt. Dann leisten die Partner im Ergebnis unterschiedliche Beiträge zur gemeinsamen Lebensführung, worüber sie sich zumindest durch eine tatsächliche Übung stillschweigend geeinigt haben. Ein solches Verhalten eines Partners ist daher unerheblich für Ausgleichsansprüche.[78]

Im Falle des Todes eines Partners, der Mitberechtigter an einem Oder-Konto war, ist zu klären, unter welchen Voraussetzungen das gesamte Guthaben dem Überlebenden gegenüber den Erben des verstorbenen Partners zustehen kann.

Das OLG Celle[79] hatte einen Fall zu beurteilen, in welchem Kläger die Erben eines Kraftfahrers waren, der mit seiner Partnerin in einer nichtehelichen Lebensgemeinschaft gelebt hatte. Sie hatten Oder-Konten mit erheblichen Beträgen, die die überlebende Partnerin nach dem Tod des Mannes unter Ausnutzung ihrer Verfügungsbefugnis abgehoben hatte. Die Erben verlangten mit ihrer Klage Erstattung der Hälfte der Guthaben im Zeitpunkt des Todes des Erblassers.

Die Klage hatte insoweit Erfolg. Das OLG stellte fest, daß der Erblasser und die Beklagte in ihrem Verhältnis zueinander Gesamtgläubiger gemäß § 430 BGB unabhängig davon waren, wieviel von den Sparbeträgen im einzelnen von ihnen jeweils aufgebracht worden waren. Grundsätzlich seien sie an den Guthaben zu gleichen Anteilen berechtigt gewesen, es sei denn, sie hätten etwas anderes vereinbart, was auch stillschweigend möglich sei. Der Umstand allein, daß die Gesamtgläubiger in einer nichtehelichen Lebensgemeinschaft gelebt hätten, reiche als solcher für diese Annahme nicht aus.

Dieser zutreffenden Entscheidung ist - bis auf die grundsätzlichen Ausführungen, daß das nichteheliche Zusammenleben keine Rechtsfolgen auslöse, die über die sich unmittelbar aus dem Zusammenleben ergebenden Konsequenzen hinausgingen - zuzustimmen. § 430 BGB ist so zu verstehen, daß er auch im Innenverhältnis eine im Zweifel hälftige Ausgleichspflicht der Partner vorsieht. Zwar kann es sein, daß gerade bei einem Girokonto mit unterschiedlichen laufenden

---

78   de Witt/Huffmann, Rdnr. 397.

79   OLG Celle, FamRZ 82, 63.

und sonstigen Einkünften und unterschiedlich hohen Abbuchungen durch die einzelnen Partner die ideellen Anteile für die Partner bedeutungslos sind. In solchen Fällen liegt der Gedanke nahe, daß beide von der Vorstellung ausgegangen sind, im Falle des Überlebens eines Partners solle dieser in vollem Umfang über den Kontobestand verfügen dürfen.

Ein solcher Wille, der für den anderen erkennbar war, stellt jedoch im Innenverhältnis eine Schenkung von Todes wegen dar. Diese ist aber, wie das OLG an anderer Stelle nur andeutet,[80] an die im Erbrecht für letztwillige Zuwendungen vorgesehenen Formen gebunden. Da auf ein Schenkungsversprechen, welches unter der Bedingung erteilt wird, daß der Beschenkte den Schenker überlebt, die Vorschriften über die Verfügungen von Todes wegen Anwendung finden (also insbesondere §§ 2231 und 2276 BGB), ist § 2301 Abs. 1 BGB eine nicht zu überwindende Sperre für die Annahme einer schlüssigen Vereinbarung zwischen den Partnern, nach dem Tod könne der jeweils andere in vollem Umfang über den Bestand des Oder-Kontos verfügen. Würde man nur in der nichtehelichen Lebensgemeinschaft eine abweichende Vereinbarung für die Berechtigung am Guthaben nach dem Tode eines Partners sehen, also eine Zuwendungsabsicht auf Seiten des zuerst Versterbenden annehmen, würde man im praktischen Ergebnis sogar ein weitergehendes Erbrecht begründen, als es für Ehegatten vorgesehen ist.

Battes erwägt, die Formvorschriften des § 2301 Abs. 1 BGB durch das Argument auszuschalten, daß nach nahezu einhelliger Auffassung in Rechtsprechung und Literatur die Formvorschriften nicht gelten sollen, wenn alle Gesellschafter einer Personengesellschaft für den Fall des Todes auf ihr Abfindungsguthaben verzichten.[81] Es handelt sich um ein unentgeltliches Geschäft, weil jeder die Chance hat, den oder die anderen Gesellschafter zu überleben und so deren Beteiligung zu erlangen. In seinen weiteren Ausführungen äußert er aber erhebliche Zweifel, ob man diese Ansicht ohne weiteres auf die als Gesellschaft aufgefaßte nichteheliche Lebensgemeinschaft übertragen kann. Vereinbarungen über das Auseinandersetzungsguthaben im Todesfall sind nur bei ausdrücklich abgefaßten Gesellschaftsverträgen anerkannt. Ein weiteres wesentliches Argument ist dabei

---

80   OLG Celle, FamRZ 82, 63, 64.

81   Battes, Rdnr. 112 mit den Nachweisen in Fn. 72; von einer Alleinberechtigung des Überlebenden geht auch Raddatz, S. 192 ff. aus, indem er eine vollzogene Schenkung von Todes wegen annimmt, wenn das Konto vorwiegend der Absicherung des überlebenden Partners dient. Hiergegen ist nichts einzuwenden.

noch übersehen worden: Eine solche vertragliche Regelung setzt zwingend eine Fortsetzungsklausel im Gesellschaftsvertrag voraus, was bei einer Zwei-Personen-Gesellschaft nicht denkbar ist. Da die nichteheliche Lebensgemeinschaft schon begrifflich nur eine Zwei-Personen-Gesellschaft sein kann, eine Fortsetzungsklausel in diesem Zusammenhang nicht denkbar wäre und eine solche auch bei sonstigen zusammenlebenden Personen geradezu abwegig ist, können gesellschaftsvertragliche Regelungen über das Abfindungsguthaben im Todesfall nicht getroffen werden. Es handelt sich in Wahrheit um Schenkungen von Todes wegen, für die die Formvorschriften des § 2301 Abs. 1 BGB Anwendung finden.

b)   Berechtigung nur eines Partners

Ist nur ein Partner Verfügungsberechtigter, haben es die Berufungsgerichte bisher stets abgelehnt, dem anderen Partner in Bezug auf das Guthaben Ausgleichsansprüche zuzuerkennen.[82]

Gerade im Fall des OLG Frankfurt zeigt sich aber deutlich, daß die Partner mit dem Konto der Frau gemeinsam gewirtschaftet haben und das Ergebnis, nach welchem dem überlebenden Partner ein Ausgleichsanspruch versagt wurde, untragbar wäre. Argumentiert wurde mit den bereits widerlegten Dogmen, daß bei der Auflösung einer nichtehelichen Lebensgemeinschaft mangels einer Rechtsgrundlage und mangels einer vertraglichen Regelung keine Ausgleichsansprüche entstehen, selbst dann nicht, wenn ein Partner mit Hilfe gemeinsamer Leistungen ein Vermögen gebildet hat. Die Anwendung der §§ 705 ff. BGB wurde abgelehnt, weil die Partner im allgemeinen keinen über den typischen Rahmen ihrer Lebensgemeinschaft hinausgehenden Zweck verfolgen.[83]

Im zugrundeliegenden Sachverhalt verlangte der überlebende Partner von den Erben die Auszahlung der Hälfte der Guthaben, die sich auf zwei von der Erblasserin auf ihren Namen hinterlassenen Konten befunden haben. Die Einnahmen des Mannes, die ausschließlich auf dem Konto der Frau verbucht worden waren, stammten teils aus einer Sozialrente, einer gelegentlichen Tätigkeit als Sachverständiger und aus Vergütungen für Arbeiten, die für die Verwaltung und In-

---

82 So OLG Düsseldorf, FamRZ 79, 581; OLG Saarbrücken, FamRZ 79, 796; OLG Frankfurt, FamRZ 82, 265 = NJW 82, 1885; Derleder, NJW 80, 545, 550 und Frank, JZ 81, 497, 508 sind der Auffassung, daß im Falle des Mißbrauchs ohnehin recht weitgehend die allgemeinen Vorschriften eingreifen; Soergel-Lange, Anh. § 1588, Rdnr. 110.

83 OLG Frankfurt, FamRZ 82, 265 = NJW 82, 1885.

standhaltung eines Mehrfamilienhauses der Frau von deren Mietern geleistet wurden. Die Frau hatte den Mann weitgehend unterhalten, während er sie während einer längeren, bis zu ihrem Tod andauernden Krankheit gepflegt hatte.

Wenn hier nicht eine Gesellschaft zwischen den Partnern mit dem Gesellschaftszweck "gemeinsames Wohnen und Wirtschaften" naheliegt, drängt sich die Frage auf, unter welchen Voraussetzungen sonst noch schlüssige Vereinbarungen zwischen den Partnern zu erkennen sind. Wenn der Senat ein "gemeinsames Wirtschaften" als Gesellschaftszweck mit dem verfehlten Hinweis auf die Ehegatteninnengesellschaft rundweg ablehnt, erspart er sich die Erörterung aller Probleme. Was liegt eigentlich näher, als ein Konto, auf das sämtliche Einkünfte beider Partner verbucht wurden, an dem im Außenverhältnis aber nur einer berechtigt ist, im Innenverhältnis als Gesamthandsvermögen einer Gesellschaft zu bestimmen? Bei solch einer tatsächlichen Übung ist es geradezu lebensfremd, nicht auf ausdrückliche Willenserklärungen der Partner rückzuschließen. Eine gegenteilige Willenserklärung wäre ein vernire contra factum proprium. Auch wenn der Mann einen Teil seiner Arbeitskraft für die Verwaltung und Instandsetzung des Mietshauses zur Verfügung stellte, lag dies insofern in einem gemeinschaftlichen Interesse, als das Einkommen der Frau aus dem Mietshaus durch diese Leistungen gesichert und u.U. gesteigert werden konnte.[84] Die wirtschaftlichen Verflechtungen der Partner waren so stark, daß es sich um ein "gemeinsames Wirtschaften" handelte. Dann aber hätte - wie auch sonst bei der Ermittlung des Inhalts der Auseinandersetzungsansprüche bei Beendigung der nichtehelichen Lebensgemeinschaft - durch sorgfältige Aufklärung festgestellt werden müssen, in welchem Verhältnis der Kontostand zwischen den Erben und dem überlebenden Mann aufzuteilen war. Soweit es sich um Beiträge handelte, waren diese bei der Auseinandersetzung gemäß § 733 Abs. 2 Satz 1 BGB den Erben gutzuschreiben. Das ist bei einem Konto insbesondere der Fall, wenn es bereits vor Beginn der nichtehelichen Lebensgemeinschaft einen positiven Saldo auswies oder Zahlungen auf das Konto eingingen, die nichts mit dem gemeinsamen Wirtschaften der Partner zu tun hatten (wie etwa Leistungen aufgrund der Schenkung eines Dritten oder eines Vermächtnisses). Hierfür hätten die Erben die Beweislast; notfalls müßten sie Stufenklage erheben. Das restliche Guthaben wäre dann zwischen den Erben und dem überlebenden Partner im Verhältnis 1:1 aufzuteilen.[85]

---

84   Battes, Rdnr. 121.

85   Derleder, NJW 80, 545, 550 nimmt an, daß in derartigen Fällen zwischen den Partnern ein

IV. Bereicherungsrechtliche Ausgleichsansprüche nach Beendigung der nichtehelichen Lebensgemeinschaft

Auch in den Fällen, in welchen die Auslegung ergeben hat, daß zwischen den Partnern kein Rechtsverhältnis zur Ordnung ihrer vermögensrechtlichen Beziehungen begründet wurde, müssen Ausgleichsansprüche nicht versagt werden. Es ist vielmehr zu prüfen, inwiefern hier Forderungen der Partner untereinander aufgrund gesetzlicher Schuldverhältnisse bestehen. In Fällen, in welchen z.B. die Partner grundsätzlich getrennt wirtschaften, einzelne Leistungen aber von einem von ihnen zum Zwecke des Zusammenlebens zu beiderseitigem Nutzen erbracht werden, wird die Auslegung ergeben, daß ein Gesellschaftsverhältnis nicht einmal durch stillschweigende Willenserklärungen begründet wurde. Jedoch besteht ein Zusammenhang zwischen dem faktischen Zusammenleben und den vermögenswerten Leistungen. Es geht daher um die juristische Einordnung dieses Zusammenhanges, also um die Frage, ob dieser Rechtsgrund, Zweckvereinbarung oder bloßes Motiv des Leistenden - mit jeweils unterschiedlichen Rechtsfolgen - ist.[86] Auch im Hinblick auf mögliche Kondiktionsansprüche zwischen

---

vertragsähnliches Vertrauensverhältnis in Anlehnung an den Auftrag besteht. Wenn es sich um ein Konto handele, aus dem mit beiderseitigen Einkünften gemeinsam gewirtschaftet wird, sei bei Beendigung der nichtehelichen Lebensgemeinschaft über den Kontostand Auskunft zu erteilen und der Bestand im Zweifel hälftig zu teilen.

In Ausnahmesituationen scheint auch Rogalski, AnwBl 83, 358, 366 zu dieser Lösung zu tendieren.

Da aber nicht geklärt wird, welchen Bezug das Vertrauen des Partners hatte, ist diese Lösung schon vom Ansatz her nicht überzeugend. Auch ist befremdlich, daß der Partner für einen negativen Saldo nicht haften soll. So Schlüter/Belling, FamRZ 86, 405, 411; Weber, JR 88, 309, 316; dagegen auch Raddatz, S. 218.

86 de Witt/Huffmann, Rdnr. 364; auch Battes in: FS für Hübner, S. 379, 386 legt dar, daß die Versagung jedes Ausgleichsanspruchs im Regelfall nicht gerechtfertigt werden kann. Auch wenn man eine Auseinandersetzung nicht für möglich halte, müsse eine Rückabwicklung in Betracht gezogen werden. Ebenso Derleder, NJW 80, 545, 548, der aufs Bereicherungsrecht verweist, wo Gemeinschaftsregeln nicht zur Anwendung kommen können.

den Partnern muß stets klar sein, daß es nicht darum gehen kann, diese Grundsätze pauschal auf die vermögensrechtlichen Beziehungen der nichtehelichen Lebensgemeinschaft anzuwenden. Stets kommt es auch hier auf die besonderen Umstände des Einzelfalles an.[87]

1. condictio ob causam finitam

Denkbar wäre, daß auf die nichteheliche Lebensgemeinschaft die condictio ob causam finitam des § 812 Abs.1 Satz 2, 1. HS BGB angewendet werden kann mit der Maßgabe, daß die nichteheliche Lebensgemeinschaft selbst den Rechtsgrund für die gegenseitigen Zuwendungen der Partner darstellt. Da die Lebensgemeinschaft, außer in den Fällen, in welchen ein Gesellschaftsverhältnis zwischen den Partnern zu bejahen ist, ohne rechtliche Natur existiert, kann als causa nur das rein tatsächliche Zusammenleben in Betracht kommen.

Dies hat bereits 1970 das OLG Celle vertreten. Dort wurde ausgeführt, daß Ansprüche aus ungerechtfertigter Bereicherung ausscheiden, da Aufwendungen eines Partners nicht ohne Rechtsgrund erfolgt seien. Der Grund für diese habe in dem Übereinkommen der Parteien gelegen, von den zusammengelegten beiderseitigen Einkommen gemeinschaftlich zu wirtschaften und zu leben; sie seien entschlossen gewesen, einen gemeinsamen Haushalt zu führen.[88] Da das OLG Celle aus diesen tatsächlichen Feststellungen nicht die Konsequenz gezogen hat, daß zwischen den Parteien ein Gesellschaftsverhältnis mit dem Zweck "gemeinsames Wohnen und Wirtschaften" bestand, kann dies nur bedeuten, daß Rechtsgrund das faktische Zusammenleben der Parteien war. Das OLG Saarbrücken hat diese Folgerung unter Berufung auf das Urteil des OLG Celle ausdrücklich gezogen.[89] Allerdings ist diese Konsequenz nicht in Einklang zu bringen mit der ganz allgemein vertretenen Ansicht im bereicherungsrechtlichen Schrifttum, in welchem als Rechtsgrund i.S.d. § 812 BGB nur ein aufgrund eines rechtlichen Verhältnisses erfülltes Forderungsrecht ("echtes Kausalverhältnis") anerkannt wird.[90]

---

87   Lipp, AcP 180, 537, 581 betont dies zu Recht besonders.

88   OLG Celle, OLGZ 1970, 326, 328.

89   OLG Saarbrücken, FamRZ 79, 796, 798; ebenso OLG München, FamRZ 80, 239, 240; Simon, JuS 80, 252, 254; Derleder, NJW 80, 545, 548; Finger, JZ 81, 497, 504; AK-Münder, Anh. § 1302, Rdnr. 12; Halstrick, S. 203.

90   Vgl. nur von Staudinger-Lorenz, § 812, Rdnrn. 75 ff.; ebenso ablehnend: Frank in: FS für Müller-Freienfels, S. 131, 137; Soergel-Lange, Anh. § 1588, Rdnr. 90; Appel, S. 226;

2. *condictio ob rem*

In Betracht zu ziehen ist aber die Abwicklung von Leistungen der Partner über die condictio ob rem (§ 812 Abs. 1 Satz 2, 2. HS BGB). Nach dieser Bestimmung besteht für den Leistungsempfänger eine Herausgabepflicht, wenn der mit der Leistung nach dem Inhalte des Rechtsgeschäftes bezweckte Erfolg nicht eingetreten ist. Inhalt dieser Abrede ist also nicht eine uneigennützige Leistung "donandi causa"; sie erfolgt vielmehr zu dem (stillschweigend) erklärten Zweck, den Leistungsempfänger zu einem bestimmten Verhalten zu veranlassen, ohne daß dieser sich rechtlich dazu verpflichtet hätte.[91] Dies kann bei Partnern einer nichtehelichen Lebensgemeinschaft, die kein Gesellschaftsverhältnis begründet haben, die Veranlassung zur Erbringung (nicht geschuldeter) Beiträge zur Ermöglichung und Fortsetzung der gemeinschaftlichen Lebensführung sein.[92] Der bezweckte Erfolg kann hier gerade keine schuldrechtliche Gegenleistung sein, da ansonsten die Grundsätze vom Wegfall der Geschäftsgrundlage anwendbar wären.

Der Begriff des "Rechtsgeschäfts" im Sinne der condictio ob rem ist nach allgemeiner Auffassung nicht mit dem Rechtsgeschäftsbegriff der Rechtsgeschäftslehre identisch.[93] Dies wäre auch gar nicht möglich, weil Inhalt dieses "Rechtsgeschäfts" kein rechtsgeschäftlich geschuldetes Verhalten sein darf. Ein bloß einseitiges Motiv des Leistenden ist hierfür aber ebensowenig ausreichend.[94] Diese Abrede ist vielmehr eine Zweckabrede, die die zweckentsprechende Verwendung der Leistung sicherstellen soll.[95] Das bedeutet, daß zwischen der Zuwendung eines oder mehrerer Vermögensgegenstände und dem rechtlich nicht geschuldeten, also auch nicht zwangsweise durchsetzbaren Verhalten eine finale

---

Raddatz, S. 221; Hausmann, S. 284 f.

91 In anderem Zusammenhang: BGHZ 44, 321, 323; auf die stillschweigende Einigung verweist auch Frank in: FS für Müller-Freienfels, S. 131, 145 f.

92 Lipp, AcP 180, 537, 580; de Witt/Huffmann, Rdnr. 366.

93 Larenz, Schuldrecht II, § 69 II (557); von Staudinger-Lorenz, § 812, Rdnr. 105; Erman-Westermann, § 812, Rdnr. 51; Maus, S. 142 f.

94 Weil nur ein einseitiges - wenn auch für den anderen Partner erkennbares - Motiv vorliegen soll, wird die Möglichkeit der Kondiktion abgelehnt von Diederichsen, NJW 83, 1017, 1024; so offenbar auch Appel, S. 230 f.

95 Fikentscher, § 99 I 5 a (676 f.); Frank in: FS für Müller-Freienfels, S. 131, 138.

Leistungsbeziehung besteht, die das Verhältnis von Bereicherung und erwartetem Erfolg als einen synallagmatischen Leistungsaustausch auffaßt.[96]

Diese Zweckvereinbarung ist aber geradezu typisch als Minimalkonsens zwischen den Partnern einer nichtehelichen Lebensgemeinschaft: Wenn einer der Partner allein das Geld zum gemeinsamen Wirtschaften zur Verfügung stellt, wenn er den Mietzins für die gemeinsam genutzte Wohnung allein aufbringt, wenn er aus eigenen Mitteln einen Pkw anschafft, den beide nutzen, so geschieht dies zu dem Zweck, durch diese Leistungen unmittelbar die tatsächliche Verwirklichung der Lebensgemeinschaft zu erreichen. Auch wenn diese Leistungen nicht die Fortsetzung der Gemeinschaft selbst bezwecken, wird hierdurch zumindest eine längere gemeinsame Nutzung angestrebt, die nach Auflösung der Gemeinschaft nicht mehr möglich ist.[97] Dies erkennt der Partner, welcher die Leistung empfängt auch. Für ihn ist klar, daß er nicht in den Genuß der Zuwendungen käme, wenn er mit dem anderen nicht zusammenleben würde. Deshalb würde man diesen Zusammenhang übersehen, wenn man die Auffassung verträte, der Leistende verfolge mit seiner Zuwendung lediglich einseitig ein rechtlich unerhebliches Motiv.[98] Der Partner, der die Zuwendung annimmt, wird in aller Regel keine ausdrückliche Erklärung abgeben. Er ist sich aber bewußt, daß der vom Leistenden angestrebte Erfolg einer "Gegenleistung" und die Zuwendung als solche in einem Austauschverhältnis stehen. Diese "Gegenleistung" besteht darin, daß der Zuwendungsempfänger sich bereit erklärt, mit dem Leistenden die Lebensgemeinschaft fortzusetzen.[99]

Lieb hat für den Fall der Ehegattenmitarbeit zu Recht vertreten, daß die condictio ob rem innerhalb der ehelichen Lebensgemeinschaft nicht anwendbar ist.

---

96   Schlüter/Belling, FamRZ 86, 405, 413; Appel, S. 236; Beyerle, S. 73; Hausmann, S. 301; Raddatz, S. 224; Kossendey, S. 99; Maus, S. 143; Lipp, AcP 180, 537, 581; Lieb, Ehegattenmitarbeit, S. 112 ff.; de Witt/Huffmann, Rdnr. 366; deshalb kann es, wie bereits oben unter III 2 h erörtert, eine Zweckschenkung nicht geben.

97   Soergel-Lange, Anh. § 1588, Rdnr. 91.

98   Weber, JR 88, 309, 315 weist darauf hin, daß sowohl bei der gesellschaftsrechtlichen, als auch bei der bereicherungsrechtlichen Lösung die erbrachten Leistungsbeiträge einem bestimmten Ziel zugeordnet werden, das gleichermaßen Zweck i.S.d. § 705 BGB wie bezweckter Erfolg gem. § 812 Abs. 1 Satz 2 BGB sein kann. Beides ist inhaltlich völlig identisch.

99   Lipp, AcP 180, 537, 582 f.; auch Frank, in: FS für Müller-Freienfels, S. 131, 144 ordnet dies in den Bereich der "Veranlassungsfälle" ein.

Bei der unentgeltlichen Ehegattenmitarbeit könne man schon deshalb nicht von einer Rechtsgrundabrede ausgehen, weil allenfalls das ganz abstrakte Grundgefühl herrsche, daß das, was in der Ehe erarbeitet werde, auch beiden Ehegatten zugute komme.[100] Ein solch latentes Bewußtsein einer auch vermögensmäßigen Gemeinschaft reiche für eine Rechtsgrundabrede nicht aus. Erst recht könne in ihr keine Zweckvereinbarung als Leistungsaustausch gesehen werden, weil die Mitarbeit im Rahmen einer gemeinsamen Zielsetzung und im Hinblick auf gemeinsame Nutznießung erfolge.[101]

Dies ist bei der nichtehelichen Lebensgemeinschaft grundlegend anders, weshalb es auch gerechtfertigt ist, für diese Form des Zusammenlebens eine andere Lösung vorzusehen: Hier besteht für die Partner die bewußt herbeigeführte und von beiden akzeptierte Möglichkeit, jederzeit die Gemeinschaft sofort und grundlos beenden zu können. Ein latentes Bewußtsein, daß man eine auch vermögensmäßige Gemeinschaft auf Dauer bilde, kann bei den Partnern anders als bei Ehegatten nicht ausgeprägt sein. Die Ehe ist jedoch grundsätzlich auf Lebenszeit geschlossen, weshalb ein Ehegatte auch davon ausgehen kann, daß er im Laufe der Jahre über die eheliche Lebensgemeinschaft in den Genuß seiner gegenwärtigen Leistung kommen wird[102] - und sei es nur in Form der geregelten Auseinandersetzung nach dem Scheidungsfolgenrecht. Bei der nichtehelichen Lebensgemeinschaft wäre eine derartige Erwartungshaltung schlicht illusionär, weil der Wille zum Zusammenleben nur bis auf weiteres vorhanden ist. Gerade deshalb ist diese Gemeinschaft auf ein Austauschverhältnis angelegt, in welcher eigene Zuwendungen die Bereitschaft des anderen kompensieren sollen, die Lebensgemeinschaft gegenwärtig zu verwirklichen. Folglich ist hier im Gegensatz zur Ehe die condictio ob rem anwendbar.[103]

Auch wenn mit dem BGH die Auseinandersetzungslösung auf Fälle beschränkt wird, in denen die Partner einen gemeinsamen Wert schaffen wollten, ist nicht erkennbar, aufgrund welchen Rechtsgrundes ein Partner Vermögenswerte behal-

---

100 Lieb, Ehegattenmitarbeit, S. 116.

101 Lieb, Ehegattenmitarbeit, S. 117.

102 Lipp, AcP 180, 537, 584; Kossendey, S. 96 f.

103 Lipp, AcP 180, 537, 585. Deshalb überzeugt die Warnung von Schlüter/Belling, FamRZ 86, 405, 413 nicht, den "bezweckten Erfolg" ähnlich weit auszulegen, wie es der BGH und das RG bei der Rückabwicklung sogenannter unbenannter Zuwendungen zwischen Ehegatten lange Zeit getan haben. Es handelt sich nicht um die Wiederbelebung einer längst aufgegebenen Rechtsprechung.

ten sollte, die sich bei ihm aufgrund gemeinsamen Wirtschaftens angesammelt haben.[104] Eine Schenkung kommt schon deshalb nicht in Betracht, weil die gegenseitigen Leistungen sich nach der Vorstellung der Partner die Waage halten sollen.[105] Dann erbringt aber keiner der Partner die Leistung unentgeltlich. Der Sache nach nimmt hier der BGH einen Rechtsgrund sui generis an.[106]

3. Inhalt des Bereicherungsanspruchs

Bei der Prüfung, welchen Inhalt die Bereicherungsansprüche der Partner untereinander im Fall des Fehlens eines Gesellschaftsverhältnisses nach Beendigung der nichtehelichen Lebensgemeinschaft haben, wird man feststellen, daß sie im Ergebnis weitestgehend kongruent mit den gesellschaftsrechtlichen Auseinandersetzungsansprüchen sind, sofern ein Gesellschaftsverhältnis zu bejahen war. Denn solange Zuwendungen während der Dauer der Lebensgemeinschaft vom anderen Partner zweckentsprechend zur Aufrechterhaltung der Gemeinschaft in Form der täglichen Bedarfserfüllung verwendet wurden, finden sie keinen Niederschlag mehr in dessen Vermögen; er ist insoweit nicht mehr bereichert. Eine vermögensmäßige Auseinandersetzung für die Vergangenheit kann es bei der condictio ob rem schon deshalb nicht geben, weil der angestrebte Erfolg, der mit der Leistung bezweckt wurde, spätestens bei deren Verbrauch erreicht worden ist. Weil es nur auf das Kriterium der Zweckerreichung ankommt, kann auch nicht damit argumentiert werden, daß der andere Partner Aufwendungen erspart habe, die er im Falle des Alleinlebens selbst hätte tragen müssen.[107] Üblichen Haushaltsdiensten und laufenden Unterhaltsbeiträgen fehlt auch die finale Ausrichtung *dieser* Leistungen auf den Fortbestand der Lebensgemeinschaft.[108]

In den Fällen, in welchen jedoch der zugewendete Vermögensgegenstand noch im Zeitpunkt der Trennung im Vermögen des Zuwendungsempfängers vorhanden ist, vorwiegend also bei langlebigen Wirtschaftsgütern, kann vom Leistenden im

---

104   Battes in: FS für Hübner, S. 379, 389.

105   BGH NJW 80, 1521, 1522; NJW 81, 1502, 1503.

106   Battes in: FS für Hübner, S. 379, 388. Nach Derleder, NJW 80, 545, 548 soll die causa u.U. als unterhaltsrechtlich einzuordnen sein.

107   Maus, S. 162 f.

108   Hausmann, S. 307.

Wege der condictio ob rem Herausgabe beansprucht werden.[109] Den Inhalt des Anspruchs bestimmt § 820 Abs. 1 Satz 1 BGB. Nach der hier vertretenen Auffassung wird sich in aller Regel auch erweisen lassen, daß die Leistung in der vom Empfänger erkannten Erwartungshaltung erbracht wurde, daß das Zusammenleben noch längere Zeit dauern werde.[110] Im Schrifttum wird hingegen die Auffassung vertreten, daß sich sol-che Zweckabreden wohl nur selten nachweisen lassen werden, am ehesten noch bei Zuwendungen von erheblichem Wert.[111] Insbesondere solle ein Bereicherungsausgleich in den Fällen in Betracht kommen, in welchen die Partner in einer Art "Ehe auf Probe" gelebt haben, also die Erwartung bestand, eine Ehe einzugehen. Hätten die Partner dagegen in einer unverbindlichen Form zusammengelebt, indem sie davon ausgingen, sich zu trennen, wenn eine gegenseitige Zuneigung nicht mehr bestehe, so fiele es schwer, bei dieser Motivation eine Zweckverfehlung i.S.v. § 812 Abs. 1 Satz 2 BGB anzunehmen. Wer jederzeit damit rechnen müsse, daß die eingegangene Gemeinschaft grundlos von seinem Partner gelöst würde, könne bei einer Trennung nicht Investitionen kondizieren, die einer derart instabilen Gemeinschaft zugeflossen seien.[112]

Einer solchen Differenzierung kann nicht gefolgt werden, weil sie überflüssig ist und die Rechtslage nur unnötig kompliziert. Es ist nicht einzusehen, daß ein Zuwendungsempfänger nicht erkennen soll, daß ein Gegenstand, den er während der Dauer des Zusammenlebens erhält, ihm zu dem Zweck geleistet wurde, daß die Gemeinschaft fortgesetzt wird. Es besteht ein rechtliches Bedürfnis nach Ausgleich, wenn ein gemeinsam oder nur von einem der Partner angeschaffter Gegenstand in den Händen eines Partners oder seiner Erben verbleibt.[113] Auf die Frage, wie gefestigt die Gemeinschaft war, kann es hierbei nicht ankommen.

---

109   Eine Zweckabrede soll nach dem BGH dann nicht in Betracht kommen, wenn die dem Partner verbleibende Wertsteigerung im Verhältnis zur Größe des Objekts unbedeutend ist. Nach BGH, FamRZ 83, 349 besteht kein Anspruch für Aufwendungen in Höhe von 4.860,09 DM für die Begleichung von Handwerker- und Baustoffrechnungen, selbst wenn die Rechnungen erst nach Beendigung der Gemeinschaft beglichen worden sind.

110   So auch Beyerle, S. 101; Maus, S. 181; Krause, JuS 89, 455, 459.

111   Simon, JuS 80, 252, 254.

112   Schlüter, S. 31; Strätz, FamRZ 80, 301, 435; ebenso OLG Hamm, NJW 78, 224; in letzterer Entscheidung wurde nach dem festgestellten Tatbestand zu Recht ein Kondiktionsanspruch nach § 812 Abs. 1 Satz 2 BGB abgelehnt. Diese Entscheidung ist ein gutes Beispiel dafür, daß auch hier jeder Einzelfall sorgfältig zu prüfen ist.

113   Battes, Rdnr. 47.

Im bereits mehrfach erwähnten Fall BGH, NJW 81, 1502 sähe eine bereicherungsrechtliche Lösung folgendermaßen aus: Wenn der von einem Partner allein finanzierte Pkw ins Eigentum des anderen gelangt ist, so hat dieser das erlangte Eigentum an den anderen herauszugeben - also diesem das dingliche Recht zu übertragen. Haben beide das Fahrzeug finanziert und ist es ins Eigentum nur eines Partners gelangt, hat der andere im Wege des Bereicherungsrechts einen Anspruch auf Einräumung des Miteigentumsanteils. Bei der Bestimmung des Bruchteils kommt es auf die Beiträge bei der Finanzierung des Fahrzeugs an.[114]

4. *Ausschluß des Bereicherungsanspruchs*

Teilweise wird die Auffassung vertreten, daß im Hinblick auf § 814 BGB kein Bereicherungsausgleich zwischen den Partnern erfolgen könne. Der Leistende wisse, daß er zur Leistung nicht verpflichtet sei. Leiste er dennoch, stehe einem Anspruch endweder die als unterhaltsrechtlich einzuordnende causa des eheähnlichen Verhältnisses oder jedenfalls § 814 BGB entgegen.[115]

Dem kann nicht gefolgt werden, weil § 814 BGB nur auf die Leistungs-, nicht jedoch auf die Zweckverfehlungskondiktion anwendbar ist.[116] Gemäß § 815 BGB, der seinerseits voraussetzt, daß der mit einer Leistung bezweckte Erfolg nicht eingetreten ist, kommt es darauf an, daß entweder der Eintritt des Erfolges von Anfang an unmöglich war und der Leistende dies gewußt hat, oder daß der Leistende den Eintritt des Erfolges wider Treu und Glauben verhindert hat.

Die Fälle der 1. Alternative des § 815 BGB können nur solche sein, in welchen der Zuwendende bereits gewußt hat, daß die Lebensgemeinschaft nicht mehr aufrechterhalten wird. Hier wird schon zweifelhaft sein, ob unter solchen Umständen überhaupt noch eine Zweckvereinbarung (Leistung gegen Aufrechterhaltung der Lebensgemeinschaft) denkbar ist. Viel näher liegt hier die Annahme, daß zwischen den Partnern in solchen Fällen gar kein Austauschverhältnis vereinbart wurde, sondern daß es sich vielmehr um eine Schenkung handelte, die

---

114 Lipp, AcP 180, 537, 586 f. nennt noch weitere Beispiele.

115 OLG Saarbrücken, NJW 79, 2050, 2051; Derleder, NJW 80, 545, 548; Finger, JZ 81, 497, 504; Steinert, NJW 86, 683, 686.

116 Palandt-Thomas, § 814, Rdnr. 1 und § 815, Rdnr. 1; Battes in: FS für Hübner, S. 379, 390; Schlüter/Belling, FamRZ 86, 405, 414; Beyerle, S. 82 f.; Diederichsen, FamRZ 88, 889, 896; Maus, S. 153.

dann u.U. nach den Vorschriften des § 530 BGB zurückgefordert werden kann. § 815 BGB dürfte in diesen Fällen gar nicht mehr anwendbar sein, weil schon die tatbestandliche Voraussetzung einer Zweckvereinbarung nicht vorliegt.

Deshalb spielt hier im wesentlichen nur die Frage eine Rolle, wann der Leistende den Erfolg wider Treu und Glauben verhindert hat. Da der bezweckte Erfolg die Ermöglichung und Fortsetzung des Zusammenlebens ist, könnte der Leistende gegen Treu und Glauben verstoßen, wenn er selbst die Lebensgemeinschaft beendet. Auf eine Beendigung durch den Leistungsempfänger kommt es insoweit nicht an. Die Beendigung des Zusammenlebens kann aber deshalb nicht gegen Treu und Glauben verstoßen, weil es gerade ein Wesensmerkmal der nichtehelichen Lebensgemeinschaft ist, diese jederzeit einseitig und grundlos beenden zu können. Wer insoweit nur von seinen Rechten Gebrauch macht, verhindert den Erfolgseintritt nicht treuwidrig. Daher kann auch die Beendigung der Lebensgemeinschaft durch den Leistenden nicht zum Ausschluß seiner Kondiktionsansprüche nach § 815 BGB führen.[117]

V. Erbrechtliche Ansprüche des überlebenden Partners

1. Gesetzliches Erbrecht

Nach dem geltenden Recht gibt es kein gesetzliches Erbrecht des nichtehelichen Partners und auch eine Analogie zu den Vorschriften über das Ehegattenerbrecht wird selbst bei dauerhaften nichtehelichen Lebensgemeinschaften zu Recht von niemandem befürwortet. Allerdings gibt es schon seit langer Zeit Reformüberlegungen, ob auch Partner nichtehelicher Lebensgemeinschaften in den Kreis der gesetzlichen Erben einzubeziehen sein könnten. Auf dem 49. Deutschen Juristentag im Jahr 1972 wurde folgender Beschluß verabschiedet: "Wer den Erblasser, mit dem er in Hausgemeinschaft gelebt hat, mindestens ein Jahr unmittelbar vor dessen Tode in dessen Haushalt betreut hat, erbt anstelle des Fiskus."[118] Der Gesetzgeber hat diesen Vorschlag nicht aufgegriffen. Zudem sind

---

117 Schlüter/Belling, FamRZ 86, 405, 414; Strätz, FamRZ 80, 301, 435; Beyerle, S. 81; Maus, S. 154; Lipp, AcP 180, 537, 588; ähnlich Battes in: FS für Hübner, S. 379, 392. anders: Kossendey, S. 102, der einen Anspruch ablehnt, wenn der Zuwendende aus einem von ihm zu vertretenden Grund das Verhältnis beendet.

118 So Schmidt-Aßmann, Sitzungsbericht I zum 57. DJT, Mainz 1988, S. 29.

Fälle, in denen neben dem überlebenden Partner nicht noch weitere gesetzliche Erben des verstorbenen Partners vorhanden sind, sicherlich derart selten, daß einer solchen Regelung kaum größere praktische Bedeutung zukommen dürfte.

Es würde außerdem einen Bruch mit dem System des Erbrechts bedeuten, wenn (vom Fiskus einmal abgesehen) neben der bisher ausschließlich geltenden Verwandten- und Ehegattenerbfolge nunmehr auch Personen berücksichtigt würden, die nicht zur Familie des Erblassers gehören. Da das Erbrecht ein "statisches" Rechtsgebiet ist, das keine kurzatmigen Veränderungen verträgt, sollte man Reformen mit Behutsamkeit angehen. Nur im Rahmen einer großen Erbrechtsreform sollten Fragen von großer Dringlichkeit geregelt werden, wozu ein gesetzliches Erbrecht des überlebenden Partners nicht gehört.[119]

2. Voraus

Schon dringlicher stellt sich die Frage, ob die Regelung des § 1932 BGB nicht auch de lege ferenda auf den Partner einer nichtehelichen Lebensgemeinschaft ausgedehnt werden könnte. Eine analoge Anwendung scheidet aus, weil in § 1932 Abs. 1 BGB eindeutig nur der Ehegatte bevorzugt ist, die Regelung also an die familienrechtlichen Verhältnisse, nicht aber an das bloße Faktum des Zusammenlebens anknüpft. Dennoch geht es faktisch bei dieser Regelung eigentlich nicht um einen Erwerb neuer Vermögensgegenstände, sondern lediglich um den Erhalt dessen, was gemeinsam genutzt wurde. Bei Gegenständen des Hausrats steht der Erhalt des bisherigen Lebenskreises im Vordergrund.[120] So wird denn auch die Forderung laut, bei einer großen Erbrechtsreform an die Schaffung eines Legalvermächtnisses hinsichtlich der Gegenstände eines angemessenen Hausrats zu denken.[121]

Battes ist der Auffassung, daß sich hinsichtlich der gemeinsam angeschafften Haushaltsgegenstände der Zweck des Voraus mit der Annahme eines stillschweigenden Verzichts auf Auseinandersetzungsansprüche für den Todesfall erreichen ließe. Soweit Gesellschaftsvermögen entstehe, sei zu überlegen, ob dieses nicht aufgrund einer schlüssigen Vereinbarung beim Tode eines Partners an

---

119   Eine Beteiligung am Nachlaß in Härtefällen kraft richterlichen Ermessens sollte unbedingt unterbleiben. So aber Leipold, AcP 180, 160, 180 f.

120   Schmidt-Aßmann, Sitzungsbericht I zum 57. DJT, Mainz 1988, S. 29; Schwenzer, JZ 1988, 781, 787.

121   Schmidt-Aßmann, Sitzungsbericht I zum 57. DJT, Mainz 1988, S. 30.

den Überlebenden fallen könne, ohne daß Auseinandersetzungsansprüche der Erben entstünden.[122] Dem muß mit den gleichen Argumenten entgegnet werden wie bei der Zuwendung des Guthabens eines Oder-Kontos: Zum einen ist die Rechtsprechung von der Vereinbarungsmöglichkeit zwischen den Gesellschaftern, daß der Anteil jedes Gesellschafters bei seinem Tode an die übrigen Gesellschafter fällt, ohne daß Auseinandersetzungsansprüche entstehen, nach der hier vertretenen Auffassung nicht auf Zwei-Personen-Gesellschaften übertragbar, weil hier im Todesfall das Gesellschaftsverhältnis in jedem Fall endet. Zum anderen dürften einer solchen Vereinbarung auch hier die zwingenden Formvorschriften des § 2301 Abs. 1 BGB entgegenstehen.

Im übrigen wird zu Recht eingewendet, daß dies in den Fällen Probleme aufwirft, in welchen der verstorbene Partner einer nichtehelichen Lebensgemeinschaft noch verheiratet war. Dieselben Konflikte können in den Fällen des § 1932 Abs. 1 Satz 2 BGB entstehen, wenn Verwandte der ersten Ordnung (Abkömmlinge aus früheren Verbindungen) vorhanden sind. Eine Ausdehnung des § 1932 BGB auf Partner einer nichtehelichen Lebensgemeinschaft wäre dann einerseits zu weit, andererseits zu eng: Im Hinblick auf die eben beschriebenen Konflikte wäre eine Begünstigung des überlebenden Partners von vornherein nur unter Einschränkungen geboten. Andererseits stellt sich bei der Verteilung der Haushaltsgegenstände die Frage, warum hier für Gemeinschaften, bei denen die Partner ähnlich wie in einer Ehe zusammenleben, etwas anderes gelten soll, als für sonstige Wirtschaftsgemeinschaften. Es ist momentan kaum vorstellbar, daß der Gesetzgeber gleichgeschlechtliche Lebensgemeinschaften in eine erbrechtliche Regelung einbeziehen könnte.[123] Für eine unterschiedliche Behandlung besteht aber kein sachlicher Grund; daher ist die momentan bestehende Rechtslage noch verständlicher, als sie dies bei einer Erweiterung des § 1932 BGB sein würde.

Im übrigen besteht für die Partner die Möglichkeit, diese rechtlichen Verhältnisse im Wege einer letztwilligen Verfügung zu regeln. Hiergegen kann nicht argumentiert werden, daß bei Partnern einer nichtehelichen Lebensgemeinschaft grundsätzlich eine Scheu besteht, die Beziehungen zueinander rechtlich zu gestalten. Es handelt sich um ein allgemeines erbrechtliches Problem, in welchem Umfang und zu wessen Gunsten von der Möglichkeit einer letztwilligen Verfügung Gebrauch gemacht wird. Gerade bei Partnern einer nichtehelichen Lebensgemeinschaft sollte ein ausgeprägteres Bewußtsein gebildet werden, ange-

---

122 Battes, Rdnr. 32.

123 Lieb, Gutachten, A 96.

sichts fehlender erbrechtlicher Regelungen für den Todesfall rechtlich Vorsorge zu treffen. Der Vorschlag, § 1932 BGB de lege ferenda auch auf Partner einer nichtehelichen Lebensgemeinschaft auszudehnen, ist daher abzulehnen.

3. Dreißigster

Gemäß § 1969 Abs. 1 BGB ist der Erbe verpflichtet, Familienangehörigen des Erblassers, die zur Zeit des Todes des Erblassers zu dessen Hausstand gehört und von ihm Unterhalt bezogen haben, in den ersten dreißig Tagen nach dem Eintritt des Erbfalls in demselben Umfang, wie der Erblasser es getan hat, Unterhalt zu gewähren und die Benutzung der Wohnung und der Haushaltsgegenstände zu gestatten. Es handelt sich bei dieser Vorschrift um einen Fall des gesetzlichen Vermächtnisses.

Hier stellt sich die Frage, ob der Partner einer nichtehelichen Lebensgemeinschaft als "Familienangehöriger" im Sinne dieser Bestimmung angesehen werden kann. Bei der Beantwortung kann ein möglicher Gedankengang von vornherein ausgeklammert werden: Der Versuch, den Begriff der Familie einheitlich zu definieren und daraus Rückschlüsse für den Begriff des Familienangehörigen zu ziehen, wäre hoffnungslos zum Scheitern verurteilt. Er wird bereits in den einzelnen Rechtsgebieten unterschiedlich verstanden: Nach Art. 6 GG ist Familie die Verbindung von Eltern und Kindern in den von der Rechtsordnung bestimmten oder anerkannten Lebensbereichen. Geschützt ist allein die Kleinfamilie, bestehend aus Eltern und Kindern.[124] Im Zivilrecht umfaßt der Begriff der Familie die Gesamtheit der durch Ehe und Verwandtschaft verbundenen Personen.[125] Auch die strafrechtliche Definition des Angehörigen in § 11 Abs. 1 Nr. 1 StGB liefert zwar wertvolle Hinweise, kann aber nicht als abschließend betrachtet und auf alle Rechtsgebiete ausgedehnt werden. Sie ist nur im Bereich des Strafrechts anwendbar.

Auch im Privatrecht ist nicht von einem einheitlichen Begriff des Familienangehörigen auszugehen.[126] Nicht für alle privatrechtlichen Vorschriften ist die Frage gleich zu beantworten, ob der Partner einer nichtehelichen Lebensgemeinschaft Familienangehöriger ist oder nicht. Vielmehr ist dabei auf den

---

124   Maunz/Dürig/Herzog, Art. 6, Rdnr. 16.

125   Palandt-Diederichsen, Einl. vor § 1297, Rdnr. 1.

126   Knoche, S. 75.

jeweiligen durch Auslegung zu ermittelnden besonderen Inhalt der Vorschrift abzustellen: Dabei ergibt sich, daß es z.B. in den Vorschriften der §§ 569a Abs. 2, 1093 Abs. 2 und 1969 BGB nur auf den durch die gemeinsame Wohnung begründeten gemeinsamen Hausstand ankommen kann, während dies bei Regelungen wie §§ 67 Abs. 2 VVG, 739 ZPO i.V.m. 1362 Abs. 1 BGB, 885 ZPO, 1357 Abs. 1 BGB, 530 Abs. 1 BGB gerade nicht der Fall ist. Bei letzteren Vorschriften kommt es auf die persönliche und wirtschaftliche Verbundenheit gerade der Familienangehörigen i.S.d. Familienrechts an.[127]

Eine weite Auslegung dieses Begriffs in § 1969 wird auch überwiegend befürwortet. Es genügt die tatsächliche Unterhaltsgewährung im Haushalt des Erblassers, ohne daß es auf eine Rechtspflicht ankäme. Auch Pflegekindern, Verlobten und sogar engen Freunden steht daher der Anspruch auf den Dreißigsten zu, wenn die übrigen gesetzlichen Merkmale erfüllt sind.[128] Aus § 40 Abs. 2 BBesG ergibt sich sogar, daß die Aufnahme des Partners eine sittliche Pflicht sein kann. Danach erhält ein Beamter, der seine Partnerin dauernd in die Wohnung aufgenommen hat und ihr Unterhalt gewährt, weil er dazu sittlich verpflichtet ist, Ortszuschlag der Stufe 2, also wie ein Verheirateter.[129]

Wie sich schon aus der Rechtswirkung (Unterhalt für 30 Tage) ergibt, steht der Einbeziehung des Partners in den Tatbestand des § 1969 BGB nichts entgegen, weil es hier nur auf das durch die Hausgemeinschaft begründete besondere Treueverhältnis zwischen den Personen ankommt.[130]

---

127 Ähnlich Knoche, S. 77; vgl. auch BGH, NJW 93, 999.

128 OLG Düsseldorf, FamRZ 83, 274; de Witt/Huffmann, Rdnr. 413; Gernhuber, FamRZ 81, 721, 726; Schmidt-Aßmann, Sitzungsbericht I zum 57. DJT, Mainz 1988, S. 30; RGRK-Johannsen, § 1969, Rdnr. 2; für eine weite Auslegung des Begriffs Familienangehöriger ferner: Strätz, FamRZ 80, 301, 308; Halstrick, S. 227 f.; Appel, S. 147 f.; Schwenzer, S. 207; Soergel/Lange, Anh. zu § 1588, Rdnr. 130; Goetz, FamRZ 85, 987, 988; Rogalski, AnwBl 83, 358, 361 f.; Weber, DAR 85, 1, 3; Stückradt, S. 106 f.; Raddatz, S. 153 f.; Striewe, S. 330 ff.; Hausmann, S. 33 f.
Dagegen: Steinert, NJW 86, 683, 686; Bosch, FamRZ 83, 274; als "heikel" bezeichnet dies Diederichsen, FamRZ 88, 889, 891 f.; ebenso noch OLG München, HRR 1940, 353, 354.

129 Nach einjährigem eheähnlichen Zusammenleben soll eine solche sittliche Verpflichtung bestehen: OVG Schleswig, NJW 92, 258; hiergegen: Rüthers, NJW 92, 879, 880

130 Soergel/Lange, Anh. zu § 1588, Rdnr. 130.

Allerdings sprechen sich im Schrifttum einige Stimmen de lege ferenda für eine Verlängerung der Dreißigtagesfrist des § 1969 BGB aus. Wenn man den nichtehelichen Partner über § 1969 BGB nach dem Tode des anderen begünstigt, hat dies zudem den Vorteil, daß diese Bestimmung auch auf ähnliche Gemeinschaftsformen angewendet werden könnte. Das gesetzliche Vermächtnis ist unter dem Gesichtspunkt gerechtfertigt, daß sich die nichteheliche Lebensgemeinschaft rückblickend als auf Dauer angelegt und bis zum Tode bestehend erwiesen hat.[131] Die Belastung des Erben mit einer Unterhaltspflicht würde so eine Übergangs- und Wiedereingliederungshilfe des überlebenden Partners sicherstellen. Eine Verlängerung der gesetzlichen Frist sollte aber nicht auf Härtefälle beschränkt,[132] sondern besser von der Dauer des Zusammenlebens abhängig gemacht werden. Dieses gesetzliche Vermächtnis sollte zudem nur zur Anwendung kommen, wenn eine letztwillige Verfügung des Erblassers nicht existiert. Existiert eine solche des Erblassers, so geht daraus hervor, daß er dem überlebenden Partner nichts zukommen lassen wollte. Dann käme dessen Einbeziehung in ein Legalvermächtnis im Ergebnis einem Pflichtteilsrecht des Partners gleich, das nach dem Erbrecht nur engen Familienangehörigen zusteht.[133] Eine solche Konstellation sollte de lege ferenda vermieden werden. Auch wäre es erstrebenswert, den Kreis der Berechtigten nur auf solche Personen zu beschränken, die mit dem Erblasser mindestens drei Jahre[134] bis zu seinem Tod zusammengelebt haben. Dann besteht die Vermutung, daß zwischen den Personen - gleich welchen Geschlechts und welcher Art der Gemeinschaft - eine Beistandsgemeinschaft bestanden hat, in welcher der eine Verantwortung für den anderen übernommen hat. In solchen Fällen ist ein Legalvermächtnis angebracht, das weit über die Frist von dreißig Tagen hinausreichen könnte. Es wäre auch nichts dagegen einzuwenden, die Dauer des Vermächtnisanspruchs von der Dauer des Zusammenlebens abhängig zu machen, die Fristen also de lege ferenda abzustufen (ähnlich wie bei den Kündigungsfristen für Dienst- und Arbeitsverhältnisse). Dann träfe aber den Berechtigten die Beweislast für die Dauer der Lebensgemeinschaft.

---

131 Schmidt-Aßmann, Sitzungsbericht I zum 57. DJT, Mainz 1988, S. 31.

132 So aber Lieb, Gutachten, A 98; Schmidt-Aßmann, Sitzungsbericht I zum 57. DJT, Mainz 1988, S. 31.

133 Goetz, FamRZ 1985, 987, 991.

134 So der Vorschlag von Goetz, FamRZ 1985, 987, 991; ähnlich Schwenzer, S. 209 f.; dies., JZ 88, 781, 787.

Mit einem derartigen Anspruch würde auch nicht in das System des bestehenden gesetzlichen Erbrechts eingegriffen, das nur Ehegatten und Verwandte berücksichtigt. Eine Reform des § 1969 BGB wäre auch außerhalb einer großen Erbrechtsreform möglich. Würde man allerdings das Kriterium der Bedürftigkeit des überlebenden Partners einführen, fände ein neuer konturenloser Begriff Eingang ins Erbrecht. Dies wäre systemfremd und auch nicht wünschenswert.[135]

4. Auskunftspflichten gegenüber den Erben

Wenn der überlebende Partner zur Zeit des Erbfalls mit dem Erblasser in häuslicher Gemeinschaft gelebt hat, ist er gemäß § 2028 Abs. 1 BGB verpflichtet, den Erben auf Verlangen Auskunft darüber zu erteilen, welche erbschaftlichen Gegenstände er geführt hat und was ihm über den Verbleib der Erbschaftsgegenstände bekannt ist. Gemäß § 259 BGB kann der Erbe eine eidesstattliche Versicherung des Partners verlangen, wenn Grund zu der Annahme besteht, daß die Angaben nicht mit der erforderlichen Sorgfalt gemacht wurden.

Hat der Partner eine oder mehrere Sachen aus dem Nachlaß bereits in Besitz genommen, bevor der Erbe tatsächlich Besitz ergriffen hat, sind seine Pflichten in § 2027 BGB bestimmt. Dann ist er verpflichtet, dem Erben über den Bestand der Erbschaft und über den Verbleib der Erbschaftsgegenstände Auskunft zu erteilen. Gemäß § 260 Abs. 1 BGB kann der Erbe verlangen, daß ihm ein Verzeichnis des Bestands vorgelegt wird.[136]

---

135 Soergel-Stein, § 1931, Rdnr. 16 weisen allerdings auf das gesetzliche Erbrecht des Lebensgefährten in Israel hin. De lege ferenda wird ein solches Recht in Erwägung gezogen.

136 Vgl. zu einem solchen Fall LG Berlin, FamRZ 79, 503.

3. Kapitel:
Die nichteheliche Lebensgemeinschaft im Sozialrecht

Die bisherigen Untersuchungen haben gezeigt, daß generelle Aussagen über die rechtlichen Innenbeziehungen zusammenlebender Partner nicht getroffen werden können. Es kommt vielmehr auf den jeweils ausdrücklich oder stillschweigend geäußerten Parteiwillen an. Härten sind zwar in Einzelfällen - wie sicher auch im Falle einer gesetzlichen Regelung - nicht zu vermeiden; jedoch kann mit dem vorhandenen rechtlichen Instrumentarium durchaus eine befriedigende Lösung gefunden werden. Die Darlegung der Rechtslage hat aber auch gezeigt, daß es zwischen gemischt-geschlechtlichen Paaren, die wie Eheleute zusammenleben, und sonstigen zusammenlebenden Personen hinsichtlich der anwendbaren Rechtsnormen im Innenverhältnis keine Unterschiede gibt. Unterschiede ergeben sich nur aufgrund der jeweils individuell vorzunehmenden Auslegung, welche Rechtswirkungen im einzelnen durch die gemeinsame Ordnung der Vermögensbeziehungen entweder in Einzelfällen oder insgesamt eintreten sollten.

Weil die zivilrechtliche Binnenstruktur eine gleiche ist, stellt sich für das Sozialrecht, in welchem dem nichtehelichen Zusammenleben insbesondere in der Leistungsverwaltung eine Bedeutung zukommt, die Frage, ob vernünftigerweise bei der Erbringung von Sozialleistungen zwischen Arten von Personengemeinschaften differenziert werden kann. Es soll daher im folgenden ein Überblick über die Stellung nichtehelich Zusammenlebender in den einzelnen Gebieten des Sozialrechts gegeben und dabei insbesondere die Frage beantwortet werden, welchen Regelungsbereich sozialrechtliche Vorschriften im Hinblick auf die zivilrechtlichen Innenbeziehungen haben. Es soll auch aufgezeigt werden, in welchen Bereichen das nichteheliche Zusammenleben legislatorisch erfaßt wurde und welche Fragen diesen Normen zugrundeliegen. Auch bestehende Unterschiede zu anderen Gemeinschaften, insbesondere zur Ehe, werden dargestellt.

I.   Kindbezogene Sozialleistungen

1.   Leistungen nach dem Bundeskindergeldgesetz (BKGG)

a)   Anspruchsvoraussetzungen

Die Voraussetzungen für einen Anspruch auf Kindergeld regeln insbesondere die §§ 1 und 2 BKGG, wobei grundsätzlich Kinder, die das 16. Lebensjahr vollendet haben, nicht mehr berücksichtigt werden. Ausnahmen von diesem Grundsatz regeln die Abs. 2 und 3 des § 2 BKGG.

Gemäß § 2 Abs. 1 BKGG werden als Kinder auch berücksichtigt: Stiefkinder, die der Berechtigte in seinen Haushalt aufgenommen hat, Pflegekinder (Personen, mit denen der Berechtigte durch ein familienähnliches, auf längere Dauer berechnetes Band verbunden ist, sofern er sie in seinen Haushalt aufgenommen hat und ein Obhuts- und Pflegeverhältnis zwischen diesen Personen und ihren Eltern nicht mehr besteht), Enkel und Geschwister, die der Berechtigte in seinen Haushalt aufgenommen hat oder überwiegend unterhält. Aus diesen Legaldefinitionen i.V.m. § 1 Abs. 1 BKGG ("seine Kinder") ergibt sich, daß die eigenen Kinder, seien sie ehelich oder nichtehelich, für ehelich erklärt oder angenommen ebenfalls berücksichtigt werden.

Zur Begründung eines Pflegekindschaftsverhältnisses ist nach der Legaldefinition also einerseits das familienähnliche Band und andererseits die Aufnahme in den Haushalt der Pflegeeltern erforderlich. Ein familienähnliches Band ist zu bejahen, wenn der Antragsteller ein Kind auf längere Dauer wie sein eigenes betreut, wobei ein Aufsichts-, Betreuungs- und Erziehungsverhältnis bestehen muß.[1]

Mit der Ergänzung des § 2 Abs. 1 Satz 1 Nr. 2 BKGG durch das 12. Gesetz zur Änderung des Bundeskindergeldgesetzes vom 30.06.1989 wurde beim Pflegekindbegriff das Merkmal "und ein Obhuts- und Pflegeverhältnis zwischen diesen Personen und ihren Eltern nicht besteht" zusätzlich aufgenommen. Damit ist klargestellt, daß das Pflegekindschaftsverhältnis die Lösung des Obhuts- und Pflegeverhältnisses von seinen Eltern voraussetzt.[2] Dies ist auch dann nicht der Fall, wenn das Kind nur zu einem Elternteil ein intaktes Verhältnis hat. Mit der

---

1   Schieckel/Brandmüller, Kindergeldgesetze, BKGG § 2, Anm. 8; Igl, § 2 BKGG, Nr. 1 f.

2   BSG, NJW 93, 1159, 1160; BVerwG, NJW 92, 3252, 3253.

116

Änderung des § 2 Abs. 1 Satz 1 Nr. 2 BKGG wurde auch bewirkt, daß es keine unterschiedlichen Pflegekindbegriffe im Kindergeldrecht einerseits sowie im Steuer- und Besoldungsrecht andererseits mehr gibt.

Haben nichteheliche Lebenspartner ein gemeinsames Kind, gilt § 3 Abs. 3 BKGG, wonach das Kindergeld der Mutter gewährt wird, wenn ihr die Sorge für die Person des Kindes allein zusteht. Da die aus einer nichtehelichen Lebensgemeinschaft hervorgegangenen Kinder nichtehelich geboren wurden, steht gemäß § 1705 BGB der Mutter das Personensorgerecht zu.[3]

b) Höhe des Kindergeldes

Gemäß § 10 Abs. 1 BKGG beträgt das Kindergeld für das erste Kind 70,- DM, für das zweite Kind 130,- DM, für das dritte Kind 220,- DM und für das vierte und jedes weitere Kind je 240,- DM monatlich. Abs. 2 bestimmt, daß das Kindergeld für das zweite und jedes weitere Kind nach dem in Satz 4 genannten Maßstab stufenweise bis auf einen Sockelbetrag von 70,- DM für das zweite Kind und 140,- DM für jedes weitere Kind gemindert wird, wenn das Jahreseinkommen des Berechtigten und seines nicht dauernd von ihm getrennt lebenden Ehegatten den für ihn maßgeblichen Freibetrag um wenigstens 480,- DM übersteigt. Des weiteren bestimmt Abs. 2 die Höhe der Freibeträge, während § 11 BKGG den Begriff des Jahreseinkommens bestimmt.

Es kommt also nach § 10 Abs. 2 BKGG nur auf das Einkommen des anderen Elternteils des Kindes an, wenn dieser mit dem Berechtigten verheiratet ist. Das Einkommen des Partners einer nichtehelichen Lebensgemeinschaft, das noch so hoch sein kann, findet keine Berücksichtigung, so daß der einkommensschwächere Partner ein volles Kindergeld beanspruchen kann, solange er nicht

---

3   Die Regelung des § 1705 BGB, die vom Bundesverfassungsgericht für verfassungskonform erachtet wurde (vgl. BVerfGE 56, 363 ff.), verstößt jedenfalls gegen das Übereinkommen zur Beseitigung jeder Form von Diskriminierung der Frau. In Art. 16 Abs. 1d dieses Übereinkommens heißt es: "Die Vertragsstaaten treffen alle geeigneten Maßnahmen zur Beseitigung der Diskriminierung der Frau in Ehe- und Familienfragen und gewährleisten auf der Grundlage der Gleichberechtigung von Mann und Frau insbesondere folgende Rechte: ...
b) Gleiche Rechte und Pflichten als Eltern ungeachtet ihres Familienstandes in allen ihre Kinder betreffenden Fragen. In jedem Fall sind die Interessen der Kinder vorrangig zu berücksichtigen." (vgl. BGBl. 1985, Teil II, S. 648 ff.).
Damit wird unmißverständlich zum Ausdruck gebracht, daß Väter wie Mütter unabhängig vom Familienstand ein gleiches Personensorgerecht ihren Kindern gegenüber haben.

die in § 10 Abs. 2 BKGG bezeichneten Freibeträge überschreitet. Gleiches ergibt sich aus § 11a Abs. 1 BKGG. Für den Zuschlag zum Kindergeld für Berechtigte mit geringem Einkommen sind sowohl das Einkommen des Berechtigten, als auch dasjenige des nicht dauernd von ihm getrennt lebenden Ehegatten maßgeblich.

Insofern bedeutet dies für die Partner einer nichtehelichen Lebensgemeinschaft eine Besserstellung gegenüber Ehegatten, soweit es die Höhe des Kindergeldes ab dem zweiten Kind und den Zuschlag zum Kindergeld betrifft. Eine Anrechnung des Einkommens des nichtehelichen Lebenspartners wurde vom Gesetzgeber nicht vorgesehen. Hiergegen hat er sich, wie sich aus der Begründung zu § 10 Abs. 2 BKGG ergibt, bewußt entschieden.[4] Eine zusätzliche Berücksichtigung des Einkommens des leiblichen Elternteils des Kindes, der nicht mit dem Berechtigten verheiratet ist, wäre zu verwaltungsaufwendig, weil es stets die Überprüfung des Einkommens einer zweiten, nicht gemeinsam mit dem Berechtigten zur Einkommenssteuer veranlagten Person erfordern würde. Selbst eine mittelbare Berücksichtigung dieses Einkommens in Form der Anrechnung der Unterhaltsleistungen, die dieser an das Kind erbringt, wäre zu verwaltungsaufwendig, weil hierbei zwangsläufig auch andere Einkünfte des Kindes berücksichtigt werden müßten.

c) Kindergeldleistungen für erwachsene Kinder, die selbst in einer nichtehelichen Lebensgemeinschaft leben

Im Sozial- und Beamtenrecht gab es früher gesetzliche Regelungen, welche Kindergeldleistungen an die Berechtigten bei Heirat des Kindes ausschlossen. Gleiches galt für das Waisengeld der Kinder. Da diese Heiratsklauseln die nachteilige Rechtswirkung allesamt an das Erfordernis der Eheschließung knüpften, wurden sie vom Bundesverfassungsgericht für verfassungswidrig erklärt.[5] Dabei hat das Gericht die damalige Regelung des § 2 Abs. 2 Satz 1 Nr. 1 BKGG nicht unmittelbar anhand von Art. 6 Abs. 1 GG überprüft. Es hat jedoch ausgeführt, daß die besondere Wertentscheidung dieser Norm im Rahmen der Prüfung des Art. 3 Abs. 1 GG zu beachten sei. Der allgemeine Gleichheitssatz sei verletzt, wenn unter sonst gleichen Voraussetzungen Eltern mit verheirateten Kindern benachteiligt würden, obwohl dies mit dem Zweck der gesetzlichen Regelung nicht in Einklang stehe. Im Hinblick auf die Zweckbestimmung des Kinder-

---

4   BT-Drucks. 9/2074, S. 85 f.

5   BVerfGE 28, 324: Waisenrente in der sozialen Rentenversicherung; BVerfGE 29, 1: Regelung des Kinderzuschlags im Besoldungsrecht; BVerfGE 29, 57: Waisenrente nach dem Bundesversorgungsgesetz; BVerfGE 29, 71: Regelung im Bundeskindergeldgesetz.

geldes, das dem Familienlastenausgleich diene, sei es nicht sachgerecht, die Heirat des Kindes auch dann zum Anlaß einer Schlechterstellung des Kindergeldberechtigten zu nehmen, wenn dieses Ereignis an dessen wirtschaftlicher Belastung nichts ändert. Dabei verweist das Gericht auf die zahlreichen Fälle, in denen die Eltern nach wie vor Unterhalt und Ausbildung des verheirateten Kindes finanzieren müssen, weil dessen Ehegatte hierzu außerstande ist.[6]

Damit hat das Bundesverfassungsgericht dem Gesetzgeber ausdrücklich die Möglichkeit offengelassen, die Verheiratetenklauseln nur aufzulockern und den Anspruch von der wirtschaftlichen Leistungsfähigkeit des Ehegatten abhängig zu machen, seinen Unterhaltspflichten nachzukommen. Mit dem Gesetz zur Änderung sozial- und beamtenrechtlicher Vorschriften über Leistungen für verheiratete Kinder vom 25.1.1971 hat der Gesetzgeber hiervon zunächst keinen Gebrauch gemacht, da die Verheiratetenklauseln ersatzlos gestrichen wurden. Als Grund dafür wurden Schwierigkeiten genannt, die Tatbestände entsprechend zu typisieren und zudem auf den Verwaltungsaufwand verwiesen. Auch angesichts der Altersgrenze von 27 Jahren sei diese großzügige Lösung vertretbar.[7]

Gut zehn Jahre später wurde diese völlige Gleichstellung verheirateter Kinder im Kindergeldrecht jedoch wieder aufgegeben. Mit Wirkung vom 1.1.1982 wurde in § 2 BKGG ein neuer Abs. 2a eingefügt, wonach für verheiratete, geschiedene oder verwitwete Kinder Kindergeld nur gewährt wird, wenn sie vom Berechtigten überwiegend unterhalten werden, weil ihr Ehegatte oder früherer Ehegatte ihnen keinen ausreichenden Unterhalt leisten kann oder dem Grunde nach nicht unterhaltspflichtig ist oder weil sie als Verwitwete keine ausreichenden Hinterbliebenenbezüge erhalten. Mit dieser Regelung hielt sich der Gesetzgeber genau im Rahmen der Rechtsprechung des Bundesverfassungsgerichts, wonach darauf zu achten war, daß Unterhalt leistenden Kindergeldberechtigten ein Anspruch nicht wegen der Heirat des Kindes zu versagen sei. In der Ausbildung befindliche Kinder, deren Partner gut verdienen, könnten aufgrund dieser Gesetzeslage nunmehr möglicherweise den Anreiz zur Eheschließung verloren haben, weil ansonsten der Kindergeldanspruch des Berechtigten erlöschen würde. Eine solche Motivation ist allerdings äußerst unwahrscheinlich, weil zum einen das Kindergeld direkt gar nicht einem Teil des nicht verheirateten Paares zugute kommt und zum anderen bei einem Ehegatten, der zur Finanzierung einer Ausbildung in der Lage ist, Beträge zwischen 50,- und 240,- DM pro Monat keine allzu große Rolle

---

6   BVerfGE 29, 71, 79.

7   BT-Drucks. 6/1316, S. 4 f.

spielen dürften, zumal da wegen der möglichen Zusammenveranlagung von Ehegatten gemäß § 26b EStG eine deutliche steuerliche Entlastung eintritt, die den Betrag des Kindergeldes bei weitem übersteigen kann.

2. Leistungen nach dem Bundeserziehungsgeldgesetz

a) Anspruchsvoraussetzungen

Mit Wirkung vom 1.1.1986 ist das Bundeserziehungsgeldgesetz (BErzGG) in Kraft getreten. Mit dem hiernach gewährten Erziehungsgeld soll die Erziehung und Betreuung des Kindes in den Monaten nach der Geburt erleichtert oder ermöglicht werden.[8] Gemäß § 1 Abs. 1 BErzGG hat Anspruch auf Erziehungsgeld, wer

- einen Wohnsitz oder seinen gewöhnlichen Aufenthalt im Geltungsbereich dieses Gesetzes hat,
- mit einem nach dem 31. Dezember 1985 geborenen Kind, für das ihm die Personensorge zusteht, in einem Haushalt lebt,
- dieses Kind selbst betreut und erzieht und
- keine oder keine volle Erwerbstätigkeit ausübt.

Gemäß Abs. 3 stehen angenommene Kinder und Stiefkinder sowie nach dem 31. Dezember 1991 geborene leibliche Kinder eines nicht sorgeberechtigten Antragstellers den in Abs. 1 Nr. 2 genannten Kindern gleich. Ebenso wie das Kindergeld wird gemäß § 3 Abs. 1 BErzGG nur einer Person Erziehungsgeld gewährt. Während Ehegatten, die beide die Anspruchsvoraussetzungen erfüllen, einen zum Berechtigten bestimmen können (§ 3 Abs. 2 BErzGG), war eine solche Möglichkeit bei Partnern einer nichtehelichen Lebensgemeinschaft - anders als im Kindergeldrecht - bis zum 31.12.1991 nicht gegeben, weil bereits der Anspruch an das Recht der Personensorge geknüpft war.[9] Dieses steht wegen der Regelung des § 1705 BGB bei einer nichtehelichen Lebensgemeinschaft mit Kind nur der Mutter zu. Selbst in den Fällen, in welchen der nichteheliche Vater das Kind tatsächlich betreut und aufzieht, war eine Leistung an den Vater ausgeschlossen. In der Begründung zum Gesetz heißt es dazu, daß erst das Sorgerecht

---

8 BT-Drucks. 10/3792, S. 13; Igl, S. 3; Schwabe ZfS 88, 33, 36.

9 Dieser Grundsatz ist in § 1 Abs. 1 Nr. 2 BErzGG bis heute nicht aufgegeben, obwohl es ihn in Wahrheit nicht mehr gibt - vgl. nur § 3 Abs. 3 BErzGG.

das Rechtsverhältnis begründe, aus dem die Verpflichtung zur Betreuung und Erziehung des Kindes fließe. Der nichteheliche Vater könnte die Betreuung des Kleinkindes nur auf einer rechtlich ungesicherten Grundlage übernehmen. Die nichteheliche Mutter habe jederzeit die Möglichkeit, ihm die Betreuung zu entziehen und muß dies möglicherweise aufgrund ihrer Pflicht zur Personensorge sogar tun.[10]

Zwar ist zutreffend, daß dem nichtehelichen Vater das Personensorgerecht für das Kind derzeit (noch?) nicht zusteht und er ein gemeinsames Sorgerecht zusammen mit der nichtehelichen Mutter nicht erlangen kann. Diese Regelung hatte aber gerade im Vergleich mit der Rechtslage nach dem Bundeskindergeldgesetz Konsequenzen: Die Berechtigung zum Bezug von Kindergeld ist nicht an das Personensorgerecht, sondern an eine faktische Unterhaltsgewährung geknüpft. Haben die nichtehelichen Eltern eine Bezugsberechtigung des Vaters vereinbart, mußte das Erziehungsgeld dennoch an die Mutter gewährt werden, so daß die Leistungsempfänger für Kinder- und Erziehungsgeld dauernd auseinanderfielen. Beide Sozialleistungen dienen dem Familienlastenausgleich. Warum daher ihr Bezug nicht an dieselben tatbestandlichen Voraussetzungen geknüpft wurde, war nicht nachvollziehbar.[11]

Diese Regelung wurde auch nicht durch das Argument gerechtfertigt, durch das Erziehungsgeld solle ermöglicht oder erleichtert werden, daß das Kind in seiner ersten Lebensphase die ständige Betreuung durch eine "feste Bezugsperson" erhalte, weil dies für seine ganze Entwicklung von grundlegender Bedeutung sei. Dies setzt aber - anders als sich aus der Begründung ergibt - keine rechtlich gesicherte Beziehung zwischen Kind und Bezugsperson voraus, weil "feste Bezugsperson" in der Entwicklung des Kindes ein reines Faktum ist, das nicht vom Sorgerecht abhängen kann. Durch Geldleistungen kann ohnehin (leider) keine persönliche Betreuung gewährleistet werden.

Damit war es in aller Regel nahezu unmöglich sein (Ausnahmen ließen sich in den Fällen des § 3 Abs. 3 a.F. BErzGG denken), daß ein nichtehelicher Vater, der kein Sorgerecht über sein Kind hat, Erziehungsgeldberechtigter wird. Dadurch wurde die freie Gestaltung der Beziehungen zwischen der Mutter des Kindes und dem nichtehelichen Vater im Hinblick auf die Erziehung des Kindes erheblich beeinträchtigt.[12]

---

10 BT-Drucks. 10/3792, S. 14.

11 So auch Müller-Manger, S. 189.

12 Igl, § 1 BErzGG, Nr. 4.

Auch das Pflegekindschaftsverhältnis hätte daher beim Erziehungsgeld wie beim Kindergeld als tatbestandliche Voraussetzung für die Berechtigung berücksichtigt werden müssen. Zudem hätte aus der Tatsache, daß die nichteheliche Lebensgemeinschaft mit Kind eine Familie ist[13] und somit den Schutz des Art. 6 Abs. 1 GG genießt, aus dem Elternrecht des Art. 6 Abs. 2 GG und aus dem Gleichstellungsgebot für nichteheliche Kinder des Art. 6 Abs. 5 GG eine Berechtigung des nichtehelichen Vaters hergeleitet werden müssen.

Dieser Widerspruch zu den Regelungen des Bundeskindergeldgesetzes wurde durch die Neufassung des Bundeserziehungsgeldgesetzes vom 21. Januar 1992 aufgehoben. Nunmehr stellt § 3 Abs. 3 BErzGG klar, daß einem nicht sorgeberechtigten Elternteil Erziehungsgeld gewährt werden kann, allerdings nur mit Zustimmung des sorgeberechtigten Elternteils.

b) Höhe des Erziehungsgeldes

Gemäß § 4 Abs. 1 BErzGG wird das Erziehungsgeld für die Dauer von 18, für Kinder, die nach dem 31. Dezember 1992 geboren wurden, für die Dauer von 24 Monaten gewährt und beträgt gemäß § 5 Abs. 1 BErzGG 600,- DM monatlich. Dieser Betrag ist einkommensunabhängig. Ab dem 7. Monat ist die Höhe des Erziehungsgeldes nach § 5 Abs. 2 BErzGG vom Einkommen des Antragstellers und seines nicht dauernd getrennt lebenden Ehegatten abhängig. Dort sind die Freibeträge festgelegt, während § 6 ErzGG festlegt, wie das Einkommen des Berechtigten und seines Ehegatten ermittelt wird.

Genauso wie im Bundeskindergeldgesetz findet auch hier das noch so hohe Einkommen des nichtehelichen Partners keine Berücksichtigung, werden Ehegatten also unter Umständen schlechter gestellt.

c) Erziehungsurlaub

Da in § 15 Abs. 1 BErzGG a.F. der Anspruch eines Arbeitnehmers auf Erziehungsurlaub an einen Anspruch auf Gewährung von Erziehungsgeld geknüpft wurde, war es dem nichtehelichen Vater nicht möglich, Erziehungsurlaub zu nehmen.

In Einklang mit der neuen Rechtslage zur Gewährung von Erziehungsgeld hat mit der Neufassung des Bundeserziehungsgeldgesetzes vom 21. Januar 1992 auch

---

13 Selbst wenn die Auffassung vertreten wird, eine nichteheliche Lebensgemeinschaft mit Kind seien zwei Familien (so Maunz in Maunz/ Dürig/Herzog, Art. 6, Rdnr. 16a), gelten die gleichen Überlegungen.

ein Nichtsorgeberechtigter, der mit seinem leiblichen Kind in einem Haushalt lebt und dieses Kind selbst betreut und erzieht, Anspruch auf Erziehungsurlaub (§ 15 Abs. 1 BErzGG n.F.).

3. Leistungen an das Kind nach dem Unterhaltsvorschußgesetz (UVG)

Am 1.1.1980 ist das Gesetz zur Sicherung des Unterhalts von Kindern alleinstehender Mütter und Väter durch Unterhaltsvorschüsse oder -ausfalleistungen (UVG) in Kraft getreten. Mit dem Gesetz soll den Schwierigkeiten begegnet werden, die alleinstehende Elternteile und ihre Kinder haben, wenn der andere Elternteil sich den Zahlungsverpflichtungen gegenüber einem unterhaltsberechtigten Kind entzieht, zu Unterhaltszahlungen ganz oder teilweise nicht in der Lage ist oder verstorben ist. Kinder bis zum Alter von 6 Jahren, die bei einem alleinstehenden Elternteil leben, haben, wenn ein Unterhaltstitel nicht erfüllt wird bzw. ein solcher drei Monate nach Klageerhebung noch nicht zustandegekommen ist, einen Anspruch auf Zahlung eines Unterhaltsvorschusses bzw. einer Unterhaltsausfalleistung (§ 1 UVG) in Höhe des Regelunterhalts (§ 2 UVG).[14] Damit berücksichtigt das Gesetz Kinder, deren alleinstehende Mütter und Väter über die Unterhaltpflicht hinaus typischerweise aufgrund der alleinigen persönlichen Betreuung in besonderem Maße belastet sind. Auf die Höhe des Einkommens des alleinstehenden Elternteils kommt es nicht an. Bis zum vollendeten 6. Lebensjahr wird für längstens 36 Monate der Unterhalt durch diese Sozialleistung sichergestellt, die gegenüber der Erfüllung des zivilrechtlichen Unterhaltsanspruchs durch den anderen Elternteil subsidiär ist.[15] Dabei kann allerdings kaum beabsichtigt gewesen sein, daß einem Kind, dem wegen des hohen Einkommens desjenigen Elternteils, bei dem es lebt, ausnahmsweise nur *ein* Unterhaltsanspruch zusteht, ein nicht rückforderbarer Anspruch auf eine solche Sozialleistung gegeben wird.[16]

Gemäß § 2 Abs. 1 UVG wird die Unterhaltsleistung in Höhe des Regelbedarfs für nichteheliche Kinder nach § 1 Nr. 1 der Regelunterhaltsverordnung gezahlt. Nach den Absätzen 2 und 3 dieser Bestimmung werden einige öffentliche Leistungen (Kindergeld, Waisenbezüge) und Unterhaltszahlungen des anderen

---

14 Palandt-Diederichsen, Einf. vor § 1601, Rdnr. 22.

15 Scholz, ZfSH/SGB 83, 202, 207.

16 So Köhler, NJW 79, 1812, Fn. 3.

Elternteils sowie Schadensersatzleistungen angerechnet. In dieser Höhe gehen die Unterhaltsansprüche kraft Gesetzes auf die öffentliche Hand über (§ 7 UVG).

In § 1 Abs. 3 UVG ist bestimmt, daß der Anspruch auf diese Leistung unter anderem nicht besteht, wenn der betreuende Elternteil mit dem anderen (leiblichen) Elternteil zusammenlebt. Der Sache nach sind von dieser Regelung nur die nichtehelichen Lebensgemeinschaften mit Kind betroffen. Gerechtfertigt wurde diese Regelung damit, daß in diesem Fall trotz förmlichen Alleinstehens des den Berechtigten betreuenden Elternteils faktisch eine vollständige Familie vorhanden ist.[17]

Somit ist der Anspruch des Kindes wie bei bestehender Ehe zwischen den Eltern ausgeschlossen. Würde der nichteheliche Elternteil mit einem Dritten zusammenleben, bestünde ein Anspruch des Kindes bei tatbestandlichem Vorliegen der übrigen Voraussetzungen, entfiele aber bei einer Eheschließung zwischen den Partnern. Für die Bestimmung des Familienbegriffs ist hier interessant, daß die Stiefelternfamilie und das nichteheliche Zusammenleben des betreuenden Elternteils mit dem leiblichen Elternteil wie eine vollständige Familie behandelt wird, während beim nichtehelichen Zusammenleben des betreuenden Elternteils mit einem Dritten ein Anspruch begründet sein kann.[18]

Fraglich ist allerdings noch, wann die Elternteile zusammenleben. Gerade bei Personen, die in Scheidung leben oder erst seit kurzem geschieden sind, mag es häufiger vorkommen, daß beide Elternteile in einem gemeinsamen Haus leben, ohne sich jedoch die vorhandenen Räumlichkeiten zu teilen. Das OVG Lüneburg hat es zutreffend als erforderlich angesehen, daß ein Zusammenleben der Elternteile nur vorliegt, wenn sie einen gemeinsamen Haushalt führen, zwischen ihnen also eine Wohn- und Wirtschaftsgemeinschaft besteht. Die bloße gemeinsame Betreuung von Kindern reicht dagegen nicht aus. Wenn sich die Gemeinsamkeit der Eltern auf die Betreuung des Kindes beschränkt, besteht auch "faktisch" keine Familie.[19]

---

17 BT-Drucks. 8/2774, S. 12; hiermit hat der Gesetzgeber bestätigt, daß eine nichteheliche Lebensgemeinschaft mit Kind *eine* Familie ist.

18 Scholz, ZfSH/SGB 83, 202, 208.

19 OVG Lüneburg, FEVS 36, S. 71 f.

II. Leistungen nach dem Bundesausbildungsförderungsgesetz (BAFöG)

Eine Regelung, welche die nichteheliche Lebensgemeinschaft unmittelbar zum Gegenstand hat, befindet sich im BAFöG nicht. Dennoch spielt sie dort wegen der Vorschriften über die Einkommens- und Vermögenszurechnung bei Ehegatten gleich in zweifacher Hinsicht eine Rolle. Das Ausbildungsförderungsrecht stellt gemäß § 11 Abs. 1 BAFöG auf den Bedarf des Auszubildenden ab, der für den Lebensunterhalt *und* die Ausbildung besteht. In Abs. 2 dieser Bestimmung ist geregelt, daß auf den Bedarf das Einkommen und Vermögen des Auszubildenden, seines Ehegatten und seiner Eltern in dieser Reihenfolge anzurechnen sind. Einkommen und Vermögen des Ehegatten bleiben außer Betracht, wenn er von dem Auszubildenden dauernd getrennt lebt. Das Einkommen des Partners einer nichtehelichen Lebensgemeinschaft bleibt nach dieser Bestimmung also unberücksichtigt auch dann, wenn er tatsächlich Unterhalt leistet. Aber nicht nur der mit einem Partner zusammenlebende Auszubildende ist besser gestellt als der verheiratete; auch die Eltern eines anspruchsberechtigten Auszubildenden werden finanziell günstiger gestellt, wenn sie nicht verheiratet sind, weil sie gemäß § 25 Abs. 1 BAFöG zweimal den Freibetrag für Alleinstehende geltend machen können, ihnen also insgesamt ein höherer Freibetrag zur Verfügung steht, als wenn sie verheiratet wären.

Ansatzpunkt für eine Berücksichtigung der tatsächlichen Leistungen des nichtehelichen Partners könnte allenfalls § 21 Abs. 3 Nr. 4 BAFöG sein. Danach gelten als Einkommen in Höhe der tatsächlich geleisteten Beträge sonstige Einnahmen, die zur Deckung des Lebensbedarfs bestimmt sind. Dies steht aber unter dem Vorbehalt, daß sie vom zuständigen Bundesminister in einer Rechtsverordnung mit Zustimmung des Bundesrates bezeichnet wurden. In der Verordnung zur Bezeichnung der als Einkommen geltenden sonstigen Einnahmen nach § 21 Abs. 3 Nr. 4 BAFöG (EinkommensVO) vom 21.8.1974 (BGBl. I, S. 2078) ist dies geschehen. Bei diesen sonstigen Leistungen handelt es sich vorwiegend um Leistungen der sozialen Sicherung und um Leistungen nach dem Wehrsoldgesetz. Tatsächliche durch den Lebensgefährten erbrachte Leistungen sind nicht aufgeführt, obwohl dies im Verordnungswege möglich wäre. Die in § 21 BAFöG in V.m. § 1 der EinkommensVO aufgeführten Leistungen sind somit eine abschließende Regelung.

Es fragt sich, ob diese Schlechterstellung der Ehegatten gegenüber nur verheirateten Paaren möglicherweise in zweifacher Hinsicht gegen Art. 6 Abs. 1 GG verstößt. Folgt man dem Bundesverfassungsgericht in seiner Rechtsprechung zu den Verheiratetenklauseln im Sozial- und Beamtenrecht,[20] muß gerade die Eheschließung selbst zum Ausschluß des Anspruchs führen. Dagegen wäre es verfassungsmäßig nicht zu beanstanden, wenn der Gesetzgeber unter Verzicht auf eine typisierende Regelung die Versagung oder Weiterzahlung der Waisenrente nach der Heirat davon abhängig machte, ob im Einzelfall ein Unterhaltsanspruch gegen den Ehegatten besteht oder nicht.[21]

Da Anknüpfungspunkt allein der Unterhaltsanspruch ist, stellt sich die rechtspolitische Frage, ob eine Nichtdiskriminierung der Studentenehe angestrebt werden sollte.[22] Dies könnte etwa dadurch geschehen, daß man entweder die Nachteile der Ehe (besser: der Unterhaltspflicht) auf die nichteheliche Lebensgemeinschaft überträgt, oder Sozialleistungen trotz der ehelichen Unterhaltsansprüche weitergewährt.[23]

So bedenklich es erscheinen mag, daß Leistungen nach dem BAFöG in einzelnen Fällen keinen Anreiz für die Eheschließung bieten könnten, wird die Berücksichtigung des Unterhaltsanspruchs gegen den Ehegatten allein schon dadurch gemildert, daß gemäß § 24 Abs. 1 BAFöG das Einkommen des vorvergangenen Jahres zugrundezulegen ist. Es ist also keineswegs so, daß Auszubildende auf das Einkommen des Ehegatten, der junger Erstverdiener ist, verwiesen werden. Die vollständige Nichtberücksichtigung des Unterhaltsanspruchs hat sich, wie die Entwicklung im Bundeskindergeldgesetz gezeigt hat, nicht bewährt. Eine solche Nichtberücksichtigung könnte, wie Rüfner[24] dargelegt hat, auch leicht zu Mißbräuchen führen: Würde das Einkommen des Ehegatten nicht berücksichtigt, könnte etwa die Frau eines wohlhabenden Mannes, deren Kinder die Oberstufe des Gymnasiums besuchen, ein Studium beginnen - möglicherweise zum Schein - um für einige Jahre Leistungen nach dem BAFöG zu beziehen. Dies ist ohne weiteres möglich, weil die Anforderungen an Alter und Leistung gering sind (vgl. §§ 10 und 15 BAFöG).

Man könnte sich auch auf den Standpunkt stellen, daß bei einer Gesamtschau unter Einbeziehung des Steuerrechts verheiratete BAFöG-Empfänger letztlich ge-

---

20   Vgl. oben unter I 1 c.

21   BVerfGE 28, 324, 361.

22   Rüfner, S. 91; Scholz, ZfSH/SGB 83, 203, 207; so auch der Beschluß III 17 des 57. DJT, Mainz 1988, abgedr. in Sitzungsbericht I, S. 237.

23   Rüfner, S. 85.

24   aaO, S. 92.

genüber denjenigen, die in einer nichtehelichen Lebensgemeinschaft leben, gar nicht benachteiligt seien. Zwar findet durch die Gewährung von Sozialleistungen ein Umverteilungsprozeß statt. Diese Umverteilung erschöpft sich aber nicht in der bloßen Leistungsgewährung, sie kann vielmehr auch indirekt in Form von steuerlichen Entlastungen geschehen. Dem Ehegatten, der dem anderen durch Unterhaltsleistungen eine Ausbildung finanziert, steht die Möglichkeit des Ehegattensplittings zur Seite. Die Partner einer nichtehelichen Lebensgemeinschaft hingegen haben diese Möglichkeit nicht. Möglicherweise besteht daher bei einer Gesamtschau eine Besserstellung der nichtehelichen Lebensgemeinschaft gegenüber Ehegatten nicht.[25]

Auf eine solche Gesamtschau hat aber das Bundesverfassungsgericht[26] in seiner Entscheidung zu § 139 Satz 1 und 2 AFG vom 10.7.1984 bewußt verzichtet. Es hat die fragliche Bestimmung isoliert anhand der Bestimmungen der Art. 3 Abs. 1 und 6 Abs. 1 GG überprüft. Auf steuerliche Entlastungsmöglichkeiten ist es in seiner Begründung nicht eingegangen. Dies wäre zudem problematisch gewesen, weil es letztlich willkürlich ist, welche Punkte überhaupt in eine solche Gesamtschau einzubeziehen sind.[27] Sie erweist sich als nicht praktikabel und rechtlich willkürlich und ist daher abzulehnen.

Auch ohne eine solche Gesamtschau kann jedoch begründet werden, daß von einer Anrechnungsvorschrift des Einkommens eines nichtehelichen Partners im BAFöG abgesehen werden sollte. Zwar handelt es sich um ein nachrangiges Sozialleistungssystem. Im Unterschied z.B. zur Sozialhilfe werden aber ganz bewußt nicht sämtliche tatsächlichen Leistungen, die der Auszubildende von Dritten erhält, auf seinen Anspruch angerechnet. Man hätte in § 21 Abs. 3 Nr. 4 BAFöG ohne weiteres auf die Worte "soweit sie der zuständige Bundesminister in einer Rechtsverordnung mit Zustimmung des Bundesrates bezeichnet hat" verzichten können. Dann hätten Leistungen des Partners eindeutig zum Einkommen des Antragstellers gerechnet werden müssen. Stattdessen wurde eine Ermächtigungsgrundlage für den zuständigen Bundesminister geschaffen, die Einnahmen zu bezeichnen. Alle nicht in der EinkommensVO aufgeführten Leistungen dürfen daher auch dann nicht ans Einkommen angerechnet werden, wenn sie ganz offen-

---

25   Schatte, Sitzungsbericht I zum 57. DJT, Mainz 1988, S. 195.

26   BVerfGE 67, 186 ff.

27   von Maydell, Sitzungsbericht I zum 57. DJT, Mainz 1988, S. 212.

sichtlich zur Deckung des Lebensbedarfs bestimmt sind.[28] Dies ist z.B. auch beim Pflegegeld nach §§ 5 und 6 JWG der Fall. Daran wird deutlich, daß den Leistungen des BAFöG kein so strenger Subsidiaritätscharakter zukommt wie der Sozialhilfe.[29] Die Lage in diesen beiden Rechtsgebieten ist daher nicht ohne weiteres zu vergleichen.

Ein wesentlicher Unterschied zwischen BAFöG und Sozial- und Arbeitslosenhilfe besteht auch darin, daß der Bedarf nicht nur für den Lebensunterhalt, sondern für den Lebensunterhalt *und* die Ausbildung zu ermitteln ist. Man würde die Durchführung der Ausbildung ständig in Frage stellen, müßte man den Auszubildenden auf Einkünfte verweisen, die zivilrechtlich nicht abgesichert und nur vom Wohlwollen des Partners abhängig sind. Der Anspruchsteller hat nicht nur keinen Anspruch auf Unterhalt gegen seinen Partner, sondern darüber hinaus nicht einmal einen Anspruch auf Auskunft über den Verdienst des Partners.

Mit dem Argument, daß die Leistungen nach dem BAFöG nicht einen so strengen Subsidiaritätscharakter haben wie andere nachgeordnete Sozialleistungen, ist auch die Besserstellung in nichtehelicher Lebensgemeinschaft lebender Eltern gegenüber Eheleuten bei der Einkommen- und Vermögensanrechnung hinzunehmen.[30]

III. Leistungen nach dem Arbeitsförderungsgesetz (AFG)

1. Arbeitslosengeld

Das Arbeitslosengeld hat Lohnersatzfunktion, indem es teilweise den Ausfall an Arbeitsentgelt kompensiert, der im Falle der Arbeitslosigkeit entsteht.[31] Voraussetzungen für einen derartigen Anspruch sind:

- der Versicherungsfall Arbeitslosigkeit,
- die Verfügbarkeit (dazu näher § 103 AFG),
- die Erfüllung der Anwartschaftszeit (§ 104 AFG),

---

28 Rothe/Blanke, § 21, Anm. 10.4.

29 de Witt/Huffmann, Rdnr. 285.

30 de Witt/Huffmann, Rdnr. 285; a.A. Scholz, ZfSH/SGB 83, 203, 207; ders., ZRP 81, 225, 230.

31 Bley, S. 298.

- die persönliche Arbeitslosmeldung beim Arbeitsamt (§ 105 AFG), und
- die Antragstellung (§ 100 Abs. 1 AFG).

Die Höhe des Arbeitslosengeldes richtet sich nach dem Arbeitsentgelt, das der Arbeitslose im Bemessungszeitraum durchschnittlich in der Woche erzielt hat (§§ 111 Abs. 1, 112 AFG). Für Arbeitslose, die mindestens ein Kind haben, beträgt das Arbeitslosengeld 68 % des Arbeitsentgelts, für alle übrigen Arbeitslosen 63 %. Diese Differenzierung widerspricht dem Ersatzprinzip, da Arbeitslosengeld nicht von der Bedürftigkeit abhängig ist.[32] Es wird vielmehr aus den Beiträgen zur Arbeitslosenversicherung finanziert, weshalb nur derjenige, der in einer die Beitragspflicht begründenden Beschäftigung gestanden hat, die Anwartschaftszeit des § 104 Abs. 1 AFG erfüllt. Systemwidrig folgt die Differenzierung des § 111 Abs. 1 AFG dem Bedarfsprinzip, da sie nicht mit der Lohnersatzfunktion des Arbeitslosengeldes begründbar ist. Ansonsten wird aber bei seiner Gewährung folgerichtig nicht zwischen Ledigen und Verheirateten unterschieden. Dennoch ergeben sich Unterschiede, da der Nettoarbeitslohn pauschal nach der Regelung des § 111 Abs. 2 AFG durch Leistungssätze bestimmt wird, die sich an der Einstufung in die auf der Lohnsteuerkarte eingetragenen Lohnsteuerklasse orientieren. Hier zeigen sich Schlechterstellungen der nichtehelichen Lebensgemeinschaft.

2. *Arbeitslosenhilfe*

Anders als das Arbeitslosengeld wird die Arbeitslosenhilfe nicht aus den Beiträgen zur Arbeitslosenversicherung finanziert. Ihre Kosten hat gemäß § 188 AFG der Bund zu tragen. Die Anspruchsvoraussetzungen regelt § 134 AFG. Danach hat Anspruch auf Arbeitslosenhilfe, wer

- arbeitslos ist, der Arbeitsvermittlung zur Verfügung steht, sich beim Arbeitsamt arbeitslos gemeldet und Arbeitslosenhilfe beantragt hat,
- keinen Anspruch auf Arbeitslosengeld hat, weil er die Anwartschaftszeit (§ 104) nicht erfüllt,
- bedürftig ist und
- gemäß Nr. 4 innerhalb eines Jahres vor Entstehung der Anspruchsvoraussetzungen entweder Arbeitslosengeld erhalten hat, oder

---

32 Bley, S. 299.

eine dort bestimmte Anwartschaftszeit erfüllt hat, die für einen Anspruch auf Arbeitslosengeld nicht ausreicht.

Damit nimmt die Arbeitslosenhilfe im System der Sozialleistungen eine Stellung zwischen Arbeitslosengeld und Sozialhilfe ein.[33] Mit der Sozialhilfe hat sie die Subsidiarität gemeinsam, da sie Bedürftigkeit des Arbeitslosen voraussetzt. Dennoch bestimmt sich die Leistungshöhe nicht grundsätzlich nach dem Bedarf, sondern - ebenso wie das Arbeitslosengeld - nach der unterstellten Einbuße an Arbeitseinkommen. Gemäß § 136 Abs. 1 AFG beträgt die Höhe der Arbeitslosenhilfe für Arbeitslose mit mindestens einem Kind 58 % des um die gesetzlichen Abzüge, die bei Arbeitnehmern gewöhnlich anfallen, verminderten Arbeitsentgelts; die übrigen Arbeitslosen erhalten hiervon 56 %. Was die prozentuale Höhe der Arbeitslosenhilfe anbetrifft, werden wiederum Ledige und Verheiratete gleichbehandelt. Nur durch den Verweis auf § 111 Abs. 2 AFG in § 136 Abs. 3 Satz 2 AFG ergibt sich wegen der unterschiedlichen Steuerklassen ein geringfügiger Unterschied.

a) Bedürftigkeit

Da sie andererseits aber auch von der Bedürftigkeit des Arbeitslosen abhängt, werden bei ihrer Berechnung auch andere Einkünfte des Arbeitslosen sowie tatsächliche und vermutete Leistungen Dritter berücksichtigt.

Gemäß § 137 Abs. 1 AFG ist der Arbeitslose bedürftig i.S. des § 134 Abs. 1 Nr. 3, soweit er seinen Lebensunterhalt und den seines Ehegatten sowie seiner Kinder, für die er Anspruch auf Kindergeld nach dem Bundeskindergeldgesetz oder auf eine das Kindergeld ausschließende Leistung für die Kinder hat, nicht auf andere Weise als durch Arbeitslosenhilfe bestreitet oder bestreiten kann und das Einkommen, das nach § 138 zu berücksichtigen ist, die Arbeitslosenhilfe nach § 136 nicht erreicht. Nicht bedürftig i.S. des § 134 Abs. 1 Nr. 3 AFG ist der Arbeitslose, solange mit Rücksicht auf sein Vermögen, das Vermögen seiner nicht dauernd getrennt lebenden Ehegatten oder das Vermögen der Eltern eines minderjährigen unverheirateten Arbeitslosen die Gewährung von Arbeitslosenhilfe offenbar nicht gerechtfertigt ist. § 138 AFG konkretisiert in seinem Abs. 1 für bestimmte Personengruppen den Begriff der Bedürftigkeit, wie er in § 137

---

33 BVerfGE 9, 20, 22; Schmidt in GK-AFG, § 134, Rdnr. 4; Müller-Manger, S. 205.

Abs. 1 AFG allgemein umschrieben ist. Deshalb gehen seine Regelungen insoweit denen des § 137 Abs. 1 AFG vor.[34]

Ergibt die spezielle Prüfung des § 138 AFG, daß das zu berücksichtigende Einkommen die Höhe der Arbeitslosenhilfe erreicht, entfällt die allgemeine Bedürftigkeitsprüfung des § 137 AFG. Nach dieser speziellen Prüfung sind das Einkommen des Arbeitslosen und Leistungen, die er von Dritten entweder erhält oder beanspruchen kann, ferner das Einkommen des von ihm nicht dauernd getrennt lebenden Ehegatten, soweit es die in Abs. 1 Nr. 2 festgelegten Freibeträge übersteigt, zu berücksichtigen. Hierfür bedarf es keiner Feststellung, ob und in welcher Höhe der Arbeitslose von seinem Ehegatten Leistungen erhalten hat oder kann. Aufgrund der zwischen dem Ehegatten bestehenden Haushalts- und Wirtschaftsgemeinschaft wird vermutet, daß die geschuldeten Unterhaltsleistungen auch tatsächlich erfolgen. Damit ist § 138 Abs. 1 Nr. 2 AFG lex specialis zu Nr. 1.[35]

b) Die gesetzliche Vermutung des § 137 Abs. 2a AFG und ihre Vorgeschichte

Durch das 7. AFG-Änderungsgesetz vom 20.12.1985 wurde mit Wirkung vom 1.1.1986 in § 137 AFG ein Abs. 2a eingefügt, der sich inhaltlich auf Abs. 2 dieser Vorschrift bezieht. Danach sind Einkommen und Vermögen einer Person, die mit dem Arbeitslosen in eheähnlicher Gemeinschaft lebt, wie das Einkommen und Vermögen eines nicht dauernd getrennt lebenden Ehegatten zu berücksichtigen.

Diese Bestimmung hatte bereits in § 149 Abs. 5 des Gesetzes über Arbeitsvermittlung und Arbeitslosenversicherung (AVAVG) vom 3.4.1957 einen Vorläufer. Mit Ausnahme der Worte "nicht dauernd getrennt lebenden" vor "Ehegatten" war der Wortlaut dieser Bestimmung sachlich mit dem heutigen § 137 Abs. 2a AFG identisch. Der Ausschuß für Arbeit zum Entwurf des § 141c Abs. 3 (später § 149 Abs. 5) AVAVG lehnte damals mit Mehrheit einen Antrag ab, der sich darauf richtete, daß die Feststellung, ob eine eheähnliche Gemeinschaft bestehe, in der Praxis undurchführbar sei und in zu starkem Maße in die persönliche Sphäre des Versicherten eingreife. Auf eine derartige Prüfung, die auch im Bereich der öffentlichen Fürsorge möglich sei, könne zwar nicht verzichtet werden; dennoch habe sich die Prüfung des Arbeitsamtes darauf zu beschränken, ob die Partner in wirtschaftlicher Hinsicht wie Eheleute zu-

---

34 BSG SozR 4100, § 138 Nr. 14 und 17.

35 BSG SozR 4100, § 138 Nr. 14 und 17.

sammenleben.[36] Schon nach Auffassung der Mehrheit dieses Ausschusses sollte also der erstmals in einem Gesetzestatbestand verwendete Begriff "eheähnliche Gemeinschaft" auf die wirtschaftliche Seite dieser Gemeinschaft beschränkt bleiben. Mit diesem Argument wurde bereits zuvor im Ausschuß Bedenken begegnet, daß diese Regelung zu einer rechtlichen Anerkennung eheähnlicher Verhältnisse führen könne. Dies sei schon deshalb nicht der Fall, weil es in erster Linie auf das Vorliegen einer Haushalts- und Wirtschaftsgemeinschaft ankomme, ohne daß dabei auch auf eine geschlechtliche Gemeinschaft geschlossen werden müsse. Maßgebend müsse also die Tatsache sein, daß die Betreffenden in einer Weise gemeinsam wirtschaften, die der bei Ehepaaren üblichen entspricht.[37]

Schon kurze Zeit nach dem Inkrafttreten des § 149 Abs. 5 AVAVG legte das Sozialgericht Schleswig die Norm wegen eines möglichen Verstoßes gegen Art. 3 Abs. 1 GG dem Bundesverfassungsgericht vor. Diese Bedenken teilte das Bundesverfassungsgericht nicht, da die Bedürftigkeitsprüfung von dem Grundsatz beherrscht werde, daß nicht möglicherweise bestehende Rechtsansprüche, sondern die faktischen wirtschaftlichen Verhältnisse des Arbeitslosen maßgebend sind.[38] Die damaligen §§ 149 Abs. 2 und 150 Abs. 1 Nrn. 2 und 3 AVAVG enthielten Sonderregeln für die Frage, wann der Lebensunterhalt eines Arbeitslosen durch seine Zugehörigkeit zu einem Haushalt als gesichert gilt. In ihnen waren daher die praktisch häufigsten Fälle aufgeführt, nämlich die der gemeinsamen Haushaltsführung von Ehegatten oder von Verwandten in gerader Linie. Diese Bestimmungen hatten die Wirkung einer unwiderlegbaren Vermutung, da die Bedürftigkeit des Arbeitslosen durch ausreichendes Vermögen oder Einkünfte seines Ehegatten oder Verwandten in gerader Linie ausgeschlossen wird, vorausgesetzt, er wirtschaftet mit diesem in einem gemeinsamen Haushalt.[39] Das Bundesverfassungsgericht hat ausdrücklich darauf hingewiesen, daß die bürgerlichrechtliche Unterhaltspflicht in diesem Zusammenhang keine Rolle spielt und deshalb auch nicht erwähnt wird. Liegen dagegen die typisierten Tatbestände der §§ 149 Abs. 2 und 150 Abs. 1 Nrn. 2 und 3 AVAVG nicht vor, müssen dennoch die individuellen wirtschaftlichen Verhältnisse des Arbeitslosen festgestellt werden, um seine Bedürftigkeit zu ermitteln. In diesem Zusammenhang hätten auch andere

---

36   BT-Drucks. 2/2714, S. 18.

37   BT-Drucks. 2/2101, S. 6.

38   BVerfGE 9, 20, 29.

39   BVerfGE 9, 20, 30.

Haushaltsgemeinschaften erfaßt werden müssen, von deren Mitgliedern der Arbeitslose Leistungen empfangen könnte. Dazu gehörten z.B. Gemeinschaften zwischen Geschwistern, befreundeten Personen gleichen Geschlechts und eheähnliche Lebensgemeinschaften, wenn letztere nicht wegen § 149 Abs. 5 AVAVG wie Ehegatten zu behandeln gewesen wären. Diese Regelung ersparte also nur die individuelle Prüfung. Sie bezog sich daher nicht auf das "Ob" sondern nur auf das "Wie" der Berücksichtigung der eheähnlichen Lebensgemeinschaft.[40]

Das Bundesverfassungsgericht hielt die Vorschrift auch für sachgerecht, weil für den Tatbestand der eheähnlichen Gemeinschaft geschlechtliche Beziehungen nicht festgestellt werden müßten. Es sei zwar nicht Sache der Arbeitsämter, eheähnliche Gemeinschaften durch Entziehung der materiellen Grundlage zu bekämpfen. Dennoch sollten sie hinsichtlich dieser Grundlage andererseits auch nicht gegenüber Ehen begünstigt werden. Ferner dürften Mittel der Allgemeinheit mangels genügender Kontrolle nicht auch in Fällen in Anspruch genommen werden können, in denen wirkliche Bedürftigkeit nicht vorliegt.[41]

Mit dem Arbeitsförderungsgesetz vom 25.6.1969 wurde auf eine dem § 149 Abs. 5 AVAVG entsprechende Regelung vollständig verzichtet. Man war damals der Auffassung, daß es genüge, daß Unterhaltsleistungen, die einem Empfänger von Arbeitslosenhilfe im Rahmen eines eheähnlichen Verhältnisses zufließen, bei der Bedürftigkeitsprüfung zu berücksichtigen sind.[42]

Durch Beschluß vom 10.7.1984 hat das Bundesverfassungsgericht festgestellt, daß § 139 Satz 1 und 2 des AFG mit Art. 3 Abs. 1 i.V.m. Art. 6 Abs. 1 GG unvereinbar und daher nichtig ist. Der im gemeinsamen Haushalt lebende Ehegatte werde gegenüber eheähnlichen Gemeinschaften benachteiligt, obwohl die Bedürftigkeit gleich sei.[43] § 138 Abs. 1 Nr. 1 AFG bestimme zwar, daß im Rahmen der Bedürftigkeitsprüfung als Einkommen des Arbeitslosen auch Leistungen, die er von Dritten erhält, zu berücksichtigen sind. Im Verfahren vor dem Bundesverfassungsgericht wurde aber deutlich, daß bei der Einkommensermittlung von den Arbeitslosen in aller Regel nicht angegeben wurde, ob sie in eheähnlicher Gemeinschaft lebten, aus welcher sie Leistungen empfingen. Erst nachdem 1981 diese Frage in die Antragsformulare aufgenommen worden sei, sei

---

40   BVerfGE 9, 20, 31.

41   BVerfGE 9, 20, 34 f.

42   BT-Drucks. 5/2291, S. 87.

43   BVerfGE 67, 186, 196.

bis Ende 1983 die Zahl der Antragsteller leicht angestiegen, die Angaben über die Führung einer Haushaltsgemeinschaft mit Personen machten, die ihnen nicht gesetzlich zum Unterhalt verpflichtet seien.[44] Wesentlich war aber, daß gemäß § 139 AFG Ehegatten, die zugleich berechtigt waren, Arbeitslosenhilfe zu beanspruchen nur *einen einzigen* Anspruch hatten. Dies führte in der Praxis zu unterschiedlichen Berechnungen der Höhe der Arbeitslosenhilfe, bei der Ehegatten gegenüber Partnern einer eheähnlichen Gemeinschaft benachteiligt werden konnten. Mit dem 7. AFG-Änderungsgesetz wurde schließlich der Rechtsprechung des Bundesverfassungsgerichts Rechnung getragen.

c)   Begriff "eheähnliche Gemeinschaft"

aa)   Die Rechtsprechung des Bundessozialgerichts und des Bundesverfassungsgerichts

In seinem Urteil vom 24.3.1988[45] hat sich erstmals das Bundessozialgericht sehr ausführlich zum Begriff der "eheähnlichen Gemeinschaft" i.S. des § 137 Abs. 2a AFG geäußert. Nach Auffassung des Bundessozialgerichts ist eine eheähnliche Lebensgemeinschaft gegeben, wenn zwei miteinander nicht verheiratete Personen, zwischen denen die Ehe jedoch rechtlich grundsätzlich möglich ist, genauso wie ein nicht getrennt lebendes Ehepaar in gemeinsamer Wohn- und Wirtschaftsgemeinschaft leben, sie also in Übereinstimmung einen gemeinsamen Haushalt so führen, wie es für zusammenlebende Ehegatten typisch ist. Diese Definition ist zweckorientiert, da der Begriff nach dem Wortsinn, dem Zweck und Zusammenhang der Regelung, in dem er steht, sowie nach Rechtsentwicklung und erkennbaren Absichten des Gesetzgebers bestimmt wurde.

Das Bundesverfassungsgericht hat den Begriff der eheähnlichen Gemeinschaft i.S. des § 137 Abs. 2 a AFG in seinem Urteil vom 17.11.1992 definiert.[46] Ähnlich wie das Bundessozialgericht stellt es fest, daß der Gesetzgeber mit dem Begriff "eheähnlich" ersichtlich am Rechtsbegriff der Ehe angeknüpft habe. Gemeint sei eine Lebensgemeinschaft zwischen einem Mann und einer Frau, die auf Dauer angelegt ist, daneben keine weitere Lebensgemeinschaft gleicher Art zuläßt und sich durch innere Bindungen auszeichnet, die ein gegenseitiges Einstehen der

---

44   BVerfGE 67, 186, 194 f.

45   SozR 4100, Nr. 17 zu § 138 AFG.

46   BVerfG, NJW 93, 643.

Partner füreinander begründen, also über die Beziehungen in einer Haushalts- und Wirtschaftsgemeinschaft hinausgehen.[47]

Es handelt sich nach der Definition des Bundesverfassungsgerichts bei der eheähnlichen Gemeinschaft also um eine Verantwortungs- und Einstehensgemeinschaft, in der die Bindungen der Partner so eng sind, daß von ihnen ein gegenseitiges Einstehen in den Not- und Wechselfällen des Lebens erwartet werden kann. Als Indizien hierfür kämen in Betracht die lange Dauer des Zusammenlebens, die Versorgung von Kindern und Angehörigen im gemeinsamen Haushalt und die Befugnis, über Einkommen und Vermögensgegenstände des anderen Partners zu verfügen.[48]

Zuzustimmen ist dem Bundessozialgericht vor allem darin, daß die eheähnliche Lebensgemeinschaft weitestgehend auf eine Wohn- und Wirtschaftsgemeinschaft zu reduzieren sei. Ebenso wie im Zivilrecht könnte man auch hiergegen wiederum einwenden, daß bei einer solchen Definition die inneren persönlichen Bindungen der Partner vernachlässigt oder ignoriert würden. Der Verzicht auf diese Merkmale mag darauf beruhen, daß dem Untersuchungsgrundsatz des § 20 SGB X zufolge die Behörde den Sachverhalt von Amts wegen zu ermitteln hat und die Ermittlung innerer Bindungen auf praktische Schwierigkeiten stößt. Mögen auch solche Überlegungen im Vordergrund gestanden haben, ist diese Definition dennoch ein erneuter Beleg dafür, daß es, wie im zivilrechtlichen Teil dieser Arbeit vertreten, zwar soziologisch, nicht aber rechtlich auf innere Beziehungen der Partner ankommt.

Zu bedauern ist, daß sowohl das Bundessozialgericht als auch das Bundesverfassungsgericht, anders als das Bundesverwaltungsgericht,[49] die eheähnliche Gemeinschaft nicht *nur* auf die Wohn- und Wirtschaftsgemeinschaft reduziert haben. Sie stellen vielmehr in ihren Definitionen einen direkten Bezug zur Ehe her. Andere Partnerschaften, also z.B. solche zwischen Personen gleichen Geschlechts oder zwischen Verwandten, die von Rechts wegen nicht heiraten dürfen, sollen danach folglich nicht unter § 137 Abs. 2a AFG fallen. Maßgeblich sei dafür die Begriffseingrenzung, die aus dem Wort "eheähnlich" folge. Dieses enthalte einen deutlichen Hinweis für die so formulierte Definition, da es sich insoweit von anderen gebräuchlichen Bezeichnungen für nichteheliche Lebensgemeinschaften unterscheide. Dem ist grundsätzlich zuzustimmen. Die Begriffe

---

47 BVerfG, NJW 93, 643, 645.

48 BVerfG, NJW 93, 643, 646.

49 BVerwGE 15, 306, 312.

"eheähnliche Gemeinschaft" und "nichteheliche Lebensgemeinschaft" sollen hier so verstanden werden - und insbesondere das BSG scheint auch dieser Auffassung zu sein, daß "nichteheliche Lebensgemeinschaft" der allgemeinere Begriff ist, der z.B. auch gleichgeschlechtliche Verbindungen umfaßt.[50] Es fragt sich aber, ob es sich empfiehlt, bei der Auslegung des § 137 Abs. 2a AFG hier am bloßen Wortsinn zu haften, zumal gar nicht festgestellt werden kann, aus welchen Gründen der Gesetzgeber erstmals in § 149 Abs. 5 AVAVG den Begriff "eheähnliche Gemeinschaft" gegenüber "nichteheliche Lebensgemeinschaft" bevorzugt hat.

Das Bundessozialgericht ist allerdings der Auffassung, seine Definition auch auf den Regelungszweck des § 137 Abs. 2a AFG stützen zu können. Für das insoweit maßgebliche Vergleichspaar "Ehe" verlange das Gesetz nur bestimmte Merkmale, um die Rechtsfolge der Einkommensanrechnung auszulösen. Nach § 138 Abs. 1 Nr. 2 AFG genüge dafür, daß die Ehe bestehe und die Ehegatten nicht dauernd getrennt leben. Das letztgenannte Merkmal sei § 26 EStG entnommen und meine die für Ehen typische Lebens- und Wirtschaftsgemeinschaft. Lebensgemeinschaft sei die räumliche, persönliche und geistige Gemeinschaft; Wirtschaftsgemeinschaft die gemeinsame Erledigung der wirtschaftlichen Fragen des Zusammenlebens.

bb) Kritik an den Definitionen des Bundessozialgerichts und des Bundesverfassungsgerichts

Während den vom Bundessozialgericht vorgenommenen Definitionen von Lebens- und Wirtschaftsgemeinschaft zugestimmt werden kann, ist trotz der Verwendung des Wortes "eheähnlich" nicht einsichtig, warum bei der Definition des Begriffs "eheähnliche Gemeinschaft" ein Vergleichspaar zur Ehe hergestellt werden soll. Daß in § 137 Abs. 1 Nr. 2 AFG von "nicht dauernd getrennt lebenden Ehegatten" die Rede ist, ist für den Begriff der eheähnlichen Gemeinschaft ohne Bedeutung, da eine solche Gemeinschaft, bei der die Partner dauernd getrennt leben würden, schon begrifflich gar nicht denkbar ist. Sehr bedenklich ist das vom Bundessozialgericht - im Gegensatz zur Rechtsprechung des Bundesverwaltungsgerichts - zusätzlich eingeschobene Merkmal "zwischen denen die Ehe rechtlich grundsätzlich möglich ist". Weshalb hier auf die Ehe zurückgegriffen wird ist nicht verständlich, da viele eheähnliche Gemeinschaften wohl gerade auch deshalb eingegangen werden, weil Ehehindernisse bestehen, weil z.B. ein Partner (noch) verheiratet ist. Es kann nicht angehen, daß differenziert wird zwischen

---

50 So Müller-Manger, S. 79; Maus, S. 35; hierfür auch: Bruns/Beck, MDR 91, 832, 835.

Partnern von Gemeinschaften, die zwar heiraten könnten, aber nicht wollen und solchen, die zwar heiraten würden, aber nicht können, wenn zwischen beiden Gemeinschaften eine Wohn- und Wirtschaftsgemeinschaft besteht.[51] Dieses zusätzliche Merkmal ist um so unverständlicher, als das Bundessozialgericht bei der Erläuterung seiner Definition nochmals ausdrücklich betont, daß es nur darum gehe, zwei gleichartige Lebenssachverhalte gleich zu behandeln. Die Ähnlichkeit mit der Ehe erstrecke sich insoweit entscheidend auf die wirtschaftliche Seite der gemeinsamen Lebensführung, weil auch der Begriff der Bedürftigkeit nur im Wirtschaftlichen wurzele.

Das Schwergewicht auf den wirtschaftlichen Bereich wird noch zusätzlich durch die Feststellung gesetzt, daß es darauf, ob innere Beziehungen oder Verpflichtungen zur Unterhaltsgewährung oder zur gemeinsamen Lebensführung bestehen, ebensowenig ankomme wie auf die Frage, ob die Partner durch geschlechtliche Beziehungen miteinander verbunden seien. Zutreffend wird festgestellt, daß bei Ehegatten für die Anwendung des § 138 Abs. 1 Nr. 2 AFG genüge, daß sie verheiratet sind und zusammenleben, ohne daß die Qualität ihrer persönlichen Beziehungen eine Rolle spielen. Daraus glaubt das Bundessozialgericht aber den Schluß ziehen zu müssen, daß bei der "angeordneten Gleichbehandlung für gleichartig zusammenlebende unverheiratete Paare, zwischen denen rechtlich eine Ehe grundsätzlich möglich ist, i.S. des § 137 Abs. 2a AFG nichts wesentlich anderes gelten" kann. Ausreichend sei mithin ein nach den äußeren Umständen erkennbares sozialtypisches Verhalten, wie es für zusammenlebende Ehepaare eigentümlich sei.

Gerade auf letzteres kann es aber nicht ankommen, weil es ebensowenig Ehetypen wie Typen eheähnlicher Gemeinschaften gibt. Eine solche Vorstellung erinnert sehr an die bereits dargestellte Lehre von den Ehezwecken und Zwecken von nichtehelichen Lebensgemeinschaften.[52] Das Bundessozialgericht relativiert denn auch selbst sogleich diese Feststellung, indem es stets auf die Umstände des Einzelfalles ankommen soll. Dies gelte deshalb, da der Erkenntnis Rechnung zu tragen sei, daß in der eheähnlichen Gemeinschaft die gesamte Bandbreite von Gestaltungsformen möglich sei, wie sie auch bei zusammenlebenden Ehepaaren vorkommen. Diese zutreffende Erkenntnis schließt aber gleichzeitig aus, daß es

---

51   Brocke, SGb 88, 433, 437; vgl. auch die Einteilung in Fallgruppen bei Coester-Waltjen, NJW 88, 2085: Die Partner wollen zwar heiraten, können es aber nicht.

52   Vgl. im 1. Kapitel VII 1 c bb.

sozialtypisches Verhalten von Ehegatten gibt, auf welches es ohnehin gar nicht ankommen kann.

Diese Argumente sind im wesentlichen auch dem Bundesverfassungsgericht entgegenzuhalten. Das Vergleichspaar zur Ehe wird schon dadurch in Frage gestellt, daß die eheähnliche Gemeinschaft auf Dauer angelegt ist, die Ehe jedoch auf Lebenszeit abgeschlossen wird. Aus einer bloßen Anlage auf Dauer müssen zwangsläufig andere Rechtsfolgen entstehen als bei einem Lebenszeitvertrag.

Zum Merkmal der Verantwortungs- und Einstehensgemeinschaft gelangt das Bundesverfassungsgericht durch eine Gegenüberstellung der eheähnlichen Gemeinschaft und nicht dauernd getrennt lebenden Ehegatten, weil in diesen Ehen die Vermutung nahe liege, daß die Unterhaltspflichten auch tatsächlich erfüllt werden. Diese Gegenüberstellung verbietet sich jedoch, weil es dauernd getrennt lebende eheähnliche Partner nicht gibt. Es wäre sicher besser gewesen, wenn das Bundesverfassungsgericht seine frühere Rechtsprechung fortgesetzt hätte, wonach die bürgerlichrechtliche Unterhaltspflicht in diesem Zusammenhang keine Rolle spielt.[53] Die Regelung des § 137 Abs. 2 a AFG setzt erkennbar nur die allgemeine Lebenserfahrung um, daß derjenige, der mit einem anderen zusammenlebt, auch wirtschaftlich günstiger lebt. Dies ist bei jeder Bedürftigkeitsprüfung zu berücksichtigen. Konturenlose Begriffe wie Verantwortungs- und Einstehensgemeinschaft haben bei der Bedürftigkeitsprüfung außer Betracht zu bleiben. Es ist zu bedauern, daß das Bundesverfassungsgericht diese zu Merkmalen der eheähnlichen Gemeinschaft erhoben hat. Der Verwaltungspraxis ist damit sicher nicht gedient.

cc) Indizielle Bedeutung innerer Beziehungen

Wenn auch innere Beziehungen oder Verpflichtungen zur Unterhaltsgewährung keine Begriffsmerkmale für die eheähnliche Gemeinschaft sind, so kommt ihnen dennoch eine indizielle Bedeutung zu.[54] Wie das Bundesverfassungsgericht hat auch das OVG Berlin einen etwas anderen Schwerpunkt gesetzt, indem es fordert, daß die Partner in einer Form zusammenleben, daß jeder für den anderen einsteht[55] (Beistandsgemeinschaft). Der Wirtschaftsgemeinschaft soll danach nur

---

53 BVerfGE 9, 20, 32.

54 BVerwGE 52, 11; ebenso BSG SozR 410, Nr. 17 zu § 138 AFG; Schieckel, § 137 AFG IV, S. 9.

55 OVG Berlin FEVS 31, 358.

eine starke Indizwirkung zukommen, daß eine solche Beistandsgemeinschaft besteht.

So kann also z.B. auf eine eheähnliche Gemeinschaft geschlossen werden, ohne daß eine Wirtschaftsgemeinschaft festgestellt wurde, wenn eigene Erklärungen der Beteiligten auf eine eheähnliche Gemeinschaft schließen lassen. Das Bundessozialgericht[56] führt hierfür an: Bezeichnung als Verlobte, als Partner einer eheähnlichen Gemeinschaft, gemeinsame Kinder, spätere Eheschließung.

dd)   Der Begriff Wohngemeinschaft

Viel schwieriger ist es aber, den Begriffen Wohn- und Wirtschaftsgemeinschaft einen derart konkreten Inhalt zu geben, daß sie für den Rechtsanwender, der in erster Linie die Behörde ist, klare Konturen erhalten. Fraglich ist schon, ob eine Wohngemeinschaft bereits dann gegeben ist, wenn ein Raum gemeinsam benutzt wird oder wenn einem Mitglied ein Raum zur ausschließlichen Nutzung zugewiesen ist.[57] Das Bundessozialgericht hat es in seinem Urteil vom 24.3.1988 leider versäumt, den Begriff der Wohngemeinschaft zu definieren. Es hat allerdings deutlich darauf hingewiesen, daß die Tatsache des Zusammenlebens zweier verschiedengeschlechtlicher Personen in einer Wohnung oder in einem Haus auch bei Ehegatten kein allein ausreichendes Merkmal für eine Wohngemeinschaft sei. Diese liege z.B. dann nicht vor, wenn Eheleute die gemeinsame Wohnung aufgeteilt haben, wie es häufig zur Herbeiführung der Trennung nach § 1566 BGB geschehe, wenn die finanziellen Verhältnisse es keinem Ehepartner erlauben, aus der bisherigen Ehewohnung auszuziehen. Im Fall des § 1567 BGB ist anerkannt, daß eine häusliche Gemeinschaft auch dann nicht besteht, wenn die Ehegatten innerhalb der ehelichen Wohnung getrennt leben. Das setzt wiederum voraus, daß die Ehegatten bei gemeinsamer Benutzung von Räumen, die der Versorgung dienen (Küche, Bad etc.) die Wohnräume unter sich aufgeteilt haben müssen. Getrenntes Einnehmen der Mahlzeiten und Schlafen ist hierfür nicht ausreichend.[58] Diese von der Rechtsprechung der ordentlichen Gerichte herausgearbeiteten Kriterien können auch auf den Begriff der Wohngemeinschaft übertragen werden.

---

56   BSG SozR 4100, Nr. 17 zu § 138 AFG.

57   Schwan, Sitzungsbericht I zum 57. DJT, Mainz 1988, S. 201.

58   BGH FamRZ 69, 80; Palandt-Diederichsen, § 1567, Rdnr. 5 und 6; ähnlich Jehle, ZfS 64, 137, 139, der die Lage und Aufteilung der Wohnräume sowie deren Einrichtung als Indiz wertet.

Danach liegt eine Wohngemeinschaft vor, wenn mindestens zwei Personen eine gemeinsam bewohnte Wohnung nicht durch Vereinbarungen aufgeteilt oder derart aufgeteilt haben, daß auch Wohnräume gemeinschaftlich benutzt werden. Ohne Bedeutung für das Bestehen einer Wohngemeinschaft ist daher, wenn jeder Partner einen oder mehrere Räume nur für sich allein bewohnt. Eine Wohngemeinschaft liegt also z.B. nicht vor, wenn bei einer studentischen "Wohngemeinschaft" eine gemeinschaftlich angemietete Wohnung derart aufgeteilt wird, daß die Versorgungsräume zwar gemeinschaftlich benutzt werden, die Zimmer aber jeweils für die einzelnen Beteiligten aufgeteilt sind.

ee) Der Begriff Wirtschaftsgemeinschaft

Auch der Begriff der Wirtschaftsgemeinschaft ist trotz der Definition des Bundessozialgerichts nicht so scharf, daß hier nicht Zweifelsfälle denkbar sind. Nach dem Bundesverwaltungsgericht[59] setzt eine Wirtschaftsgemeinschaft nicht etwa voraus, daß nur eine gemeinsame Kasse besteht, daß die der Befriedigung jeglichen Lebensbedarfs dienenden Güter nur gemeinsam und aufgrund gemeinsamer Planung angeschafft werden, daß jede Ausgabe nur gemeinsam bestritten wird, daß der eine Partner über ein etwa bestehendes Konto des anderen Partners verfügen darf. Dies trifft sicherlich zu, weil in nahezu jeder Ehe oder Partnerschaft für die Beteiligten finanzielle und wirtschaftliche Freiräume bestehen. Liegt aber nur eines der vom Bundesverwaltungsgericht genannten Merkmale positiv vor, handelt es sich um eine Wirtschaftsgemeinschaft.

Das OVG Lüneburg hatte einen Fall zu entscheiden, in welchem eine Frau mit einem hochverschuldeten, überwiegend ortsabwesenden Fernfahrer zusammenlebte.[60] Für die Annahme einer eheähnlichen Gemeinschaft sah es als Voraussetzung an, daß eine Wirtschaftsgemeinschaft in nennenswertem Umfang zwischen den Partnern besteht. Entscheidend sei, daß die Dinge des täglichen Bedarfs gemeinsam gebraucht und verbraucht werden und daß die hauswirtschaftlichen Tätigkeiten gemeinsam oder füreinander vorgenommen werden. Im Ergebnis wurde das Bestehen einer Wirtschaftsgemeinschaft verneint. Mit ähnlicher Argumentation hat das OVG Bremen eine eheähnliche Gemeinschaft verneint, weil

---

59   BVerwGE 52, 11, 14.

60   OVG Lüneburg, FEVS 26, 455.

die Gemeinschaft allein durch die Hilfsbereitschaft eines Partners gekennzeichnet war, nachdem ihm das Sozialamt die Hilfe zum Lebensunterhalt versagt hatte.[61]

Ferner läßt auch die Wohngemeinschaft nicht den Schluß auf das Bestehen einer Wirtschaftsgemeinschaft zu.[62] In einem vom Sozialgericht Münster zu entscheidenden Fall stritten die Beteiligten darüber, ob der Klägerin Arbeitslosenhilfe ungekürzt zusteht.[63] Die Klägerin lebte zusammen mit einem Mann auf einem Bauernhof, wobei der Mann nicht bereit war, sie zu unterhalten, da er selbst nur so gerade eben seinen Lebensunterhalt bestreiten konnte. Aus Kostengründen teilten sie sich die Wohnung und trugen die Hälfte der gemeinsamen Haushaltskosten, während für den Rest jeder selbst aufzukommen hatte. Beide bewohnten einen eigenen Wohn- und Schlafraum und verbrachten im übrigen kaum ihr Leben zusammen, obwohl geschlechtliche Beziehungen bestanden.

Das Sozialgericht hat hier zu Recht das Vorliegen einer Wirtschaftsgemeinschaft und somit auch einer eheähnlichen Gemeinschaft abgelehnt. Es reiche nicht aus, daß jeder nur die Hälfte der gemeinsamen Haushaltskosten trägt, ansonsten die Kosten aber genau auseinandergehalten werden. Auch die Tatsache, daß beide nicht bereit waren, im Bedarfsfall gegenseitige Unterhaltsleistungen zu erbringen, wertete das Gericht als Indiz gegen eine Wirtschaftsgemeinschaft.

Es ist sehr zu begrüßen, daß die positiv festgestellten geschlechtlichen Beziehungen nicht dennoch als Indiz für das Bestehen einer eheähnlichen Gemeinschaft herangezogen wurden. Hieran zeigt sich nochmals deutlich, daß es in Wahrheit nur auf das Bestehen der auf Dauer angelegten Wohn- und Wirtschaftsgemeinschaft, nicht auch noch auf darüber hinausgehende Merkmale ankommt.

ff)   Anlage auf Dauer

Obwohl das Bundessozialgericht in seinem Urteil vom 24.3.1988 in seiner Definition der eheähnlichen Gemeinschaft auf das Merkmal "auf Dauer angelegt" verzichtet, stellt es in Wahrheit dennoch darauf ab. Dies ist zwar zutreffend. Dann hätte das Gericht aber so konsequent sein müssen, dieses Merkmal in seine Definition aufzunehmen, da hierauf nicht verzichtet werden kann.[64] Es erkennt selbst,

---

61   OVG Bremen, FEVS 24, 71.

62   So bereits OVG Berlin, FES 3, 164; Jehle, ZfS 64, 137, 139.

63   SozG Münster NJW 88, 2134.

64   Die Anlage auf Dauer hebt auch Diederichsen, FamRZ 88, 889, 897 hervor; Kossendey, S. 105; Konrad, S. 24; vgl. auch bereits bei Baumann, S. 43.

daß für das Vorliegen einer eheähnlichen Gemeinschaft spricht, wenn für das Zusammenleben glaubhaft im wesentlichen wirtschaftliche Erwägungen oder Kostengründe geltend gemacht werden. Es erscheine auch zweifelhaft, eine eheähnliche Gemeinschaft anzunehmen, wenn diese von vornherein aus einleuchtenden sachlichen Gründen nur für eine begrenzte Zeit eingegangen wurde, wie z.B. von Studenten während des Studiums aus Gründen der Kostenersparnis. Auch im eben beschriebenen Fall des Sozialgerichts Münster hätte eine eheähnliche Gemeinschaft zumindest deshalb verneint werden müssen, weil sie nicht auf Dauer angelegt war.

d)   Die Verfassungsmäßigkeit des § 137 Abs. 2a AFG

Das Bundessozialgericht weist ausdrücklich darauf hin, daß das für die Beachtung des Art. 3 Abs. 1 GG maßgebliche Vergleichselement zwischen nicht getrennt lebenden Ehegatten und eheähnlichen Gemeinschaften nicht die gesetzliche Unterhaltspflicht, sondern die gemeinsame Art des "Wirtschaftens aus einem Topf" ist. Da dies bereits das Bundesverfassungsgericht in seinem Beschluß vom 16.12.1958 festgestellt hatte[65] und § 137 Abs. 2a AFG mit § 149 Abs. 5 AVAVG nahezu identisch ist, gab es keinen Grund für das Bundessozialgericht, an der Verfassungsmäßigkeit dieser Bestimmung zu zweifeln. Im übrigen stellt nicht einmal § 138 Abs. 1 Nr. 2 AFG auf die Höhe des Unterhalts, sondern nur auf das Einkommen des Ehegatten ab, weil in einer Ehe ohnehin schwer auseinanderzuhalten ist, wer an wen wieviel Unterhaltsleistungen erbracht hat. Auf tatsächlich erbrachte Leistungen kommt es daher auch in diesem Fall nicht an.

Auch das Bundesverfassungsgericht hielt in seiner Entscheidung vom 17.11.1992 die Bestimmung bei verfassungskonformer Auslegung unter der Maßgabe für mit Art. 3 Abs. 1 GG i.V.m. Art. 6 Abs. 1 GG vereinbar, daß der Gesetzgeber die Mängel der für verfassungswidrig erkannten Regelungen des § 138 Abs. 1 Nr. 2 und Abs. 3 Nr. 9 AFG beseitigt.[66] Nach diesen Vorschriften zur Einkommensanrechnung unter nicht dauernd getrennt lebenden Ehegatten wurden Ehepartner, die zuvor beide erwerbstätig waren, gegenüber solchen benachteiligt, von denen nur einer erwerbstätig war sowie gegenüber Alleinstehenden.

---

65   BVerfGE 9, 20, 32.

66   BVerfG, NJW 93, 643.

e) Rechtswirkungen

§ 137 Abs. 2a AFG ist eine unwiderlegbare gesetzliche Vermutung. Dies bedeutet, daß das Arbeitsamt alle Voraussetzungen dieser Bestimmung positiv nachweisen muß, es also die alleinige Beweislast trägt. Daher braucht der Arbeitslose lediglich zu behaupten und darzulegen, daß er bedürftig sei. Er muß noch nicht einmal substantiiert bestreiten, daß er in einer eheähnlichen Gemeinschaft lebt.[67] Schon hieraus wird deutlich, vor welche immensen praktischen Schwierigkeiten die Behörde gestellt wird. Beweismittel, durch welche der Nachweis einer eheähnlichen Gemeinschaft jedoch voraussichtlich nicht geführt werden kann, sind nach dem Grundsatz der Verhältnismäßigkeit ungeeignet und daher nicht zulässig. Dies gilt insbesondere für Hausbesuche, da durch sie regelmäßig nicht nachgewiesen werden kann, ob eine Wirtschaftsgemeinschaft vorliegt.[68] So bleibt der Behörde in aller Regel gar keine andere Möglichkeit, als ein gerichtliches Verfahren durchführen zu lassen. Auch hier sind Zeugenaussagen mit Ausnahme derjenigen des Lebensgefährten zumeist denkbar ungeeignet, um die Merkmale einer Wirtschaftsgemeinschaft festzustellen. Daneben hat der Arbeitslose gemäß §§ 60 ff. SGB I im Rahmen seiner Mitwirkungspflichten alle für die Leistungsgewährung bedeutsamen Tatsachen anzugeben.[69] Soweit die Vorlage von Belegen verweigert wird, muß das Einkommen und Vermögen des Partners notfalls geschätzt werden, um die erforderlichen Berechnungen durchführen zu können. Ist die Feststellung einer Wirtschaftsgemeinschaft nicht möglich, sind eventuell festgestellte tatsächliche Leistungen des Partners gemäß § 138 Abs. 1 Nr. 1 AFG anzurechnen.

f) Anwendbarkeit auf Lebensgemeinschaften anderer Art

Wie bereits herausgestellt, kommt es bei der Definition des Begriffs "eheähnliche Gemeinschaft" im Sozialrecht nach der hier vertretenen Auffassung nur auf die Merkmale der Wohn- und Wirtschaftsgemeinschaft an. Daraus folgt - im Gegensatz zur ständigen Rechtsprechung -, daß die Begriffe "eheähnliche Gemeinschaft" in § 137 Abs. 2a AFG und § 122 Satz 1 BSHG und "Wohn- und Wirtschaftsgemeinschaft" in § 18 Abs. 2 Nr. 2 WoGG identisch sind. Da es im Ge-

---

67 Schwan, oben Sitzungsbericht I zum 57. DJT, Mainz 1988, S. 201.

68 Münder, ZfSH/SGB 86, 193, 199; anders Schwabe, ZfS 88, 33, 40.

69 Vgl. hierzu OVG MÜnster, NJW 90, 728, 729, wo auch zu den Folgen der Verweigerung einer Besichtigung der Wohnung Stellung bezogen wird.

gensatz zur Rechtsprechung des Bundesverfassungsgerichts, des Bundessozialgerichts und des Bundesverwaltungsgerichts nicht darauf ankommen kann, ob
zwischen den Partnern die Ehe möglich wäre oder ob sie sich so wie Ehegatten
sozialtypisch verhalten, ergibt die teleologische Auslegung des § 137 Abs. 2a
AFG, ohne daß dessen Wortlaut überstrapaziert wird, daß auch andere Wirtschaftsgemeinschaften eheähnliche Gemeinschaften sind.[70] Dies ergibt sich allein
schon aus der Überlegung, daß maßgebliches Vergleichsmerkmal das "Wirtschaften aus einem Topf" ist. Hierfür kann es aber auf das Geschlecht der beteiligten Personen nicht ankommen. Das Bundesverfassungsgericht und das Bundessozialgericht haben sich in ihren sonst so ausführlichen Urteilen nur ganz knapp
zu den Einwänden der Kläger geäußert, Art. 3 Abs. 1 GG sei deshalb verletzt,
weil § 137 Abs. 2a AFG nicht alle Gemeinschaften gleich erfasse, in denen wie
in einer Ehe "aus einem Topf gewirtschaftet" wird, z.B. nicht Partnerschaften
zwischen gleichgeschlechtlichen Personen oder zwischen Verwandten, die nicht
heiraten dürfen. Beide Gerichte lehnen dies damit ab, daß bei der Bestimmung
des Personenkreises, auf den eine gesetzliche Vorschrift angewendet werden soll,
dem Gesetzgeber unter dem Gesichtspunkt des Art. 3 GG ein weiter Gestaltungsspielraum zur Verfügung stehe.[71] Insbesondere bei der Ordnung von
Massenerscheinungen, wie sie Wohn- und Wirtschaftsgemeinschaften zwischen
miteinander nicht verheirateten Personen darstellen, seien typisierende Regelungen zulässig. Die Beschränkung der Anwendung des § 138 Abs. 1 Nr. 2
AFG auf eheähnliche Gemeinschaften (i.S. der Definition des Bundessozialgerichts) entspreche diesem Recht zur verfassungsgemäßen Typisierung. Das
Bundesverwaltungsgericht hat zu diesem Gesichtspunkt noch ergänzt, daß eheähnliche (gemischt-geschlechtliche) Gemeinschaften in weit stärkerem Maße eine
typische Erscheinung des sozialen Lebens seien als etwa Haushaltsgemeinschaften
von Geschwistern oder von befreundeten Personen gleichen Geschlechts.[72]

Dem kann nicht gefolgt werden. Eine Typisierung allein der gemischt-
geschlechtlichen eheähnlichen Gemeinschaften wäre allenfalls dann hinzunehmen,
wenn nichteheliche Lebensgemeinschaften anderer Art derart unbedeutend wären,
daß sie zahlenmäßig gegenüber den typisierten Gemeinschaften nicht ins Gewicht
fallen. Selbst dann müßte man aber fragen, ob eine derartige Differenzierung

---

70   Gernhuber, FamRZ 81, 721, 724 beschreibt, daß die Wortwahl "eheähnliche Gemein-
     schaft" unüberlegt erfolgte.

71   BVerfG, NJW 93, 643, 646; BSG, SozR 4100, Nr. 17 zu § 138 AFG.

72   BVerwGE 52, 11, 14; ebenso BVerfG, NJW 93, 643, 646.

sachgerecht und die typisierte Regelung nicht auf die atypische Erscheinung entsprechend anwendbar wäre. Einen sachlichen Grund zur Differenzierung gibt es aber wegen der starken Betonung der wirtschaftlichen Komponente bei der Begriffsbestimmung nicht. In einer Zeit, in der immer mehr nach alternativen Lebensformen gesucht wird, kann auch nicht argumentiert werden, daß Gemeinschaften anderer Art in ihrer Anzahl unbedeutend wären.[73] Der gesetzgeberische Gestaltungsspielraum ginge hier nicht so weit, einseitig nur die gemischt-geschlechtliche Lebensgemeinschaft als Typen herauszugreifen.

Die Begründung für die Verfassungsmäßigkeit der Regelung ist eine andere, nämlich die, die das Bundesverfassungsgericht schon bei der Prüfung des § 149 Abs. 5 AVAVG gegeben hat:[74] Es geht auch in § 138 AFG nicht um das "Ob", sondern um das "Wie" der Berücksichtigung der eheähnlichen Gemeinschaft. Selbstverständlich ist bei der Prüfung der Bedürftigkeit des Arbeitslosen auch zu berücksichtigen, welche Leistungen er z.B. von einem gleichgeschlechtlichen Partner erhält (§ 138 Abs. 1 Nr. 1 AFG). Nur das Verfahren ist insofern ein anderes, als diese nicht unwiderlegbar vermutet werden. So weit reicht jedoch der Gestaltungsspielraum des Gesetzgebers, im Verfahren zwischen verschiedenen Formen von Lebensgemeinschaften zu differenzieren. Dies kann z.B. damit begründet werden, daß über andere Lebensformen als der gemischt-geschlechtlichen Lebensgemeinschaft keine ausreichenden soziologischen Erkenntnisse vorliegen.

Mit der Argumentation der Rechtsprechung wird sehr stark der Eindruck erweckt, als sei für diese Regelung noch nicht primär der Subsidiaritätsgrundsatz, sondern eine gesellschaftliche Wertung der nichtehelichen Lebensgemeinschaft maßgebend.[75]

Der 57. Deutsche Juristentag hat 1988 in Mainz folgenden Beschluß gefaßt: "Da das sozialrechtliche Subsidiaritätsprinzip eine Prüfung der Bedürftigkeit erfordert (vgl. § 122 BSHG, § 137 Abs. 2a AFG), ist die Einbeziehung der "eheähnlichen Gemeinschaft" in diese Prüfung berechtigt. Jedoch sollte generell auf das Bestehen einer Wohn- und Wirtschaftsgemeinschaft abgestellt werden.

---

73   Vgl. nur die Antwort der Bundesregierung auf die Kleine Anfrage der Abgeordneten Frau Oesterle-Schwerin und der Fraktion "Die Grünen": Lebensformenpolitik unter besonderer Berücksichtigung von Alleinlebenden, schwulen, lesbischen sowie anderen nichtehelichen Lebensgemeinschaften und Wohngemeinschaften." BT-Drucks. 11/2044.

74   BVerfGE 9, 20, 31.

75   von Maydell, Sitzungsbericht I zum 57. DJT, Mainz 1988, S 59.

Dabei ist berechtigten Belangen der Sozialarbeit Rechnung zu tragen."[76] Dieser Beschluß ist bei nur 5 Gegenstimmen und 27 Enthaltungen mit 71 Stimmen angenommen worden. Auch hieran zeigt sich deutlich die Tendenz, in der Art der Gemeinschaft nicht zu unterscheiden. Um dies durchzuführen, bedarf es keiner Änderung vorhandener gesetzlicher Regelungen. Dieses Ergebnis ist bei einer teleologischen Auslegung der Bestimmungen möglich. Zumindest aber kann wegen der Gleichheit der Interessenlage im Wege der Induktion begründet werden, daß aus den Tatbeständen, welche sich auf die eheähnliche Gemeinschaft beziehen, ein allgemeiner Satz abzuleiten ist, demzufolge sich der Regelungsbereich ebenso wie in § 18 WoGG auf alle Wohn- und Wirtschaftsgemeinschaften erstreckt.

Der Verwaltungspraxis wäre allerdings viel geholfen, wenn die Bestimmungen, die eine eheähnliche Gemeinschaft betreffen, so ausgestaltet würden, daß bei festgestellter Wohngemeinschaft eine Wirtschaftsgemeinschaft vermutet wird.[77] Dann würde die Beweislast, daß zwischen den Partnern der Gemeinschaft keine Wirtschaftsgemeinschaft vorliegt, auf den Antragsteller verlagert.

3. Die Sperrzeitregelung

Wenn ein Arbeitsloser das Arbeitsverhältnis gelöst oder durch ein vertragswidriges Verhalten Anlaß für die Kündigung des Arbeitgebers gegeben und dadurch vorsätzlich oder fahrlässig die Arbeitslosigkeit herbeigeführt hat, ohne für sein Verhalten einen wichtigen Grund zu haben, tritt eine Sperrzeit von 8 Wochen, in minder schweren Fällen eine solche von 4 Wochen ein.

Die Rechtsprechung wurde immer wieder mit der Frage befaßt, ob die Kündigung des Arbeitsverhältnisses, um zum Wohnort des Lebenspartners zu ziehen, einen wichtigen Grund i.S. des § 119 Abs. 1 AFG darstellt. Diese Frage wurde von der Rechtsprechung des Bundessozialgerichts in aller Regel verneint. Nur wenn eine nichteheliche Erziehungsgemeinschaft hergestellt werden soll, liegt ein wichtiger Grund vor, wenn besondere Umstände den Zuzug zu dem gewählten Zeitpunkt im Interesse des Kindeswohls nahelegen.[78]

---

76 Sitzungsbericht I zum 57. DJT, Mainz 1988, S. 237.

77 Schwan, Sitzungsbericht I zum 57. DJT, Mainz 1988, S. 202; von Maydell, Sitzungsbericht I zum 57. DJT, Mainz 1988, S. 213.

78 BSG SozR 4100, § 119 AFG, Nr. 17 = BSGE 52, 276; Jäger in: Limbach/Schwenzer, S. 67; Battes, JZ 88, 908, 961.

Der Begriff "wichtiger Grund" wird im AFG nicht näher definiert. Nach der Rechtsprechung des Bundessozialgerichts ist er gegeben, wenn Umstände vorliegen, die nach verständigem Ermessen dem Arbeitslosen die Fortsetzung des Arbeitsverhältnisses nicht mehr zumutbar erscheinen lassen, weil sonst das Interesse des Kündigenden in unbilliger Weise geschädigt würde.[79] Hierbei muß auch ein Bezug zum Zeitpunkt der Lösung des Arbeitsverhältnisses hergestellt werden.

Die Eheschließung und der Zuzug zum Ehepartner sind als wichtiger Grund in diesem Sinne anzusehen, weil der Schutz von Ehe und Familie infolge Art. 6 Abs. 1 GG Verfassungsrang hat und die Eheleute gemäß § 1353 Abs. 1 BGB zur Herstellung der ehelichen Lebensgemeinschaft verpflichtet sind. Das Bundessozialgericht ist in ständiger Rechtsprechung aber der Auffassung, daß der Zuzug zu einem Partner, mit dem eine nichteheliche Lebensgemeinschaft begründet oder wiederhergestellt werden soll, nicht als wichtiger Grund angesehen werden kann, weil die gemeinschaftliche Lebensführung in freier Partnerschaft nicht unter dem verfassungsrechtlichen Schutz des Art. 6 Abs. 1 GG steht.[80] Der Zuzug zum Zwecke der Wiederherstellung einer nichtehelichen Lebensgemeinschaft ist auch dann kein wichtiger Grund i.S. des § 119 Abs. 1 AFG, wenn die Gemeinschaft bereits 10 Jahre Bestand hatte.[81] Nur für den Fall der persönlichen Betreuung des Partners durch den zuziehenden Arbeitnehmer will das Bundessozialgericht, wie es in einem obiter dictum dieses Urteils feststellt, als wichtigen Grund gelten lassen. Beim Zuzug zum Verlobten besteht für die Aufgabe des Arbeitsverhältnisses ein wichtiger Grund nur, wenn die Aufgabe zum gewählten Zeitpunkt notwendig war, um ab dem beabsichtigten Heiratstermin die eheliche Lebensgemeinschaft herzustellen.[82] Daß der Arbeitslose schon beim Ausspruch der Kündigung die ernsthafte Heiratsabsicht gehabt hatte, sei nach außen erst nach der Bestellung des Aufgebots erkennbar.

Bei der nichtehelichen Lebensgemeinschaft mit Kind soll es aber darauf ankommen, ob vor der Kündigung bereits eine Erziehungsgemeinschaft mit dem nichtehelichen Partner bestanden hat, oder ob diese erst hergestellt werden soll.

Während der Rechtsprechung des BSG im übrigen zuzustiummen ist, kann es auf eine solche Differenzierung nach der hier vertretenen Auffassung schon des-

---

79   BSGE 21, 205, 206.

80   BSG SozR 4100, § 119 AFG, Nr. 17 = BSGE 52, 276.

81   BSG Urteil vom 25.10.1988 - 7 RAr 37/87 - in Schieckel: § 119 AFG, Nr. 41.

82   BSG Urteil vom 29.11.1988 - 11/7 RAr 91/87 - in Schieckel: § 119 AFG, Nr. 42.

halb nicht ankommen, weil die nichteheliche Lebensgemeinschaft mit Kind eine Familie darstellt, die gemäß Art. 6 Abs. 1 GG verfassungsrechtlichen Schutz genießt. Auf die Frage, ob ein Kind in eine bestehende Lebensgemeinschaft hereingeboren worden ist, die durch den Umzug eines Partners gestört worden wäre, kann es nicht ankommen.[83] Das Bundessozialgericht führt hierzu weiter aus, daß durch den Zuzug mit dem Kind zum Partner für sich allein kein wichtiger Grund zur Auflösung des Arbeitsverhältnisses vorliegt, auch wenn der Wille zur Herstellung gelebter Elternschaft im wohlverstandenen Interesse des Kindes liege und daher im weiteren Sinne schutzwürdig sei. Dadurch, daß die Eltern es aber ablehnten, ihren Entschluß zur Begründung einer Lebens- und Erziehungsgemeinschaft in der gesetzlich vorgesehenen Form kundzutun, hätten sie sich gleichzeitig vorbehalten wollen, über den Beginn ihres Zusammenlebens nach ihren persönlichen Wünschen und Interessen zu bestimmen. In diese Beliebigkeit ihrer Entscheidung sei auch ihr Kind einbezogen, dessen Wohl insoweit den Interessen seiner Eltern untergeordnet sei.

Diese Ausführungen sind nicht stichhaltig. Auch Ehegatten ist es trotz der nicht vollstreckbaren gesetzlichen Pflicht zur Herstellung der ehelichen Lebensgemeinschaft vorbehalten, nach dem Umzug eines Ehegatten infolge Arbeitsplatzwechsels selbst zu bestimmen, wann die Familiengemeinschaft wiederhergestellt wird. Diesen berechtigten Interessen der Ehegatten kann das Kindeswohl vorübergehend untergeordnet werden. Es dient jedoch *immer* dem Kindeswohl, wenn die Familiengemeinschaft wiederhergestellt wird, gleichgültig, ob zwischen den Eltern eine Ehe oder eine nichteheliche Lebensgemeinschaft besteht. Auf das Sorgerecht, insbesondere § 1705 BGB, kommt es bei dieser Beurteilung nicht an. Es macht auch keinen Unterschied, ob eine unterbrochene Familiengemeinschaft wiederhergestellt oder eine Familiengemeinschaft erstmals hergestellt wird. Beides dient dem Kindeswohl in gleicher Weise und ist verfassungsrechtlich geschützt. Auf den Zeitpunkt des Zuzuges zum anderen Elternteil kommt es ebenfalls nicht an, auch wenn die Eltern mit der Herstellung der Familiengemeinschaft ungebührlich lange gewartet haben. "Weitere besondere Umstände", die den Zuzug zu dem gewählten Zeitpunkt im Interesse des Kindeswohls nahelegen, sind daher nicht denkbar.

---

83   So aber BSG SozR 4100, § 119 AFG, Nr. 17.

IV. Sozialhilferecht

Gemäß § 2 Abs. 1 BSHG ist die Sozialhilfe ein nachrangiges Sozialleistungssystem. Sozialhilfe erhält danach nicht, wer sich selbst helfen kann oder wer die erforderliche Hilfe von anderen, besonderes von Angehörigen oder von Trägern anderer Sozialleistungen erhält. Abs. 2 betont, daß Verpflichtungen anderer unberührt bleiben, daß also die aus allgemeinen Steuermitteln finanzierte Sozialhilfe niemand anderen, der dem Bedürftigen gegenüber in der Pflicht steht, entlasten soll. Im System der sozialen Sicherung ist die Sozialhilfe daher "ultima ratio", da sie gegenüber allen anderen Verpflichteten - auch den Sozialleistungsträgern - subsidiär ist.[84] Den Einsatz des Einkommens und Vermögens betreffend wird § 2 BSHG in §§ 11 und 28 BSHG näher konkretisiert.[85] Durch diese Bestimmung wird die zu gewährende Leistung unter Berücksichtigung der Lebensgemeinschaft mit dem Ehegatten oder den Eltern bestimmt.

1. Bedarfsgemeinschaft gemäß § 11 BSHG

Grundsätzlich gilt bei einer Bedarfsgemeinschaft des Antragstellers mit seinem Ehegatten auch § 2 Abs. 1 BSHG. Diese Bestimmung wird allerdings insoweit modifiziert, daß Einkommen und Vermögen beider Ehegatten berücksichtigt werden. Die Hilfsbedürftigkeit wird für jeden Ehegatten getrennt geprüft; jedoch wird vermutet, daß der andere Ehegatte den Bedürftigen unterstützt. Obwohl die Regelungen der §§ 2, 11 Abs. 1 und 28 BSHG nicht unmittelbar an die bürgerlichrechtliche Unterhaltspflicht anknüpfen, erfolgt die Einkommens- und Vermögensanrechnung dennoch im Verhältnis von Personen, die nach bürgerlichem Recht einander gesteigert unterhaltspflichtig sind. Bei der Zusammenfassung von Personen zu einer Bedarfsgemeinschaft dient die sofortige Berücksichtigung der Unterhaltsverpflichtung bei der Bedarfsermittlung auch der Verwaltungsvereinfachung.[86] Damit wird auch der praktischen Schwierigkeit begegnet, tatsächlich gewährten Unterhalt bei der Berechnung des Einkommens zu berücksichtigen.

Die Frage, inwieweit das Einkommen eines Antragstellers zu berücksichtigen ist, ist abhängig von der jeweiligen Hilfeart. Bei der Hilfe in besonderen Le-

---

84 Schellhorn/Jirasek/Seipp, § 2, Rdnr. 25.

85 Für § 28 BSHG: BVerwGE 23, 149, 153.

86 Müller-Manger, S. 215.

benslagen richtet sich dies nach den §§ 79 bis 81 BSHG, während der Hilfe-suchende bei der Hilfe zum Lebensunterhalt Einkommen, Vermögen und Ar-beitskraft in wesentlich höherem Umfang einsetzen muß. § 76 BSHG regelt den Begriff des Einkommens; in § 88 BSHG wird das einzusetzende Vermögen be-schrieben.

2. *Haushaltsgemeinschaft gemäß § 16 BSHG*

Lebt ein Hilfesuchender in Haushaltsgemeinschaft mit Verwandten oder Verschwägerten, so wird gemäß § 16 BSHG vermutet, daß er von ihnen Leistun-gen zum Lebensunterhalt erhält, soweit dies nach ihrem Einkommen und Vermö-gen erwartet werden kann. Soweit jedoch der Hilfesuchende von diesen Personen Leistungen zum Lebensunterhalt nicht erhält, ist ihm Hilfe zum Lebensunterhalt zu gewähren.

§ 16 BSHG geht somit letztlich über die bürgerlichrechtliche Unterhaltspflicht hinaus, indem die widerlegbare Vermutung aufgestellt wird, daß Verwandte oder Verschwägerte, die miteinander in einer Haushaltsgemeinschaft leben, einander Unterhalt gewähren, soweit dies nach ihrem Einkommen und Vermögen erwartet werden kann. Mit dieser Regelung wurde der Begriff der Familien-notgemeinschaft gesetzlich fixiert, die in der Rechtsprechung zum Fürsorgerecht als erweiterte Haftung des Familienverbands entwickelt wurde.[87]

Besteht eine Haushaltsgemeinschaft, so wird vermutet, daß Unterhalt tatsäch-lich gewährt und die Leistung nicht anstelle des Sozialhilfeträgers erbracht wird. Zu dieser Feststellung hat die Behörde im wesentlichen zu prüfen, ob der Hilfe-suchende in Haushaltsgemeinschaft mit Verwandten oder Verschwägerten lebt und ob die Verwandten oder Verschwägerten überhaupt leistungsfähig sind.[88] Eine Haushaltsgemeinschaft liegt vor, wenn mehrere Personen nicht nur vor-übergehend in einer gemeinschaftlichen Wohnung bei gemeinsamer Wirtschafts-führung zusammenleben.[89] Die Vermutung des § 16 BSHG, der im übrigen nur für die Hilfe zum Lebensunterhalt, nicht auch für die anderen Hilfearten gilt, kann jederzeit widerlegt werden. Von Seiten der Behörde sind das von den Mit-gliedern der Haushaltsgemeinschaft erzielte Einkommen bzw. deren Vermögen

---

87 Schellhorn/Jirasek/Seipp, § 16, Rdnrn. 1 und 2.

88 Schellhorn/Jirasek/Seipp, § 16, Rdnr. 5; Knopp/Fichtner, § 16, Rdnr. 4; Jeder, S. 57.

89 Knopp/Fichtner, § 16, Rdnr. 3.

zusammenzurechnen. Auf dieser Grundlage erfolgt die Prüfung, ob es nach den Einkommens- und Vermögensverhältnissen wahrscheinlich ist, daß alle Mitglieder der Haushaltsgemeinschaft hieraus ihren Lebensunterhalt bestreiten.[90]

Zur Entkräftung dieser Vermutung ist nicht erforderlich, daß der volle Gegenbeweis durch den Hilfesuchenden geführt wird. Die bloße Behauptung, er erhalte von den Mitgliedern der Haushaltsgemeinschaft nicht die für seinen Lebensunterhalt notwendigen Leistungen, reicht hingegen auch nicht aus. Er muß vielmehr Tatsachen vortragen und glaubhaft machen, die die Fakten erschüttern, auf welche die gesetzliche Vermutung gestützt ist.[91]

3. Eheähnliche Gemeinschaft

Nach § 122 BSHG dürfen Personen, die in eheähnlicher Gemeinschaft leben, hinsichtlich der Voraussetzungen sowie des Umfangs der Sozialhilfe nicht besser gestellt werden als Ehegatten. § 16 BSHG gilt entsprechend.

a)   Die Bedeutung des Verweises auf § 16 BSHG

Was dieser Verweis auf § 16 BSHG bedeutet, ist nicht ganz klar und deshalb umstritten. Da auf die Verwandten und Verschwägerten eines Partners einer eheähnlichen Gemeinschaft § 16 BSHG direkt anwendbar ist, kann er nur die Verwandten und Verschwägerten des anderen Partners betreffen. Er trägt dem Gedanken Rechnung, daß dadurch, daß zwischen den Partnern keine Ehe geschlossen wurde, zu den Verwandten des nichtehelichen Partners keine Schwägerschaft begründet wurde. Deshalb hat die Verweisung auf § 16 BSHG zu bedeuten, daß die Verwandten des anderen Partners, die mit in der Haushaltsgemeinschaft leben, mit dem Hilfesuchenden als verschwägert gelten.[92] Das Bundesverwaltungsgericht ist der Auffassung, daß die Verschwägerten des Partners einer eheähnlichen Gemeinschaft ebenso zu behandeln sind wie die in § 16 BSHG genannten Verschwägerten des Hilfesuchenden.[93]

---

90   Knopp/Fichtner, § 16, Rdnr. 8.

91   Knopp/Fichtner, § 16, Rdnr. 9.

92   Gottschick/Giese, § 122, Rdnr. 4; Schulte/ Trenk-Hinterberger, § 122, Anm. 5; Münder, ZfSH/SGB 86, 193, 198.

93   BVerwGE 39, 261, 268.

Dem kann jedoch nach dem eben genannten Sinn der Verweisung nicht gefolgt werden. § 16 BSHG würde dann nicht nur hinsichtlich der Verschwägerten des Hilfesuchenden, sondern auch hinsichtlich der Verschwägerten dessen Partners Anwendung finden, also in Bezug auf "Verschwägert-Verschwägerte". Dies wäre aber keine entsprechende Anwendung mehr, sondern eine erweiternde, die auch vom Sinn und Zweck der Verweisung des § 122 Satz 2 BSHG - das fehlende Schwägerschaftsverhältnis zu den Verwandten des Partners zu fingieren - nicht mehr getragen würde.[94] Eine solche Auslegung ist daher abzulehnen. In den Bereich des § 16 BSHG fallen jedoch auch die Kinder nur des einen Partners, die mit in der eheähnlichen Gemeinschaft leben.

Des weiteren wird im Schrifttum die Auffassung vertreten, es sei unklar, ob § 122 Satz 2 BSHG auch auf § 16 Satz 2 BSHG verweist. Hiervon geht insbesondere das ältere Schrifttum aus, wonach die ausdrückliche Verweisung des § 122 Satz 2 auf § 16 BSHG nur so verstanden werden kann, daß für eheähnliche Gemeinschaften die widerlegbare Vermutung des § 16 gelten soll.[95] Stelle sich nach der dort enthaltenen Beweislastregelung heraus, daß der Hilfesuchende von dem Partner den notwendigen Lebensbedarf nicht erhalte, sei der Träger der Sozialhilfe zu Sozialleistungen verpflichtet.[96]

Vordergründig betrachtet scheinen die unterschiedlichen Auffassungen erhebliche praktische Konsequenzen nach sich zu ziehen: Im einen Fall wäre die Vermutung des § 16 BSHG im Fall der eheähnlichen Gemeinschaft unwiderleglich, im anderen Falle könnte der andere Partner durch Tatsachenvortrag glaubhaft machen, keine Hilfe zum Lebensunterhalt vom Partner zu empfangen, weshalb ihm Sozialhilfe zu gewähren wäre. Dem ist jedoch nicht so, weil die Auffassung, die von einem Verweis des § 122 Satz 2 BSHG auf § 16 Satz 2 BSHG ausgeht, einem Zirkelschluß unterliegt: Wie im letzten Abschnitt begründet wurde, ist die "Wirtschaftsgemeinschaft" bereits ein Begriffsmerkmal der eheähnlichen Gemeinschaft. Auf die Ausführungen zu § 137 Abs. 2a AFG kann hier hinsichtlich des begrifflichen Inhalts der eheähnlichen Gemeinschaft in vollem Umfang verwiesen werden. Wird also gar nicht gemeinsam gewirtschaftet, erhält also der hilfesuchende Partner keine Leistungen von seinem Lebensgefährten, so ist schon deshalb § 122 Satz 1 BSHG gar nicht anwendbar. Die Frage, ob über § 122 Satz 2 BSHG auch § 16 Satz 2 BSHG anwendbar ist, kann sich dann gar nicht mehr

94   Münder, ZfSH/SGB 86, 193, 199; Schulte/Trenk-Hinterberger, § 122, Anm. 5.

95   von Maydell, ZfS 63, 430, 431; Jehle, ZfS 64, 137, 142.

96   Schellhorn/Jirasek/Seipp, § 122, Rdnr. 11.

stellen.[97] Daß im Verhältnis der Partner einer eheähnlichen Gemeinschaft zueinander neben § 122 BSHG die Vorschrift des § 16 BSHG keine Anwendung findet, hat auch das Bundesverwaltungsgericht festgestellt.[98]

An dieser Tatsache zeigt sich zudem, wie verfehlt die Regelung des § 122 Satz 1 BSHG ist. Bei einer Haushaltsgemeinschaft mit Verwandten, ja selbst bei einer solchen mit Verschwägerten, muß der Hilfesuchende darlegen, daß er keine Leistungen erhält, mit deren Hilfe er seinen Lebensunterhalt bestreiten kann. Hingegen ist das Bestehen der eheähnlichen Gemeinschaft vom Träger der Sozialhilfe nachzuweisen. Ein wesentlicher Unterschied besteht also in der Beweislastverteilung. Diese Unterscheidung ist nicht verständlich, weil es sich jeweils um Personen handelt, die einander nicht zu Unterhaltsleistungen verpflichtet sind, mit denen jedoch eine Haushaltsgemeinschaft besteht. Es wäre einerseits legislatorisch einfacher gewesen und hätte andererseits die Verwaltungsbehörden erheblich entlastet, § 16 BSHG einschließlich seiner Beweislastregelung von vornherein auf alle Wohn- und Wirtschaftsgemeinschaften auszudehnen. Die Regelung des § 122 BSHG wäre dann überflüssig gewesen.

b)   Kritik an der Rechtsprechung zum Verhältnis von § 122 und § 16 BSHG

Wie unklar das Verhältnis von § 122 und § 16 BSHG ist, zeigt sich exemplarisch an einem Beschluß des OVG Lüneburg vom 3.8.1984, in welchem es um die Gewährung von Sozialhilfe bei eheähnlicher Gemeinschaft von Mann und Frau ging.[99] Der Senat stellte fest, daß der Sozialhilfeträger nicht untätig bleiben dürfe, wenn bei einem Ehegatten ein Teil des Einkommens des anderen Ehegatten nach § 11 Abs. 1 Satz 2 HS 1 BSHG zu berücksichtigen sei, ihm dieser Teil aber tatsächlich nicht zugute komme, so daß er Not leide. Dies sei aus der allgemeinen Aufgabe der Sozialhilfe (§ 1 Abs. 2 Satz 1 BSHG) abzuleiten. Als letzte Auffangmöglichkeit des Sozialnetzes müsse dieses auch für den Partner einer eheähnlichen Gemeinschaft eingreifen. Auf diesen sei § 16 Satz 2 BSHG nicht entsprechend anzuwenden, wenn er vom anderen Partner Leistungen zum Lebensunterhalt nicht erhalte. Sie laufe darauf hinaus, die entsprechende Anwendung des § 11 Abs. 1 Satz 2 HS 1 BSHG auf die Partner einer eheähnlichen

---

97   Münder, ZfSH/SGB 86, 193, 199.

98   BVerwGE 39, 261, 262; Schwabe, ZfS 88, 33, 42.

99   OVG Lüneburg ZfSH/SGB 86, 217; wie das OVG Lüneburg auch: Schwabe, ZfS 88, 33, 43.

Gemeinschaft zu relativieren und würde jenem Grundsatz zuwiderlaufen, daß die Partner einer eheähnlichen Gemeinschaft sozialhilferechtlich nicht besser gestellt werden sollen als Ehegatten.

Diese Argumentation beruht auf dem bereits erwähnten Zirkelschluß. Die Hilfesuchende hatte Anspruch auf Hilfe zum Lebensunterhalt, aber nicht als letzte Auffangmöglichkeit, sondern weil § 11 Abs. 1 BSHG gar nicht entsprechend anwendbar, das Einkommen und Vermögen des Partners nicht zu berücksichtigen war. Erhält der Partner keine Leistungen, liegt keine Wirtschaftsgemeinschaft, also auch keine eheähnliche Gemeinschaft vor. Die tatbestandlichen Voraussetzungen des § 122 BSHG sind somit nicht erfüllt. Die Frage, ob es einen Widerspruch zwischen § 16 Satz 2 und § 11 Abs. 1 Satz 2 BSHG gibt, kann sich somit niemals stellen.

Das OVG Lüneburg geht in seiner Rechtsprechung noch weiter: Leistungen eines Dritten (Nothelfers) würden die Hilfsbedürftigkeit eines Hilfesuchenden selbst dann beseitigen, wenn der Dritte zur Leistung nicht verpflichtet ist und er die Leistungen für den Hilfesuchenden nur deshalb erbringt, weil der Sozialhilfeträger seinerseits seiner Leistungspflicht nicht nachkommt, insofern also säumig ist. Dies lasse sich ebenfalls nicht mit § 11 Abs. 1 Satz 2 HS 1 vereinbaren. Ebensowenig wie sich ein Ehegatte darauf berufen könne, daß er für den anderen nur als Nothelfer eingesprungen sei, könne das der Partner einer eheähnlichen Gemeinschaft tun, wenn dem Zweck des § 122 Satz 1 BSHG konsequent Rechnung getragen werden solle.

Das ist unhaltbar. Existiert schon deshalb keine eheähnliche Gemeinschaft, weil zwischen den Partnern keine Wirtschaftsgemeinschaft besteht, kann eine solche auch nicht durch Nothilfeleistungen eines Dritten begründet werden. Bei dieser Überlegung ist ausnahmsweise einmal die Unterhaltspflicht von Bedeutung. Springt ein Ehegatte als Nothelfer für den notleidenden Gatten ein, erfüllt er damit lediglich seine gesetzliche Unterhaltspflicht. Er kann sich nicht darauf berufen, nur als Nothelfer gehandelt zu haben, weil er sich ansonsten seiner Unterhaltspflicht entziehen würde.

Partner einer eheähnlichen Gemeinschaft sind hingegen nicht zum gegenseitigen Unterhalt verpflichtet. Erfolgt in diesem Verhältnis eine Nothilfeleistung, so ist stets zu prüfen, ob sie aus einer Wirtschaftsgemeinschaft heraus erfolgt ist, die auch die Bereitschaft zur Nothilfe zum Inhalt hat. Niemals kann mit Nothilfeleistungen eine Wirtschaftsgemeinschaft begründet werden. Das folgt allein schon daraus, daß diese Leistungen einseitig und nur zur Überwindung einer konkreten Notlage gedacht, also befristet sind. Von der Entstehung einer rechtlichen oder auch nur faktischen Gemeinschaft kann keine Rede sein. Der Nothelfer handelt allenfalls aus einer sittlichen Pflicht, nicht jedoch erbringt er seine Leistung als Beitrag zu einem Gemeinschaftsverhältnis. An diesem Beispiel wird der Zusammenhang zwischen dem zivilrechtlichen Innenverhältnis und dem sozialrechtlichen Begriff der eheähnlichen Gemeinschaft besonders deutlich.

Das OVG Lüneburg trägt dem Sinn und Zweck des § 122 BSHG nicht konsequent Rechnung, sondern es hat ihn ganz aus den Augen verloren. Die Regelung hat ihren Sinn und Zweck nur darin, daß dort, wo gemeinschaftlich gewirtschaftet wird, die Lebenshaltungskosten auch insgesamt niedriger gehalten werden können. Dann ist die Anrechnung des Einkommens und Vermögens des Partners nur logisch und konsequent. Wo dies aber nachweisbar nicht der Fall ist, kann dem Sinn und Zweck des § 122 BSHG auch nicht mehr Rechnung getragen werden.

Im folgenden Abschnitt der Gründe des Beschlusses sind die Formulierungen unter dem Stichwort der objektiven Möglichkeit/Unmöglichkeit fast identisch mit den Formulierungen bei Unterhaltsprozessen, in welchen die Fähigkeit des Verpflichteten zur Leistung begründet wird.[100] Etwas anderes könne nach dem OVG Lüneburg nur dann gelten, wenn es zumindest überwiegend wahrscheinlich wäre, daß der Mann für den Lebensunterhalt der Antragstellerin tatsächlich nicht aufkommt, insbesondere dann nicht, wenn die Sozialhilfestelle keine Leistung erbringt. Die Lebenserfahrung spreche gegen ein solches Verhalten des Mannes, zumal irgendwelche konkreten Anhaltspunkte dafür, daß er der Antragstellerin in Notlagen nicht beistehen würde, nicht vorhanden seien. Es sei nicht so, daß es für den Mann objektiv schlechthin unmöglich wäre, für den Lebensunterhalt der Antragstellerin aufzukommen. Es folgen Ausführungen, die die objektive Leistungsfähigkeit des Mannes begründen sollen.

Selbst wenn in diesem Verfahren eine Wirtschaftsgemeinschaft festgestellt worden wäre, ist festzustellen, daß dort, wo keine Unterhaltspflicht besteht, auch keine Ausführungen zur Leistungspflicht sinnvoll sein können. Es hätte lediglich gemäß § 11 Abs. 1 Satz 2 BSHG das Einkommen und Vermögen des Mannes angerechnet werden müssen, mehr nicht.

Faktisch hat damit das OVG Lüneburg die Beweislast für die Frage, ob eine Wirtschaftsgemeinschaft besteht, umgekehrt. Dies entspricht gerade nicht § 122 BSHG, wie auch der Vergleich mit § 16 BSHG nochmals verdeutlicht. Doch damit nicht genug: Die Wirtschaftsgemeinschaft wird nicht anhand von Fakten,

---

100 So Münder, ZfSH/SGB 86, 193, 200.

sondern anhand der Leistungsfähigkeit des Partners festgestellt. Dies ist nicht nur eine untaugliche Methode zur Feststellung einer Wirtschaftsgemeinschaft, es wäre vielmehr auch noch eine Vermengung von Tatbestand und Rechtswirkung des § 122 Satz 1 BSHG. Auf das konkrete Einkommen und Vermögen des Partners kommt es erst bei der entsprechenden Anwendung des § 11 Abs. 1 Satz 2 BSHG an. Das setzt aber zunächst voraus, daß der Tatbestand der eheähnlichen Gemeinschaft festgestellt wurde, und zwar aufgrund anderer Fakten als von Einkommen und Vermögen. Sachlich führt diese Rechtsprechung bedenklich nahe an die faktische Begründung oder Unterstellung einer Unterhaltspflicht zwischen den Partnern heran.[101] Daß dem gerade nicht so ist und die Regelungen im Sozialrecht, denen zufolge das Einkommen und Vermögen des Partners anzurechnen ist, auch nicht in diesem Sinne verstanden werden könne, ist immer wieder festgestellt worden.[102] Es ist zwar verständlich, daß die Sozialhilfeträger ebenso wie die Verwaltungs- und Sozialgerichte um eine Umkehr der Beweislast zum Nachteil des Hilfesuchenden bemüht sind. De lege ferenda wäre dies auch wünschenswert. Das kann aber nicht dazu führen, die Bestimmung des § 122 BSHG mit der Zielsetzung anzuwenden, vermutete nichteheliche Lebensgemeinschaften um jeden Preis gegenüber vergleichbaren Ehen schlechter zu stellen. Die Sozialhilfe darf nicht als moralisches Druckmittel benutzt werden, um einen Zweck zu erreichen, der sonst nur mit anderen Mitteln oder gar nicht erreichbar wäre.[103]

Wurde eine eheähnliche Gemeinschaft i.S. des § 122 Satz 1 BSHG festgestellt, ist § 11 BSHG entsprechend anzuwenden. Dabei kann nicht verlangt werden, daß zu Lasten des anderen Partners Leistungen berücksichtigt werden, die auch ein Ehegatte nicht zu erbringen hat.[104]

4. Rechtswirkungen

Jeder Partner der eheähnlichen Gemeinschaft hat einen Anspruch auf einen an ihn selbst gerichteten Bescheid und auf eine an ihn selbst gerichtete Leistung. Ohne

---

101 Münder, ZfSH/SGB 86, 193, 200.

102 BVerfGE 9, 20, 32; BSG SozR 4100, Nr. 17 zu § 138 AFG.

103 So BVerwGE 15, 306, 316; Schellhorn/Jirasek/Seipp, § 122, Rdnr. 7; Schwabe, ZfS 88, 33, 44.

104 Zu Krankenversicherungsbeiträgen vgl. VGH Baden-Württemberg, FEVS 35, 108 ff.

Zustimmung der Partner ist ein gemeinsamer Bescheid und eine Leistung an beide nicht möglich.[105]

Beruht der Leistungsbescheid als Verwaltungsakt auf Angaben, die der Begünstigte vorsätzlich oder grob fahrlässig in wesentlicher Beziehung unrichtig oder unvollständig gemacht hat (z.B. Verschweigen der Voraussetzungen einer eheähnlichen Gemeinschaft; § 45 Abs. 2 Nr. 2 SGB X), kann sich der Begünstigte nicht auf das Vertrauen in den Bestand des begünstigenden Verwaltungsaktes berufen. Er kann gemäß § 45 Abs. 1 SGB X ganz oder teilweise mit Wirkung für die Zukunft oder für die Vergangenheit zurückgenommen werden. Gemäß § 50 Abs. 1 SGB X sind bereits erbrachte Leistungen vom Begünstigten zu erstatten.

V.   Leistungen nach dem Wohngeldrecht

Das Wohngeldgesetz regelt insbesondere den wohngeldberechtigten Personenkreis sowie Höhe des Wohngeldes und die Dauer der Wohngeldgewährung.[106] Sie dient gemäß § 1 WoGG der wirtschaftlichen Sicherung angemessenen und familiengerechten Wohnens. Die Höhe des Wohngeldes ist abhängig von der Zahl der Familienmitglieder und den Höchstbeträgen des § 8 WoGG sowie dem anrechenbaren Familieneinkommen (§§ 9 - 17 WoGG). Wer antragsberechtigt ist, richtet sich nach § 3 WoGG. Sodann sind in § 4 Abs. 1 WoGG die Familienmitglieder enumerativ, also abschließend, aufgezählt. Hieraus ergibt sich, daß der Partner einer nichtehelichen Lebensgemeinschaft nicht Familienmitglied des Antragsberechtigten ist. Dieser Bestimmung liegt noch der klassische Familienbegriff zugrunde, zu dem Verwandte und Verschwägerte, der Ehegatte und die Pflegekinder gehören. Bei der Gewährung von Wohngeld ist deshalb zwischen beiden Partnern zu trennen, weil ihre Einkommen nicht gemäß § 9 Abs. 1 WoGG zu einem Familieneinkommen addiert werden können. Für die Antragsberechtigung kommt es - für den Fall, daß Partner einer nichtehelichen Lebensgemeinschaft zur Miete wohnen (§ 3 Abs. 1 Nr. 1 WoGG) - darauf an, wer Mieter der Wohnräume ist, oder ob möglicherweise beide mit dem Vermieter das Mietverhältnis begründet haben.

---

105   LPK-BSHG § 122, Rdnr. 7.

106   Lenhard, S. 1 (Vorbem.).

1. Anteilige Berücksichtigung der Miete

§ 7 Abs. 3 Satz 1 WoGG enthält wegen der zu berücksichtigenden Miete oder Belastung folgende Regelung: "Wird der Wohnraum von Personen mitbewohnt, die keine Familienmitglieder im Sinne des § 4 und nicht antragsberechtigt sind, ist bei der Gewährung des Wohngeldes nur der Anteil der Miete oder Belastung zu berücksichtigen, der dem Anteil der Familienmitglieder an der Gesamtzahl der Bewohner entspricht."
Diese Vorschrift ist in mehrfacher Hinsicht sehr unglücklich gefaßt.[107]

a) Wenn in § 7 Abs. 3 WoGG von Personen die Rede ist, die die Wohnung mitbewohnen, setzt dies eine Lebensgemeinschaft von mindestens drei Personen voraus. Dies wird zusätzlich noch dadurch gestützt, daß bei der Gewährung des Wohngeldes nur der Anteil der Miete oder Belastung zu berücksichtigen ist, der dem Anteil der Familienmitglieder an der Gesamtzahl der Bewohner entspricht. Von diesen kann aber wiederum nur die Rede sein, wenn es sich um mindestens zwei Personen handelt.[108] Der Anteil eines einzelnen nichtehelichen Partners ist also "Anteil der Familienmitglieder" im Sinne dieser Bestimmung. Der Wortlaut des § 7 Abs. 3 WoGG trifft also ziemlich eindeutig nicht auf die nur aus zwei Personen bestehende nichteheliche Lebensgemeinschaft zu. Da diese Bestimmung jedoch dazu dienen soll, nichteheliche Lebensgemeinschaften im Wohngeldrecht nicht besser zu stellen als Ehen,[109] kann nach der teleologischen Auslegung dieser Vorschrift die nichteheliche Lebensgemeinschaft ohne Kinder von ihrem Regelungsumfang nicht ausgeschlossen sein.[110]

b) Ferner wird darauf hingewiesen, daß der Begriff "Familienmitglieder" in § 7 Abs. 3 WoGG gar nicht von der Legaldefinition des § 4 WoGG erfaßt wird.[111] Wohnt ein antragsberechtigter Partner mit seiner Partnerin und deren Kind zusammen, können diese durchaus Familienmitglieder sein. In § 7 Abs. 3 WoGG ist von Personen die Rede, die keine Familienmitglieder des § 4 und nicht an-

---

107 Prahl, BlGBW 85, 73, 74 erscheint sie sogar "wegen extremer Normunklarheit als nichtig".

108 So Prahl, BlGBW 85, 73, 74.

109 BT-Drucks. 8/3903, S. 79.

110 Stadler/Gutekunst/Forster, § 7, Rdnr. 7; Müller-Manger, S. 196.

111 Prahl, BlGBW 85, 73, 74.

tragsberechtigt sind. Die Legaldefinition des § 4 WoGG setzt aber gerade einen Antragsberechtigten voraus. Dieser Rahmen wird in § 7 Abs. 3 WoGG verlassen, weil es sich hier um nicht-antragsberechtigte Familienmitglieder handeln muß. Denkbar ist aber auch, daß nur das familienrechtliche Verhältnis zum Antragsberechtigten gemeint ist.[112]

c) Schließlich dürfen Personen, die keine Familienangehörigen des Antragstellers sind, selbst nicht antragsberechtigt sein. Diese Formulierung ist unhaltbar. Die Worte "und nicht antragsberechtigt" sind zu streichen. Nach dem Wortlaut des Gesetzes würde sich die Frage stellen, ob § 7 Abs. 3 WoGG, der eine anteilige Aufteilung der zu zahlenden Miete vorsieht, auf eine nichteheliche Lebensgemeinschaft, in welcher beide Mieter und infolgedessen antragsberechtigt sind, nicht anwendbar ist. Es hinge also vom Zufall der zweiten Unterschrift ab, wieviel Wohngeld eine nichteheliche Lebensgemeinschaft erhält.[113]

In der Begründung zu dieser Vorschrift heißt es aber, daß den Wohngeldstellen künftig insbesondere die Feststellung erspart bleiben solle, ob bei sogenannten eheähnlichen Verhältnissen eine Wirtschaftsgemeinschaft vorliege, die eine Zusammenrechnung der Einkünfte aller Bewohner notwendig machen würde. Dies würde grundsätzlich vermieden, wenn der Antragsberechtigte in diesen Fällen künftig nur einen nach Kopfanteilen bemessenen Mietanteil geltend machen könne. Aus dieser Formulierung wird deutlich, daß nach dem Willen des Gesetzgebers auch dann eine Aufteilung erfolgen muß, wenn beide Partner der nichtehelichen Lebensgemeinschaft Mieter und gerade deshalb antragsberechtigt sind.[114] Noch deutlicher ergibt sich dies aus der Allgemeinen Verwaltungsvorschrift zum Wohngeldgesetz (WoGVwV 1986) vom 22.10.1985. Die Vorschrift Nr. 7.04 zu § 7 WoGG lautet:

"Miete bei gemeinsamen Mietverhältnis von Nicht-Familienmitgliedern

Bei gemeinsamem Mitverhältnis von Personen, die nicht Familienmitglieder i.S. des § 4 WoGG sind, ist als zu berücksichtigende Miete der Betrag anzusetzen, der dem Anteil an der Gesamtzahl der Mietparteien entspricht, es sei denn, daß sich aus dem Mietvertrag oder einer Vereinbarung der Mieter im Innenverhältnis etwas anderes ergibt. In die-

---

112 Müller-Manger, S. 196.

113 Prahl, BlGBW 85, 73, 75, der hierzu ein Rechenbeispiel anführt.

114 Müller-Manger, S. 197.

sen Fällen ist zu prüfen, ob eine Wohn- und Wirtschaftsgemeinschaft vorliegt".

2. *Wohn- und Wirtschaftsgemeinschaft*

Errechnet sich also nach der Anwendung des § 7 Abs. 3 WoGG unter Berücksichtigung der Höchstbeträge des § 8 WoGG ein Wohngeldbetrag, ist durch die Wohngeldstelle noch zu prüfen, ob eine Wohn- und Wirtschaftsgemeinschaft i.S. des § 18 Abs. 2 Nr. 2 WoGG besteht. Mit dieser Vorschrift wurde vom 1.11.1981 an eine Regelung in das Wohngeldgesetz aufgenommen, die ausschließt, daß nichteheliche Lebensgemeinschaften beim Bezug von Wohngeld besser gestellt werden können als Eheleute oder Familien in entsprechender Größe.

Vor der Einführung dieser Vorschrift wurden die Partner einer nichtehelichen Lebensgemeinschaft bei der Berechnung des Wohngelds so behandelt, als ob sie wie beliebige nicht miteinander verwandte Personen gemeinsam eine Wohnung angemietet hätten. Daher galten sie als Alleinstehende, weshalb sie nach ihrem individuellen Mietanteil und Einkommen zweimal Wohngeld beziehen konnten.[115] Hieraus ergaben sich oftmals Vorteile gegenüber Ehegatten oder Familien in gleicher Situation. Dies hat das Bundesverwaltungsgericht unter Hinweis auf Art. 6 Abs. 1 GG beanstandet.[116] Die rechtlichen Bindungen der Partner seien denen der Ehegatten nicht vergleichbar. Dennoch müsse eine wohngeldrechtliche Gleichbehandlung erfolgen, und zwar auch im Hinblick auf andere Formen von Wohn- und Wirtschaftsgemeinschaften. Nur durch ein konkretisierendes Gesetz könnten die Rechtsfolgen wirksam geregelt werden.

Bei den Vorbereitungen zur 5. Wohngeldnovelle wurde bewußt auf den von § 122 BSHG gebrauchten Begriff "eheähnliche Gemeinschaft" verzichtet, weil er definitionsbedürftig erschien.[117] Deshalb wurde der zwar weiterreichende aber klare Begriff der "Wohn- und Wirtschaftsgemeinschaft" gewählt, der die nichtehelichen Lebensgemeinschaften (im soziologischen Sinne) zumeist erfaßt.

§ 18 Abs. 2 Nr. 2 WoGG enthält einen Ausschlußgrund. Im Falle des Vorliegens einer Wohn- und Wirtschaftsgemeinschaft ist eine Vergleichsrechnung anzu-

---

115   Scholz, ZfSH/SGB 83, 202, 206; Schwabe, ZfS 88, 33, 36.

116   BVerwG ZfSH/SGB 80, 374, 375.

117   Buchsbaum, Sitzungsbericht I zum 57. DJT, Mainz 1988, S. 191.

stellen, nach der zu ermitteln ist, ob die Partner der nichtehelichen Lebensgemeinschaft (evtl. mit ihren Kindern), wenn sie Familienangehörige i.S. des § 4 dieses Gesetzes wären, einen Wohngeldanspruch hätten. Das Bestehen einer Wirtschaftsgemeinschaft wird vermutet, wenn der Antragsberechtigte und die Personen Wohnraum gemeinsam bewohnen. In § 25 Abs. 1a Nr. 2 WoGG ist darüber hinaus eine Pflicht des Partners begründet, der zuständigen Stelle Auskunft über seine Einnahmen und über andere für das Wohngeld maßgebende Umstände zu geben. Durch diese Vergleichsberechnung wird sichergestellt, daß Wohn- und Wirtschaftsgemeinschaften kein höheres Wohngeld beanspruchen können, als ein ehelicher Familienhaushalt.[118] Allerdings kann die Vermutung des § 18 Abs. 2 Nr. 2 WoGG, daß bei einer Wohn- auch eine Wirtschaftsgemeinschaft besteht, von den Partnern widerlegt werden. Dann haben sie durch Fakten glaubhaft darzulegen, daß eine Wirtschaftsgemeinschaft tatsächlich nicht besteht.[119]

Diese Regelung hat vielfach Kritik erfahren, weil die Berechnung des Wohngeldanspruchs zunächst eine getrennte, dann eine vergleichende Betrachtung der einzelnen Daten erfordert.[120] Der Bundesrat hatte daher auch die Streichung des § 18 Abs. 2 Nr. 2 WoGG vorgeschlagen. Nach dessen Begründung sei die beabsichtigte Regelung zu aufwendig, weil sie zwei Bearbeitungsvorgänge mit entsprechenden Ermittlungen erfordere, nämlich einmal die Einzelberechnung des Wohngeldes für den/die Antragsteller und die fiktive Berechnung des Wohngeldes für einen Familienhaushalt gleicher Größe. Zugleich wurde auch auf die oben dargelegte Unklarheit der Vorschrift hingewiesen, wonach diese Regelung nicht gilt, wenn es sich bei dem Antragsberechtigten um einen Mit- oder Untermieter handelt. Für eine Differenzierung sei kein sachlicher Grund gegeben, für informierte Antragsteller werde der Manipulation Tür und Tor geöffnet.[121]

Trotz dieser Hinweise ist diese Fassung dennoch Gesetz geworden, wobei eingeräumt wurde, daß die Bestimmung umgangen werden kann.[122]

---

118   von Maydell, Sitzungsbericht I zum 57. DJT, Mainz 1988, S. 80.

119   Schwabe, ZfS 88, 33, 36.

120   Müller-Manger, S. 200; Prahl, BlGBW 85, 73.

121   BT-Drucks. 8/3903, S. 87 f.

122   BT-Drucks. 8/3903, S. 90; da dies vom Gesetzgeber also eindeutig gesehen wurde, drängt sich die Frage auf, ob die bereits erwähnte VV 7.04 zu § 7 WoGG nicht contra legem erlassen wurde.

Wesentlich einfacher wäre freilich eine Gleichstellung der Wohn- und Wirtschaftsgemeinschaften mit Ehen und Familien gewesen. Dann aber hätte es Fälle gegeben, in denen Wohn- und Wirtschaftsgemeinschaften bei Addierung der Einkommen ein höheres Wohngeld beanspruchen könnten als nach dieser getrennten und anschließend vergleichenden Berechnung. Dies wurde vom Gesetzgeber offensichtlich nicht gewünscht, stattdessen ein aufwendigerer Weg in Kauf genommen.

Dennoch hat es seither im Hinblick auf die Wohn- und Wirtschaftsgemeinschaften Bestrebungen gegeben, den Familienbegriff des § 4 WoGG zu erweitern. In Abs. 1 des § 4 WoGG sollte nach einem Vorschlag des Bundesrates folgender neuer Satz 2 eingefügt werden: "Als Familienmitglieder gelten auch sonstige Personen, die eine Wohn- und Wirtschaftsgemeinschaft führen."[123] Gegen eine solche Gleichstellung, die ja nicht besagt, daß Mitglieder einer Wohn- und Wirtschaftsgemeinschaft Familienangehörige sind, wäre nichts einzuwenden. Sie würde neben einem geringeren Verwaltungsaufwand sogar für mehr Einzelfallgerechtigkeit sorgen, weil damit auch eine Benachteiligung der Wohn- und Wirtschaftsgemeinschaften gegenüber Ehen und Familien ausgeschlossen wäre.

VI. Gesetzliche Krankenversicherung

Am 20.12.1988 wurde das Fünfte Buch des Sozialgesetzbuchs verkündet. Damit traten die meisten Bestimmungen der Reichsversicherungsordnung zur Sozialen Krankenversicherung außer Kraft, unter ihnen auch § 205 RVO. An seine Stelle trat § 10 SGB V.

Nach dieser Bestimmung sind unter den Voraussetzungen des Abs. 1 der Ehegatte und die Kinder von Mitgliedern der gesetzlichen Krankenversicherung mitversichert. Gemäß Abs. 4 gelten als Kinder i.S. der Abs. 1 und 3 auch Stiefkinder und Enkel, die das Mitglied überwiegend unterhält, sowie Pflegekinder.

Obwohl nach den Versicherungsbedingungen der Krankenkassen den Pflegekindern auch zuvor schon Familienhilfe gewährt wurde,[124] sind sie dennoch im Unterschied zu § 205 Abs. 2 RVO erstmals in § 10 Abs. 4 SGB V kraft Gesetzes

---

123 BT-Drucks. 10/3162, S. 120.

124 Vgl. bei de Witt/Huffmann, Rdnr. 297; daß in der gesetzlichen Krankenversicherung nach § 205 RVO kein Anspruch auf Familienhilfe für den Partner einer eheähnlichen Gemeinschaft bestand, vgl. BSG, MDR 91, 285 f.

in die Familienversicherung einbezogen worden. Gemäß § 56 Abs. 2 Nr. 2 SGB I sind Pflegekinder Personen, die mit dem Berechtigten durch ein auf längere Dauer angelegtes Pflegeverhältnis mit häuslicher Gemeinschaft wie Kinder mit Eltern verbunden sind. Somit sind die aus einer nichtehelichen Lebensgemeinschaft hervorgegangenen Kinder beim Partner, der Mitglied der gesetzlichen Krankenversicherung ist, beitragsfrei mitversichert. Besteht zu einem Kind nur des anderen Partners ein Pflegekindschaftsverhältnis, ist auch dieses mitversichert. Sind die Voraussetzungen der Abs. 1 - 4 mehrfach erfüllt, sind also beide Partner Mitglieder der gesetzlichen Krankenversicherung, wählt gemäß § 10 Abs. 5 SGB V das Mitglied die Krankenkasse. Im Unterschied zum früheren Recht hat sich der Gesetzgeber dafür entschieden, die Bestimmung der Kassenzuständigkeit an die Mitglieder zu delegieren.[125] Ohne eine versicherungspflichtige Beschäftigung ist der Partner einer nichtehelichen Lebensgemeinschaft nicht Mitglied der gesetzlichen Krankenversicherung, während der Ehegatte durch die Familienversicherung auch ohne beitragspflichtige Beschäftigung mitversichert ist.

VII. Gesetzliche Unfallversicherung

Gemäß § 539 Abs. 1 Satz 1 RVO sind die aufgrund eines Arbeits-, Dienst- oder Lehrverhältnisses Beschäftigten sowie die übrigen dort aufgeführten Personen in der gesetzlichen Unfallversicherung gegen Arbeitsunfall versichert.

Als Arbeitsunfall gilt auch ein Unfall auf dem Weg zwischen der Arbeitsstelle und der Familienwohnung (§ 550 Abs. 1 und 3 RVO). Dabei ist die Versicherung nicht ausgeschlossen, wenn der Versicherte von dem unmittelbaren Weg zwischen der Wohnung und dem Ort der Tätigkeit abweicht, weil sein Kind, das mit ihm in einem Haushalt lebt, wegen seiner oder seines Ehegatten beruflicher Tätigkeit fremder Obhut anvertraut wird (§ 550 Abs. 2 Nr. 1 i.V.m. § 583 Abs. 5 RVO).

Bewohnt der Versicherte mit seinem nichtehelichen Partner gemeinsam eine Wohnung, stellt sich die Frage, ob es sich dabei um eine Familienwohnung handelt. Dies hat das Bundessozialgericht bereits mehrfach bejaht. Der Begriff der Familienwohnung setze kein Familienverhältnis im Sinne des bürgerlichen Rechts voraus. Es genüge vielmehr, daß der Versicherte aufgrund enger persönlicher und wirtschaftlicher Beziehungen zu einer ihm nicht durch Ehe oder Verwandtschaft verbundenen Familie in deren ständiger Wohnung tatsächlich den

---

125   Hauck/Haines, SGB V, § 10 Rdnr. 100.

Mittelpunkt seiner Lebensverhältnisse habe.[126] Der Begriff der Familienwohnung sei dadurch gekennzeichnet, daß sie nach der tatsächlichen Gestaltung der Verhältnisse, bei deren Prüfung insbesondere auch soziologische und psychologische Gegebenheiten zu berücksichtigen seien, für längere Dauer den Mittelpunkt der Lebensverhältnisse des Versicherten bilde.[127] Diesen Entscheidungen zufolge ist also die gemeinsame Wohnung von Lebensgefährten eine Familienwohnung i.S. des § 550 RVO.

Auch wenn der versicherte Lebensgefährte ein gemeinsames Kind auf dem Weg zur Arbeitsstätte in fremde Obhut gibt und deshalb vom Weg abweicht, unterliegt diese Fahrt dem Versicherungsschutz.

Problematisch ist aber, ob dieser Versicherungsschutz auch besteht, wenn der versicherte Partner ein Pflegekind auf dem Weg zur Arbeitsstätte in fremde Obhut bringt. Hinsichtlich des Begriffs "Kind" wird in § 550 Abs. 2 Nr. 1 auf § 583 Abs. 5 RVO verwiesen. In dieser Bestimmung sind aber nur Stiefkinder und Kinder, die zur Adoption in den Haushalt aufgenommen wurden, erfaßt. Früher waren auch die Pflegekinder erwähnt, bis diese direkt dem Kindergeldgesetz unterstellt wurden. Weil § 583 RVO nur die Kinderzulage für Schwerverletzte betrifft, drängt sich hier der Eindruck auf, daß es sich um ein redaktionelles Versehen handelte, die Verweisung in § 550 Abs. 2 Nr. 1 RVO nicht entsprechend zu ändern, als § 583 Abs. 5 RVO geändert wurde.[128] Dies wird auch durch § 10 Abs. 5 SGB V gestützt, aus dem zumindest die Tendenz deutlich wird, die Pflegekinder verstärkt in den Schutz der gesetzlichen Vorsorgesysteme einzubeziehen.

VIII. Gesetzliche Rentenversicherung

In der Rentenversicherung ist die nichteheliche Lebensgemeinschaft im Zusammenhang mit der Hinterbliebenenversicherung von Bedeutung. In § 1291 Abs. 1 RVO ist geregelt, daß die Witwen- und Witwerrente mit dem Ablauf des Monats wegfällt, in dem der Berechtigte wieder heiratet. Diese Regelung bietet einen echten Anreiz dafür, anstelle eine Ehe einzugehen, mit einem anderen Partner nur in nichtehelicher Lebensgemeinschaft zu leben. Die Vorschrift die § 1302 RVO, wonach eine Witwe oder ein Witwer bei Wiederheirat eine Abfindung in

---

126 BSGE 17, 270, 272; zustimmend Halstrick, S. 85; Jäger in: Limbach/Schwenzer, S. 64; Behn, ZBlJugR 80, 1, 5.

127 BSGE 25, 93, 95.

128 de Witt/Huffmann, Rdnr. 294; Müller-Manger, S. 257.

Höhe von zwei Jahresrenten erhält, kann diesen Anreiz kaum beseitigen. Die Abfindung des Rentenanspruchs ist einer Witwe oder einem Witwer allerdings nur ·bei der ersten Wiederheirat zu gewähren.[129]

Das Bundessozialgericht hatte sich mit der Frage zu befassen, ob die Partnerin einer nichtehelichen Lebensgemeinschaft nach dem Tode des anderen Partners auch einen Witwenrentenanspruch haben könnte. Im zugrundeliegenden Fall hatte die Klägerin von 1962 bis zu seinem Tode im Jahre 1979 mit einem Mann zusammengelebt, den sie über Jahre hinweg während einer schweren Krankheit gepflegt hatte. Aus der Gemeinschaft waren sechs Kinder hervorgegangen.[130] Das Bundessozialgericht hatte einen Rentenanspruch abgelehnt. Eine entsprechende Anwendung des § 1264 RVO auf Partner einer nichtehelichen Lebensgemeinschaft sei nicht geboten. Eine Ausnahme nach Billigkeitsgrundsätzen könnte allenfalls in Betracht kommen, wenn das Gesetz eine ausdrückliche Regelung für Härtefälle enthält und sie deshalb erlaubt.

IX. Schlußbetrachtung

Die Ausführungen haben ergeben, daß die Rechtsprechung des Bundessozial- und des Bundesverwaltungsgerichts den Schwerpunkt bei der Begriffsbestimmung der eheähnlichen Gemeinschaft auf die wirtschaftliche Seite der Beziehung legen. Auf die Frage, ob zwischen den Partnern die Ehe potentiell möglich wäre, kann es nach alledem nicht ankommen. Wenn ein Vergleich zur Ehe hergestellt wird, hat sich dieses nach dem Zweck der genannten Vorschriften auf die wirtschaftliche Seite der Beziehung zu beschränken. Intimbeziehungen oder gar Heiratsmöglichkeiten können für die Höhe zu gewährender Sozialleistungen nicht ausschlaggebend sein. Weil die Erfahrung zeigt, daß zusammenlebende Personen durch ihr gemeinsames Wohnen und Wirtschaften in aller Regel weniger an Lebenshaltungskosten aufbringen müssen, hat sich dies bei der Bemessung von Sozialleistungen niederzuschlagen, gleichgültig, ob es sich um Ehen, eheähnliche Gemeinschaften gemischt-geschlechtlicher Paare oder sonstige nichteheliche Lebensgemeinschaften handelt. Im gemeinsamen Wirtschaften sind alle zusammenlebenden Personen, gleichgültig in welcher Zusammensetzung, eheähnlich, sofern tatsächlich eine gemeinsame Kasse besteht. Wird der Vergleich auf die persönliche Seite der Beziehung ausgedehnt, entsteht das geradezu absurde und rechtspo-

---

129 BSGE 44, 151.

130 BSG SozR 2200, Nr. 5 zu § 1264 RVO.

litisch nicht zu rechtfertigende Ergebnis, daß Personengemeinschaften gemischt-geschlechtlicher Paare im Sozialrecht oftmals schlechter gestellt werden als andere Personengemeinschaften. Bereits de lege lata kann dieses Ergebnis durch eine entsprechende Auslegung der §§ 137 AFG und 122 BSHG vermieden werden. Dann besteht auch kein Regelungswiderspruch zum Wohngeldrecht.

Soweit Sozialleistungen kindbezogen sind, wurden bestehende legislatorische Widersprüche im Kindergeld- und Erziehungsgeldrecht aufgezeigt. Entgegen der Empfehlung des 57. Deutschen Juristentages sollte eine vermeintliche Ungleich-behandlung zwischen Ehen und sonstigen personalen Gemeinschaften in § 11 Abs. 1 BAföG nicht beseitigt werden,[131] da Leistungen nach dem BAföG nicht nur den Unterhalt, sondern gerade auch die Ausbildung des Auszubildenden sicherstellen sollen. Um dies zu gewährleisten, kann sich der Gesetzgeber aber nicht mit der Vermutung einer faktischen Unterhaltsgewährung begnügen, sondern er muß ausnahmsweise auf die Unterhaltsverpflichtung bei der Fassung des gesetzlichen Tatbestandes abstellen. Dies ist im BAföG - bewußt oder unbewußt - geschehen und sollte beibehalten werden. Würde dies aufgegeben, hätte der Auszubildende u.U. keinen klagbaren Anspruch auf zur Durchführung der Ausbildung erforderliche Unterhalts- oder Geldleistungen. Einen solchen Mißstand gilt es zu vermeiden.

Die Untersuchung hat aber auch ergeben, daß die Probleme nichtehelicher Lebensgemeinschaften im zivilrechtlichen Innenverhältnis und im Sozialrecht auffällig parallel liegen. Die Merkmale des gemeinsamen Wohnens und Wirtschaftens sind in beiden Rechtsgebieten von erheblicher Bedeutung. Wo Mein und Dein getrennt wird, liegt im Zivilrecht kein Gesellschaftsverhältnis vor, im Sozialrecht existiert keine eheähnliche Gemeinschaft, sei die Beziehung soziologisch auch noch so eheähnlich. Verwaltungsbehörden und Gerichte haben sich um individuelle Lösungen zu bemühen, weil es allgemeinverbindliche Lösungsansätze nicht gibt. Rechtlich besteht nach alledem zwischen gemischt-geschlechtlichen Lebensgemeinschaften heiratsfähiger Paare und sonstigen nichtehelichen Lebensgemeinschaften kein Unterschied. Der Versuch, nur die ersteren rechtlich zu erfassen und aufgrund deren vermeintlich stärkeren personalen Struktur personenrechtliche Lösungen zu entwickeln, ist zum Scheitern verurteilt, und bisher auch weder von Rechtsprechung noch Literatur anerkannt worden. Es sollte sich die Erkenntnis durchsetzen, daß nur die konsumwirtschaftlich-äußere Seite der

---

131   Sitzungsbericht I zum 57. DJT, Mainz 1988, Beschlüsse III 17, S. 237.

nichtehelichen Lebensgemeinschaften von rechtlicher Bedeutung sein kann; im Sozialrecht ist dies schon kaum mehr umstritten.

Im Zivilrecht hat diese Erkenntnis zur Folge, daß zwischen den Partnern einer nichtehelichen Lebensgemeinschaft regelmäßig ein Gesellschaftsverhältnis mit dem Zweck, gemeinsam zu wohnen und zu wirtschaften, begründet wird. Selbst wenn die Auslegung ergibt, daß zwischen den Partnern kein Gesellschaftsverhältnis begründet wurde, müssen Ausgleichsansprüche nicht notwendig versagt werden, weil Forderungen aufgrund gesetzlicher (insbesondere bereicherungsrechtlicher) Schuldverhältnisse bestehen können. Die Innenbeziehungen der Partner sind somit auch mit dem vorhandenen rechtlichen Instrumentarium befriedigend zu lösen.